Inhaltsverzeichnis

EINLEITUNG

INDIEN ERLEBEN   198

ANHANG   230

Einleitung

Indien erleben

Yoga und Elefanten, Gandhi und Billigautos, Entwicklungsland und Weltwirtschafts-macht: Über Indien sind so viele **Klischees** im Umlauf wie es im Hindu-Himmel Gottheiten gibt. Aber was ist Indien heute, was bietet es seinen Besuchern und wo lohnt es sich, genau hinzusehen, um das Land tatsächlich kennen zu lernen?

Jeder der 101 Tipps in diesem Buch steht für dutzende, vielleicht hunderte ande-re. Jeder von ihnen ermuntert zu weiteren Entdeckungen. Jeder ist außergewöhn-lich und nur in Indien zu erleben: **Luxusherbergen und Chai-Verkäufer**, Rad-touren in Südindien und der Blick über Teeplantagen im Himalaya – die Möglich-keiten einer Reise durch den Subkontinent sind unerschöpflich.

Wir haben die Tipps dieses Buchs in mehrere **Kategorien** gebündelt. Themati-sche Überschneidungen sind gewollt – so hätte manches Hotel im Maharaja-Schloss auch im Kapitel der Paläste Platz finden können, die Schönheit eines Was-serfalls passt nicht nur ins Kapitel Natur, sondern auch zu den Erlebnissen in „Strand und Wasser".

Diese Überschneidungen spiegeln die Vielseitigkeit des Landes. Man muss sich auf einer Indienreise kein großes Tagesprogramm zurechtlegen – immer wieder über-raschen neue Eindrücke den Reisenden auf dem Weg zum Ziel. Immer wieder sind es die Begegnungen mit den Menschen Indiens, das Leuchten seiner Farben und der **Geschmack seiner Gewürze**, die den Besuch eines Denkmals oder eines Naturparks zur besonders lebendigen Erinnerung werden lassen.

Rasanter Wandel und Jahrtausende während Beständigkeit liegen im indischen Alltag so nah beieinander wie in wenigen anderen Gesellschaften. Arm und Reich überrumpeln den Besucher in ungewohnter Nähe zueinander, für das westliche Verständnis Widersprüchliches wird im indischen Alltag oft scheinbar geduldet oder für selbstverständlich genommen. Doch auch und gerade in der **Andersar-tigkeit** des Landes liegt die große Chance einer Reise nach Indien: Wer bereit ist, das Ungewöhnliche kennen zu lernen, bekommt die Gelegenheit, etwas über sich selbst zu erfahren.

Die Autoren haben Land und Leute bei vielen Gelegenheiten kennen gelernt: Mi-chael Neumann ist seit 1966 regelmäßig in Indien unterwegs, gemeinsam mit sei-ner Frau Edda seit 1989. Ihr Sohn Gabriel Andreas Neumann bereist das Land seit 1996. Es sind die vielen verschiedenen Seiten des Landes, die sie an Indien so sehr schätzen, und nicht zuletzt die Lebenskunst, mit der sehr viele Inder den Schwie-rigkeiten ihres Daseins begegnen. Lassen Sie sich inspirieren, nutzen Sie diese 101 Tipps, um Ihre persönlichen Vorlieben zu entdecken, und vielleicht so kennen zu lernen, dass es am Ende einer Reise nicht mehr Klischees sind, die Sie mit dem Land verbinden, sondern einzigartige, **wunderbare Erinnerungen**.

Tutzing/Heidelberg, im September 2011

Paläste

❶ Per Elefanten-Taxi zum Fort Amber

Amber ist ein Fort und Palast in der Bergwildnis, etwa neun Kilometer nördlich von Jaipur, und so großartig, wie es auch im Wunderland Indien nur selten zu finden ist. Schon lange vor der Gründung Jaipurs war Amber (gesprochen „Amer") der Hauptsitz der Kushwaha-Dynastie. Die Kushwahas stammen aus Gwalior in Zentralindien und kamen im 12. Jahrhundert durch eine Heirat nach Rajasthan. Das Palast-Fort, das heute von Abertausenden besucht und bestaunt wird, gründete Raja Man Singh erst um 1600. Das Mogulreich respektierte dank kluger Politik, eben vor allem wegen der **Heiratspolitik** der Kushwaha-Herrscher, deren Eigenständigkeit. Raja Man Singh stand als General zugleich auch im Dienst der Moguln.

Den langgestreckten felsigen Höhenrücken über dem breit eingeschnittenen Tal ersteigt man entweder über einen asphaltierten Treppenweg entlang dem kleinen Maota-See oder man fährt per Jeep hinauf. Für rund zehn Euro kann man sich auch auf einem der prächtig geschmückten Elefanten im Wiegeschritt zum Sonnentor („Suraj Pol") hinauftragen lassen. Ein Treppchen oder eine Plattform helfen beim Auf- und Absteigen. Auf dem weiträumigen Hof Jaleb Chowk beginnt man dann den Palastrundgang auf den eigenen Füßen. Der **Ausblick über die urigen, baumarmen Aravalli-Höhen** ist grandios, umso stärker noch im Kontrast zum Häusergedränge und Gartengrün der Stadt Amber (rund 10.000 Einwohner) im Talgrund und an den Hängen der Hügel.

Befestigungsanlage des Forts

Dreierlei wirkt so zusammen und lockt immer wieder nach Amber: erstens das urige Mauerwerk einer Bergfestung mit schmalen, teils besonders hohen Treppenstufen und gekrümmten Gängen (um Angreifern die Orientierung zu erschweren), zweitens die kostbare Architektur und Ausstattung der offiziellen Palastsäle mit ihren historischen Erinnerungen und drittens die dominante Höhenlage mit ihren weiten Ausblicken.

Frommes, Kostbares, Hochpolitisches – gleich zu Beginn der Führung ist eine religiöse Rarität zu bewundern: Der Shila-Devi-Tempel bewahrt die Marmorstatue der so **verehrten wie gefürchteten Göttin Kali**, der Muttergottheit. Ein Kushwaha-Maharaja, der für den Mogulkaiser Akbar in Bengalen kämpfte und siegte, brachte die Statue samt den zwei silbernen Löwen zu ihren Füßen nach Amber. Muslimischen Einfluss zeigt der *Diwan-i-Am*, die Halle der öffentlichen Audienzen, mit ihrer Arkaden-Architektur. Hindu-Stil sind dagegen die Elefantenköpfe der Kapitelle. Wohl höchstes Staunen erregt die private Audienzhalle mit ihren Pflanzenornamenten und der Unzahl kleiner silbriger Spiegel vom Boden bis zur Decke – zauberhaft!

Wasserschloss Jal Mahal bei Amber

Ohne Führer, nur mit einem gedruckten Übersichtsplan ausgestattet, wird man sich zwischen den Marmorsäulen und den Innenhöfen mit ihren Umgängen, Durchgängen und Ausgängen zu den dachnahen Aussichtspunkten vermutlich verlaufen. Aber vielleicht ist gerade das die beste Art, dieses meisterhafte Bauwerk zu entdecken und zu erfahren.

Sehenswürdigkeiten in der Umgebung

Im nahen Umkreis nördlich von Jaipur gibt es viel zu sehen: Noch höher gelegen als der Amber-Palast ist das **Fort Jaigarh**. Von dort gibt es am Gebirgskamm einen Fußweg nach Jaipur bzw. bis zum **Nahargarh Fort**, auch „Tigerpalast" genannt, oberhalb der Stadt. Hier gibt es zwei RTDC-Zimmer zum Übernachten. Im Tal nördlich der Stadtmauer findet sich **Gaitore**, auch „Royal Gaitor" genannt, mit den Gedächtnispavillons (chhatris) der Maharajafamilie, besonders schön ist der chhatri für den Gründer Jaipurs, Sawai Jai Singh II. Neuerdings ist der **Jal Mahal-Palast** im Man Sarobar-See (an der Straße Jaipur–Amber) zugänglich – auf einem Damm oder per Boot.

Lage & Anfahrt: im Osten Rajasthans, ca. 9 km nördlich von Jaipur. Busverbindung von Jaipur: ab Badi Chaupar, nahe Palast der Winde; Auto-Rikschas Jaipur–Amber & zurück ca. 250 Rs.

Übernachten: Gut, aber günstig: **Athiti Guest House**, Tel. 0141-2378679, E-Mail: atithijaipur@hotmail.com; zentral gelegener Heritage-Luxus: **Alsisar Haveli** (www.alsisarhaveli.com).

INFO

② Juna Mahal: Maharaja-Palast in der ehemaligen Residenzstadt Dungarpur

Dungarpur, die **„Stadt der Hügel"**, liegt in Rajasthan, doch gehört das Städtchen am Gaib-See zu den grünen Ausnahmen im Wüstenstaat. Ein architektonisches Unikat überragt Stadt und See: der mittelalterliche Juna Mahal, unbewohnt, aber siebenstöckig und voller Kostbarkeiten.

Es ist die Mischung aus unberührter Natur und den noch deutlich erkennbaren Spuren der Vergangenheit, die die alte **Residenzstadt** auszeichnet. Acht Jahrhunderte herrschten hier die Maharwals aus der Mewar-Dynastie. Vielleicht liegt es

Sieben Stockwerke hoch: die Burg Juna Mahal

an der Nähe der Grenze zu den Nachbarstaaten Gujarat und Madhya Pradesh, dass nur **wenige Touristen** aus dem Westen das Städtchen in den letzten Jahrzehnten besuchten. Erst die gegenwärtige Generation der Guhilot-Ahara-Dynastie, die einst das Fürstentum beherrschte, hat einen Teil ihres Udai Bilas-Palasts in ein Heritage-Hotel umgewandelt. Es ist wunderschön gelegen, unmittelbar am Gaib-See und nah seinen Vogelrevieren.

Auch **Juna Mahal**, das Fort auf der Höhe, ist noch immer im Besitz der Fürstenfamilie. Die kurvige Straße hinauf ist der Sonne ausgesetzt, und nicht jeder *Threewheeler* bewältigt sie. Wer früh aufsteht und den Aufstieg nicht scheut, erlebt die Stadtrand-Besiedlung und die umgebende Hügellandschaft intensiver, nimmt auch die vielen Neubauten genauer wahr. Menschen aus Dungarpur und dem Umland arbeiten oft jahrelang in den arabischen Staaten am Persischen Golf und können sich nach der Rückkehr ein Haus leisten.

Eine eigentümliche Baugeschichte hat das Fort: 1282 ließ Rawal Veer Singh von Vagad ein zweistöckiges Gebäude errichten.

In den folgenden Jahrhunderten erweiterten seine Nachfolger es immer wieder, setzten **Stockwerk auf Stockwerk**. Heute kann man vom Burghof aus gut erkennen, wie das Hauptgebäude wuchs. An den Mauern heraufschauend, den Kopf weit im Nacken, sieht man eine Vielzahl von breiten Balkonen, dazwischen offene Säulenhallen.

Und Kunst ist zu entdecken, auch sie vielfältig: **Skulpturen** von Kriegern, speertragenden Reitern und auch von Tänzern und vollbusigen Frauen, ein Mann greift begehrlich zu. Die Außenseiten der Balkone sind reich geschmückt und Reliefbänder mit Elefanten und blühenden Pflanzen, mit Kriegszügen und Jagdszenen sind über viele Meter in die aus robusten Natursteinen gefügten Burgmauern eingelassen. Auch im Inneren

Blick vom Udai-Bilas-Palast auf die Tempelinsel

birgt das Fort wunderbare Malereien, wie im repräsentativen **Ranji ka Kamra**, der überaus reich ausgemalten Wohnung Suraj Bais, der Konkubine eines Herrschers Anfang des 19. Jahrhunderts. An der Seite einer anderen Halle öffnet der Führer gegen ein Trinkgeld zwei Türen zu einer Kammer mit niedriger Decke, gänzlich ausgemalt mit Dutzenden von erotischen Bildern. Kamasutra in Dungarpur, ein bunter Katalog möglicher und fast unmöglicher Positionen. Ist die Dachlandschaft über dem siebten Stockwerk erreicht, bietet sich der großartige Ausblick über die Stadtlandschaft und den See.

Am Juna Mahal nagt die Zeit, und die **Restaurierungsarbeiten**, die seit einigen Jahren vorgenommen werden, scheinen nichts gegen die immer neuen Schäden an dem Gemäuer auszurichten. Aber wer spürt nicht die Faszination, die von einem solchen Bau ausgeht, unter drohendem Verfall doch so reich in seiner Architektur, reich an Kunstwerken und nicht zuletzt an historischer Atmosphäre!

Lage: im Süden Rajasthans.
Information: www.dungarpur.net oder www.udaibilaspalace.com
Anmeldungen zum Besuch im Juna Mahal im Udai-Bilas-Palast; die Rezeption kann auch Fahrzeuge für die Strecke zum Fort vermitteln.
Übernachten: Die beste Unterkunft

Dungarpurs ist das Heritage-Hotel im **Udai-Bilas-Palast** (www.udaibilas palace.com). Die weiteren Unterkünfte der Stadt sind meist auf indische Geschäftsreisende und Familienfeiern ausgerichtet, z. B. das **Hotel Golden Palace** (Tel. 0968-0963201), Old Bus Stand.

INFO

③ Palastbau statt Sozialhilfe: Umaid Bhawan Palace bei Jodhpur

Umaid Bhawan, der jüngste unter den Riesenpalästen Rajasthans, wurde in der Folge einer landesweiten Tragödie erbaut. Mitte der 1920er-Jahre beherrschte eine **extreme Dürre** die Region um Jodhpur, die zur Verarmung der Bevölkerung und zu großen Hungersnöten führte. So gesehen traf es sich gut, dass die Herrscherfamilie seit der zweiten Hälfte des 19. Jahrhunderts mehr Komfort und repräsentative Großräumigkeit ihrer Residenz wünschte, als sie auf dem verehrungswürdigen, aber in die Jahre gekommenen Meherangarh-Fort auf Jodhpurs Burgberg möglich war. Maharaja Umaid Singh entschloss sich 1928 angesichts der Klimakatastrophe kurzfristig, mit dem Palastbau zu beginnen. Ein Londoner Architektenbüro hatte die Pläne bereits ausgearbeitet. Zugleich begann die Arbeit in den Steinbrüchen bei Jodhpur, von denen Eisenbahngleise zur Baustelle gelegt wurden. Der Bau, die Steinbrucharbeiten und die Innenausstattung beschäftigten Tausende von Arbeitern über 15 Jahre lang. Es war ein **großes soziales Projekt**, das dem wirtschaftlich ruinierten Land wieder auf die Beine half – und mit Interesse von der britischen Kolonialverwaltung beobachtet wurde.

Dieses Modell der Arbeitsbeschaffung entsprach offenbar auch dem Wunsch und den Vorstellungen der recht stolzen und eigenwilligen Marwar-Bevölkerung, die keine Almosen wollte. Rund 3.000 Menschen haben insgesamt an dem Bau des gewaltigen **347-Zimmer-Palasts** mitgewirkt. Besonders die handwerklichen Kenntnisse der Steinarbeiter kommen gut zur Geltung: Die großen Steinblöcke wurden nicht mit Mörtel verbunden, sondern fugenlos mit Steinzapfen ineinandergesteckt.

Art-déco-Palast über Jodhpur: Umaid Bhawan

Die gewaltigen Proportionen des Palasts überragen alles, was in Jodhpur sonst gebaut wurde, auch die Paläste auf dem Fort-Felsen. Der Umaid Bhawan steht frei im Südosten der Altstadt und dient der Maharaja-Familie heute noch als Wohnschloss. Seit Jahren wird er zu beträchtlichen Teilen als **Luxushotel** betrieben.

„Chittar-Palast" wird er auch genannt, nach dem **Chittar-Hügel**, auf dem er erbaut wurde und der heute rund um den Palast in eine liebevoll gepflegte, dem Wüstenboden abgerungene Garten- und Rasenlandschaft verwandelt ist. Eine mächtige Kuppel krönt den Mittelbau des Palasts. Sandstein gibt dem Riesenbau seine helle rötlich-gelbe Farbe. Das Bild des Milan (Gabelweihe) als Wappenvogel der Herrscherfamilie taucht oft auf Vorsprüngen auf.

Hotelangestellter im Umaid Bhawan

Im Innern des Palasts glänzt alles in poliertem Marmor, besonders die Pfeiler und Fußböden; meist wurde Marwar-Marmor aus Makrana verwendet, es finden sich aber auch Importe aus Italien. Herrlich weiträumig ist der Eingangsbereich, noch imposanter ist der Eindruck, tritt man unter die rund **50 Meter hohe zentrale Kuppel.** Der Bereich unter der Kuppel bleibt stets frei von Möbeln oder anderen Ausstattungsstücken, abgesehen von einem immer neu variierten Blumenarrangement in der Mitte: ein Raumerlebnis pur! In verschiedenen Teilen des Palasts hat der polnische Maler Julius Stefan Norblin Wandgemälde mit Themen aus der indischen Mythologie in einem eigenwilligen Indo-Art-déco-Stil ausgeführt.

Der Palast beherbergt außerdem ein **Museum** mit Sammlungen der Maharajas. Hier gibt es schöne Miniaturen, historische Uhren und persönliche Erinnerungsstücke – vom Schiffs- bis zum Flugzeugmodell – zu sehen. Die Herrscherfamilie, deren Mitglieder seit der Gründung der Republik immer wieder demokratisch gewählte Ämter erlangten, wird sehr verehrt. Im Palast ist stets jemand bereit, dem interessierten Gast aus früheren Zeiten zu erzählen.

Lage: östlich von Jodhpur im Zentrum Rajasthans.
Information: Das Museum ist von 9–17 Uhr geöffnet. Zum Palast gehören mehrere Restaurants. Für einen Blick in das Innere des Gebäudes, ohne im Hotel zu wohnen, bietet sich ein Besuch der Trophy Bar an (11–15 und 18–23 Uhr, Reservierung empfohlen).
Übernachten: **Umaid Bhawan Palace** (www.tajhotels.com), 64 Zimmer und Suiten unterschiedlicher Größe und Ausstattung im besonderen Art-déco-Stil des Palasts.

INFO

④ Palast der Paläste: Stadtpalast von Udaipur

Der gewaltigste von Udaipurs Palästen ist kein einzelnes Gebäude – er ist wie eine Stadt in der Stadt. Über dem **Pichola-See** erhebt sich seine Front steil über das Ufer, doch die wahren Dimensionen werden erst deutlich, wenn man das Palastgelände über seinen Haupteingang am nördlichen Ende betritt. Nach den schmalen Straßen und Gassen von Udaipurs Altstadt öffnet sich dem Besucher erst ein kleinerer, dann ein weiter Hof, der *Manek Chowk*. Hier wird der Blick frei auf die mit Erkern, Balkonen und Friesen aufgelockerte Fassade. So vielfältig wie der Gebäudeschmuck sind auch die Geschichten um den Palast. Und etwas anderes wird klar: Dieser Palast ist nicht das Ergebnis eines kühnen Bauplans, sondern es sind **mehrere Paläste**, die hier im Laufe von Jahrhunderten auf- und ineinander gebaut und immer wieder erweitert wurden.

Von hier aus regierten die **Maharanas** – so nennen sich die Könige des Fürstentums von Udaipur – seit dem 16. Jahrhundert, nachdem sie den alten Regierungssitz Chittorgarh (s. S. 162) nach wiederholten Eroberungen aufgeben mussten. Maharana Udai Singh II. hatte 1559 den Platz für eine neue Hauptstadt zwischen See und hügeligem Gelände ausgesucht, er lag geschützt und günstig an einem Handelsweg. Die umgebenden Seen waren schon vorher angelegt worden, um Überschwemmungen der Straßen zu verhindern und zur regulierbaren Bewässerung der Landschaft. Der kleine Mewarstaat hatte sich nicht nur immer wieder gegen die Moguln zu verteidigen, sondern auch gegen mit diesen verbündete Hindu-Maharajas. Besonders Maharana Pratap Singh wird heute noch als Held und Retter des Landes auf Bildern und mit Statuen dargestellt.

Die Maharanas von Mewar pochten immer wieder auf ihre **Unabhängigkeit** und auf ihre Erhabenheit über andere Herrscher. Sie verheirateten ihre Prinzessinnen nur an Hindu-Herrscher, nicht an Moguln. Zur Kolonialzeit vermieden sie nach

Ausgekleidet mit Porzellan aus Ostasien: Chini Gokhda

Die Größe des Stadtpalasts ist am besten vom Pichola-See aus zu sehen

Kräften britischen Kulturimport. Als Indien unabhängig wurde, stimmte der Maharana zu, Udaipur mit dem neuen Staat zu vereinen. Die Stadt gehört seit 1949 zum Bundesstaat Rajasthan in der Republik Indien.

Repräsentant des Mewar-Geschlechts ist seit 1984 Arvind Singh, der zwar keine politische Macht mehr innehat, aber immer noch einen hohen gesellschaftlichen Rang in Udaipur und darüber hinaus bekleidet und den Ehrentitel „Shriji" trägt. Einen Teil des imposanten Stadtpalasts bewohnt der Shriji mit seiner Familie, ein weiterer Teil ist ein Luxushotel; dessen Hof mit Swimmingpool diente, wie auch das im See auf einer Insel liegende **Lake Palace-Hotel,** als Drehort für den James-Bond-Film „Octopussy". Auch die von Arvind Singh gegründete *Maharana of Mewar Charitable Foundation* (MMCF), die soziale und wissenschaftliche Projekte fördert, hat ihren Sitz im City Palace. Die übrigen Teile des Palasts sind als **Museum** dem breiten und hoffentlich ausdauernden Publikum zugänglich, denn der komplette Rundgang durch diesen Bereich des Palasts ist acht Kilometer lang und erstreckt sich über mehrere Stockwerke.

Immer neue Höfe und Säle öffnen sich den Besuchern. Sie entstammen verschiedenen Epochen, vielfältig sind die verwendeten Materialien und Stile. Im *Rajya Angan*, dem königlichen Hof, wurden seit der Gründung der Stadt Udaipurs Könige gesalbt, das *Chini Gokhda* ist mit kunstvollen Kacheln aus Ostasien ausgekleidet – nur zwei Beispiele aus einer langen Liste von Sehenswürdigkeiten. Höfe und Hallen sind oft durch Gänge mit leichtem Gefälle verbunden – der Paläste-Palast wurde einst um einen Hügel herum errichtet. So erklärt sich auch der *Badi Mahal*, der **grüne Garten** mit Bäumen auf der höchsten Ebene des Palasts.

Lage: im Süden Rajasthans, in Udaipur. **Übernachten:** Im Stadtpalast befindet sich das Luxushotel **Shiv Niwas** (www.hrhhotels.com) mit 36 großzügigen Zimmern und Suiten. Zahlreiche günstigere Unterkünfte gibt es in der Altstadt, nahe des Palasteingangs, darunter das von einem Deutschen geführte **The Tiger** (www.thetigerudaipur.com) mit 19 Zimmern, Spa und Restaurant. Ayurveda-Behandlungen werden angeboten.

INFO

⑤ Bundi: Juwel abseits ausgetretener Pfade

Indien wie aus dem Bilderbuch: In der Altstadt ragen die Vorsprünge alter Have-lis, prächtiger Stadthäuser, über die Gassen. Immer wieder wandern die Blicke hoch zu der **imposanten Burg**, die von Riesenhand an den Berg gehängt zu sein scheint. Geradezu verwunschen ist der von hohen Bäumen umgebene *Sar Bagh*, nahe dem See Jait Sagar, in dem die Kenotaphe von mehr als sechzig Maharajas und ihren Angehörigen die Jahrhunderte überdauern.

Haarige Besucher

Obwohl die Flachdächer der Altstadt, besonders die um den viereckigen See Nawal-Sagar, hervorragende Blicke auf den Garh-Palast eröffnen, sind die Dachterrassen der Guesthou-ses und Hotels leer. Der Grund: **Affenbanden**.

Das kleine Städtchen Bundi gehört wohl nur deshalb noch nicht zum Pflichtprogramm der großen Rajasthan-Reiseveranstalter, weil es ein wenig abseits der Hauptrouten zwi-schen den großen Städten liegt. Doch Rajas-thans Kunst kennt nicht, wer noch nicht die **Wand- und Deckenbilder** im Garh Pala-ce und in seinen vier Unterpalästen gesehen hat. Wie ein exotisches Bilderbuch zeigen die Werke der Bundi-Malerschule dekorativ und detailgenau Götter und Heroen sowie kriegerische und höfische Szenen. Die Eindrücke aus diesen Reliefs des 17. und 18. Jahrhunderts ergänzen den Spazier-gang durch Bundis ummauerte **mittelalterliche Altstadt**, deren Architektur überraschend intakt und authentisch ist. Das tröstet darüber hinweg, dass die meisten Havelis, wie auch Teile des Palasts, in Privatbesitz sind und Besuchern ver-schlossen bleiben.

Bundi war die Hauptstadt eines Zweigs der **Chauhan-Rajputen**, dessen erste Blüte sich im 12. und 13. Jahrhundert ereignete. Gegründet wurde die Stadt von einem ihrer Prinzen, Deva Hada. Er war auch Namensgeber für das Hadoti-Land, wie das südöstliche Rajasthan bis heute genannt wird. Die Geschichte der Hada-Chauhans ist eine **Geschichte ständiger Kämpfe** mit benachbarten Rajputen-

Die Altstadt mit ihren Havelis vom Fort aus gesehen

Reichen und Niederlagen gegen einfallende Herrscher. Besondere Zäsuren ereigneten sich in den Jahren 1568 und 1625: In dem einen machte Großmogul Akbar Bundi tributpflichtig, im anderen trennte sein Sohn Jahangir Bundi vom benachbarten Kota.

Damit schrumpfte das von Bundi aus beherrschte Gebiet, doch die Abhängigkeit von den Moguln versetzte der Stadt einen **Kulturschub**. Anders als in den vorangegangenen Jahrhunderten mussten sich die Fürsten nicht mehr auf die Abwehr von Bedrohungen von außen konzentrieren. Statt trutzige Bastionen wie Bim Burj und das Taragarh Fort oberhalb des Garh-Palasts zu bauen, investierten sie in die Errichtung repräsentativer Gebäude – und in deren Ausschmückung. Dabei vermischte sich die Tradition der kräftig-farbigen Volkskunst mit den vorbildhaften Beispielen der Mogul-Malerei. Was die **Motive der Wandmalereien** betrifft, domi-

Hathi Pol, das Elefantentor am Eingang des Forts

nieren die Überlieferungen der Hindu-Religion in Bundis Palästen, allen voran die Krishna-Legenden. Der göttliche Flötenspieler wird mit seinen Gefährtinnen im Reigentanz oder in Andacht gezeigt. Viele Maler lernten ihre Kunst an Ort und Stelle, im Chattra Mahal (erbaut 1644), wo um die Mitte des 17. Jahrhunderts vom Herrscher eine Malschule eingerichtet worden war. Die virtuose Feinmalerei der Mogulhöfe mit ihrem persischen Hintergrund ist gerade auch in den Darstellungen der höfischen Feste und anderer höfischer Szenen zu finden. Ein gutes Beispiel ist das Bild einer jungen Frau im Chitrasala Mahal (dem zuletzt errichteten Palastbereich aus dem 18. Jahrhundert), die in kostbar goldgewirkter Kleidung einen großen Vogel auf ihrer rechten Hand hält – charmant wie eine europäische Rokoko-Szene von Watteau oder Boucher. Die Farben der Bundi-Schule sind jedoch andere: Grüne Hintergründe waren offenbar sehr beliebt, ebenso wie braune Farbtöne und feine Goldlinien, die fast allgegenwärtig sind.

Nachdem der Fürstenstaat Bundi sich 1948 der indischen Union angeschlossen hatte, verwaiste der Garh-Palast. Erbstreitigkeiten und das Fehlen eines angemessenen Verwendungszwecks beschleunigten den **Verfall**, der Monsun beschädigte viele der Malereien. Erst seit 2005 sind Teile des Palasts für Touristen geöffnet, Restaurationsarbeiten blieben aber bisher nur oberflächlich. Man sollte nicht zu lange zögern, um Bundis Malereien noch sehen zu können.

Lage: 37 km nordwestlich von Kota im Südosten Rajasthans.
Übernachten: Das Heritage-Hotel **Haveli Braj Bushanjee** (www.kiplings bundi.com) befindet sich östlich vom Bhairon-Tor und verfügt über 24 liebevoll und traditionell eingerichtete Zimmer sowie ein Restaurant mit vegetarischer Küche.

INFO

⑥ Dig: mit den Maharajas auf Sommerfrische

Der Palast von Dig hält für viele Besucher eine Überraschung bereit. Die Stadt ist nur noch ein kleines, leider etwas unansehnliches Nest, und so begreift man erst, wie bedeutsam der Ort in seiner Blütezeit gewesen sein muss, wenn man durch das Eingangstor des Palasts, das **Singh Pol**, die Anlage betritt. Ein kunstvoller Garten, auffällig vom Stil der Moguln beeinflusst, liegt vor dem Besucher. Kreuzförmig angelegte Wasserspiele laufen auf drei Palastgebäude und einen Pavillon zu. Das Ensemble ist mit seiner Architektur und dem ihn eigenen Mix der Baustile einzigartig.

Anfang des 18. Jahrhunderts, als das Mogulreich zu bröckeln begann, erlangten im Grenzgebiet der heutigen Bundesstaaten Rajasthan und Haryana Hindu-Stammesangehörige, die Jats des Sinsiniwar-Clans, immer mehr Macht. Als **Hauptstadt** wählten sie zunächst Dig, das später von Bharatpur abgelöst wurde. Von der kriegerischen Geschichte der Jats zeugen die gewaltigen Mauern des Forts, das in der Nachbarschaft des Palasts erbaut wurde.

Hat man das Singh Pol im Rücken, liegt zur rechten der Gopal Bhavan. Der Palast ist das größte der Gebäude und grenzt direkt an den **Gopal Sagar**, einen der beiden künstlichen Seen mit rechteckigem Grundriss, die die Anlage nach Westen und Osten flankieren. Er lässt sich am besten aus dem Inneren des Gebäudes betrachten. Auf den Stufenghats des Gopal Sagar liegen oft bunte Stoffbahnen zum Trocken, und farbenfroh anzusehen sind auch die Rajasthani-Frauen, die hier Wasser holen und schwere Krüge auf dem Kopf balancieren. Im Museumspalast sind noch viele Einrichtungsstücke aus seiner Zeit als Sommerresidenz zu bestaunen, darunter ein **schwarzer Thronaufbau**, möglicherweise ein Beutestück aus Delhi. Ein weiteres Souvenir der Moguln ist der weiße Bogen vor der Haupthalle – wegen seiner Herkunft aus Agra und dem an den Taj erinnernden weißen Marmor wird er gern „Nur Jahans Schaukel" genannt.

Steinschnitzerei-Detail am Singh Pol

Pavillons am Gopal Sagar

Aufgrund seiner besonderen architektonischen Schönheit hervorzuheben ist der einstöckige **Suraj Bhavan** am Ende des Seeufers. Die Erbauer hatten Vorbilder aus Delhi und Agra im Sinn, als sie das Gebäude mit der umgebenden Veranda und den Pietradura-Verzierungen im zentralen Raum in Auftrag gaben. Ebenso wie der dahinter gelegene Hardev Bhavan wurde Suraj Bhavan zuletzt der Anlage hinzugefügt, weshalb beide aus dem quadratisch-kreuzförmigen Grundriss ausbrechen.

Neben Suraj Bhavan liegt ein weiteres Palastgebäude, **Kishan Bhavan**, auf dessen Dach eine Treppe führt. Von hier aus bietet sich der beste Überblick über den Komplex. Das Nebengebäude trägt ein großes Becken: kein königlicher Swimmingpool, sondern der Wasserspeicher für die mehreren hundert Springbrunnen des Gartens. Die Rohrzuleitungen sind neuzeitlich, früher musste das Wasser mit Ochsenkarren heraufgeschafft werden, bis nach Tagen der harten Arbeit das Wasser einige Stunden lang strömen konnte. Heute bleiben die Wasserspiele leider bis auf das jährliche Monsun-Fest im August trocken.

Eine ganz den Freuden des Wassers gewidmete „Multimedia-Show" im Stil des 18. Jahrhunderts bot **Keshav Bhavan**, der direkt am zweiten See Rup Sagar steht. In der Decke des „Monsunpalasts" ist eine Apparatur mit eisernen Kugeln verborgen, die, von fließendem Wasser umspült, die Donnergeräusche eines Gewitters nachahmten. Durch Löcher in der Decke konnten sich die königlichen Herrschaften auch im Hochsommer mit einem Regenguss erfrischen. Purana Mahal an der Südseite des Rup Sagar ist der älteste Palast von Dig, er ist mit schönen Wandmalereien und zwei Innenhöfen ausgestattet.

Lage & Anfahrt: im Osten Rajasthans. Für die 75 km von Alwar sollte man per Bus (viele Verbindungen täglich) 1,5 Std., per Bahn etwa 2 Std. einrechnen. Das etwa 35 km südlich gelegene Bharatpur ist per Bus zu erreichen (ca. 1 Std.).
Information: Der Palast ist Sa–Do von 9.30–17.30 Uhr geöffnet, Eintritt: 200 Rs. Der Eintritt ins Fort ist frei.

INFO

❼ Gwalior: Luxus vergangener Zeiten und Zeugnisse wechselvoller Geschichte

Der Tafelberg von Gwalior beherrscht die umliegende Gegend; schon vor tausend Jahren soll hier das erste Fort erbaut worden sein. Immer wieder waren die Burg, die wie das Werk von Giganten über der Stadt thront, und das dazugehörige Rajputen-Fürstentum **Schauplatz schwerer Kämpfe** und dramatischer Eroberungen. Heute liegt die Stadt, mittlerweile fast eine Millionenmetropole, etwas abseits von den üblichen Reiserouten im Bundesstaat Madhya Pradesh, die Zeugnisse der Pracht vergangener Zeiten bleiben aber beeindruckend.

Einzigartig sind die riesigen, in den Fels des Burgbergs gehauenen Figuren der 24 **Thirthankaras** („Furtbereiter", s. S. 76) der Jains. In mehreren Gruppen sehen sie von Nischen an dem Weg zum Fort hinauf auf die Vorbeikommenden hi-

nab – oder schweift ihr Blick in die unendliche Ferne? Zwischen dem 7. und 15. Jahrhundert schufen Angehörige von Gwaliors Jain-Gemeinde die Skulpturen. Die Zerstörungen an Gesichtern und Genitalien der Figuren gehen auf das Jahr 1527 zurück, als muslimische Truppen Gwalior verwüsteten. Die mit 19 Metern größte Figur allerdings, die Verkörperung des auf einer Lotosblüte verharrenden **Adinath**, ist in gutem Zustand.

Die **Geschichte Gwaliors** ist so wechselhaft wie der Stil seiner Gebäude. Letzter Höhepunkt, zumindest aus Sicht der damaligen Herrscher, war die Epoche der Maharajas von Scindia unter der Vorherrschaft der Briten.

Die Palastfassade von Gwalior ist mit blauen Kacheln verziert

Diese hatten – peinlich für den auf Ehre bedachten Marathen-Clan – die mächtigen Mauern 1780 mittels Kriegslist im Handstreich genommen. Danach erwiesen sich die Scindias als loyale Verbündete der Europäer. Nicht zuletzt 1857 während der Mutiny (s. S. 170) standen sie ihnen mit Truppen bei, auch gegen die unglückliche Rani von Jhansi, eine Unabhängigkeitskämpferin, der die Stadt heute ein Denkmal widmet. Diese Loyalität belohnten die Briten, indem sie den Scindias die Aus-

Die „Furtbereiter" der Jains, aus dem Fels am Wegesrand gehauen

beutung des Landes erlaubten – und sich zu verschwenderischen Festen einladen ließen.

Plastisches Beispiel für den ausgefallenen Stil der Scindias ist der **Jai Vilas-Palast** im Fort, den Maharaja Jayaji Rao Scindia von einem italienischen Architekten errichten ließ. Das Ergebnis ist eine bizarre Mischung von europäischen Architektur- und Einrichtungsstilen, wie sie in der zweiten Hälfte des 19. Jahrhunderts en vogue waren. Wunderbar verschroben wirkt der Pomp der Darbar-Halle, an deren Decke die Erbauer zunächst lebende Elefanten emporzogen, bevor sie sich trauten, die 3,5 Tonnen schweren Kandelaber – die größten der Welt – zu befestigen. Hübsch anzusehen ist die **Miniatureisenbahn aus Silber**, mit der der Maharaja beim Bankett seinen Gästen Whiskey und Süßes zukommen ließ.

Der Flügel wurde zu Ehren des Prince of Wales errichtet, der Gwalior 1875 besuchte. Bei diesem Ereignis scheint den Scindias aufgefallen zu sein, dass ihnen ein standesgemäßes Gästehaus fehlte, denn 15 Jahre später errichteten sie in neuerlicher Erwartung englischer Monarchen auf einem Hügel mit Blick auf den Burgberg den **Usha Kiran-Palast**, der heute das luxuriöseste Hotel am Platze ist.

Lage: im Norden von Madhya Pradesh.
Übernachten: Der **Usha Kiran Palace** gehört zur Gruppe der Taj-Hotels (www.tajhotels.com) und verfügt über diverse Sportanlagen sowie ein Spa. Die Hotels der unteren Preisklasse rund um Gwalior haben oft auch unteren Standard. Eine Ausnahme, daher bitte frühzeitig reservieren: **Tansen Residency** (www.nivalink.com/tansen).

INFO

8 Orchha: Schönheit im Abseits

„Orchha", den Namen hat man wahrscheinlich nie zuvor gehört, aber man wird ihn nicht mehr vergessen, wenn man Orchha erlebt hat. Die einstige Residenz der Rajas von Bundela ist schon seit mehr als 200 Jahren nicht mehr Residenzstadt. Noch mehr ins Abseits geriet die Stadt, seit die Tempel von Khajuraho – 180 Kilometer auf dem National Highway NH 25 von Orchha entfernt – zum stärksten

Sadhu vor einer der Totengedenkstätten am Fluss Betwa

Touristenmagneten des Bundesstaats Madhya Pradesh avancierten. Doch strahlt der zu großen Teilen leer geräumte **Jahangir-Stadtpalast** auf dominantem Hügel mit seinen Hallen und Treppen, Höfen und unterirdischen Kammern eine eigene Faszination aus. Er erlaubt weite Ausblicke auf den Betwa-Fluss und hinüber nach Uttar Pradesh. Sogar ein kleines Hotel hat sich unter dem Namen „Sheesh Mahal" im Palast etabliert. Ställe für Kamele existieren immer noch und an der Westseite der Mauer-Umfriedung trifft man im Raj Mahal auf ein schlichtes archäologisches Museum.

Ein Empfinden von angehaltenem Lauf der Zeit überkommt einen, wandert man zwischen bescheidenen Häuserfronten vom Jahangir-Palast hinunter zum Betwa-Fluss. Dieser umströmt schützend das Palastareal und fließt einen halben Kilometer weiter zu den *Chhatris*, den **Totengedenkbauten** der Herrscher. Immer wieder findet man auf Indienreisen diese monumentale Erinnerungsarchitektur, doch kaum so beeindruckend wie in Orchha: Gleich mehrere Bauten reihen sich hoch wie mehrstöckige Häuser entlang dem Fluss, jeder einzelne wäre imposant genug, um für sich allein als Mahnmal zu wirken. Im Inneren sind die Hallen nahezu leer.

Eine der Hallen erinnert an **Raj Bir Singh Deo**, den Erbauer des nahen Jhansi Forts, der im ersten Drittel des 17. Jahrhunderts lebte. In der Geschichte der Bundela-Herrscher blieb Bir Singh Deo unvergessen, weil er sich von der Macht der Mogulherrscher nicht einschüchtern ließ. Von Kaiser Akbar zwar bald überwältigt, verstand er sich doch aufs beste mit dessen Nachfolger Jahangir. Dieser hatte gegen seinen Vater Akbar rebelliert und sah in dem Bundela-Raja einen nützlichen Verbündeten. Bir Singh Deo gab seinem prächtigen Orchha-Palast darum den Namen „Jahangir", eine diplomatische Verbeugung vor dem Machtzentrum der islamischen Mogul-Kaiser in Delhi. 1606, so ist überliefert, traf Kaiser Jahangir zum Staatsbesuch ein. Sein Sohn jedoch, Shah Jahan, der später das Taj Mahal in Agra erbaute, entzog Bir Singh Deo die kaiserliche Gunst, kaum dass er 1627 den Mogul-Thron übernommen hatte. Indiens Kleinfürstentümer mussten sich unterwerfen.

Die Schatten dieser Geschichte liegen auch über dem leergeräumten **Chaturbuj-Tempel**. Ein Führer kann hier nützlich sein, denn das Treppenhaus auf dem Weg zu den Schmuckerkern des Dachs ist äußerst finster und steil. Geier fliegen hier ihre Nester an, aus dem Turm gellen die Schreie grüner Papageien. Einen frommen Kontrast dazu bildet der Ram Raja-Tempel, unter dessen gold und rosa glänzender Kuppel sich schon seit dem 16. Jahrhundert Hindus zu Ehren Ramas versammeln, des Helden im Ramayana. Beide Tempel liegen westlich vom Stadtzentrum.

Auch wer sich länger in Orchha aufhält, trifft immer wieder auf Überraschendes, wie zum Beispiel das **TARAgram Center**. Hier wird Energie aus Biomasse produziert, das Bauen mit Lehmziegeln demonstriert, vor allem aber wird hier Frauen eine Berufschance in der Produktion handgeschöpfter Papiere gegeben. Wir trafen sie bei der Mittagspause, unterm Baumschatten munter im Gras. Die dunklen Schatten der Geschichte waren verschwunden.

Lage: im Norden von Madhya Pradesh. **Übernachten:** Mehrere neuere Hotels und Restaurants befinden sich in der Umgebung. Bewährt hat sich das **Orchha Resort** (www.orchharesort.com) mit 32 Zimmern; moderne Architektur im Palaststil bunt dekoriert, direkt bei den königlichen Chattris am Betwa Fluss. Pool und vegetarisches Restaurant, gute Küche.

INFO

⑨ Märchenhaftes Mysore

Duftendes Sandelholz und **edle Seidenstoffe** – dafür ist Mysore in ganz Südindien berühmt. Die immerhin 800.000 Einwohner zählende Stadt hat sich die entspannte Atmosphäre einer Kleinstadt bewahrt und lädt mit breiten, baumgesäumten Straßen und belebten Ladenvierteln zum Schlendern und Genießen ein. Ein besonderes Erlebnis ist ein Bummel über Mysores **Devaraja Market**: Hier bekommt man alles, was essbar ist. Die durch große Schirme vor der Sonne geschützten Stände sind nach Art der Waren in verschiedenen Arealen gruppiert. Die zu abenteuerlichen Haufen geschichteten mannigfaltigen Obst- und Gemüsesorten sowie die Kegel farbenfroher Gewürze sind ein

Das Dussehra-Fest

Jedes Jahr im September/Oktober gerät Mysore zehn Tage lang in einen Ausnahmezustand: Beim traditionellen Dussehra-Fest wird der **Sieg der Göttin Durga** über den Büffeldämon Mahishasura gefeiert. Bereits die Herrscher der alten Königsstadt Vijayanagar begingen das Dussehra-Fest. Während der Festtage finden in der Durbar Hall des Maharaja-Palasts zahlreiche kulturelle Veranstaltungen wie **Musik- oder Tanzvorführungen** statt. Der Palast und große Teile der Stadt sind im Dunkeln festlich erleuchtet. Am letzten Tag des Fests zieht sich eine lange **Prozession** mit berittener Garde und reich geschmückten Reitelefanten begleitet von lärmenden Blaskapellen vom Palast zum Banni Mantap-Paradeplatz. Den fulminanten Höhepunkt des Fests bildet ein großes Feuerwerk.

wahrer Augenschmaus. Wenn man höflich fragt, lassen sich die stolzen Händler gern inmitten ihrer frischen Ware fotografieren.

Der besondere Höhepunkt der Stadt ist jedoch der **Maharaja-Palast Amba Vilas**, ein Bauwerk wie aus „Tausendundeiner Nacht". Der Palast ist jedoch eine

Amba Vilas, ein Bauwerk wie aus „Tausendundeiner Nacht"

recht junge Konstruktion: Erst 1912 fertiggestellt, ist er Nachfolger eines Holzpalasts, der 1897 durch einen Brand zerstört wurde. Amba Vilas wurde von dem britischen Architekten Henry Irwin für den damaligen Raja der Wodeyars entworfen. Dieses hinduistische Herrschergeschlecht regierte die Stadt vom Beginn des

15. Jahrhunderts bis zur Unabhängigkeit Indiens und erhebt noch heute Anspruch auf den Palast von Mysore, der seit 1998 offiziell der Regierung des Staates Karnataka gehört.

Der Stadtpalast wurde vor allem gebaut, um zu beeindrucken: Das Innere von Amba Vilas ist unglaublich prunkvoll ausgestaltet, gedämpftes Licht lässt die verarbeiteten **Edelmetalle und Juwelen** wie in einer Schatzkammer glitzern. Bei der Gestaltung hat man sich dabei nicht auf traditionell indische Stile beschränkt, sondern Gestaltungselemente aus verschiedensten Kulturen mit eingebracht – von allem das Edelste: So finden sich im achteckigen **Hochzeitssaal** Kronleuchter aus böhmischem Kristall, Mosaike aus Belgien und Bodenfliesen aus England.

Eine Treppe aus italienischem Marmor führt in die 13 Meter hohe **Public Durbar Hall**, die der Herrscher für Audienzen nutzte. Bunt bemalte, mit Gold verzierte Säulen

Silberdetail aus dem Palast

sowie weißer Marmor mit Einlegearbeiten aus Halbedelsteinen zeugen vom Reichtum des Maharajas. Der Thron des Herrschers ist mit 280 Kilogramm Blattgold verziert. Die Halle ist zu einer Seite offen, sodass der Maharaja zum Exerzierplatz und bis zum drei Kilometer entfernten Chamundi Hill blicken konnte: Dort befindet sich ein Tempel zu Ehren der Göttin Durga, der zahlreiche Pilger anzieht. Die einzigen Überreste des alten, abgebrannten Palasts findet man in der Private Durbar Hall: zwei Türen aus massivem Silber.

An Sonn- und Feiertagen wird der Maharaja-Palast im Dunkeln von fast **100.000 Glühbirnen** illuminiert. Seine märchenhaften Umrisse mit den zahlreichen Türmchen, Kuppeln und Arkaden kommen dann noch besser zur Geltung.

Lage: im Süden von Karnataka.
Information: Der Maharaja-Palast Amba Vilas ist täglich von 10–17.30 Uhr geöffnet, Eintritt: 100 Rs. Informationen zum Dussehra-Festival erhält man beim Dussehra Information

Centre (www.mysoredasara.com).
Übernachten: Hochgelobt und hochpreisig lädt das **Green Hotel** (www.greenhotelindia.com) ein, ein ehemaliger Palast außerhalb der Stadt mit Garten, Charme und gutem Essen.

INFO

⑩ Chettinad in Tamil Nadu: Prachtbauten der Asien-Kaufleute

Lange Zeit war die Gegend den meisten Indienreisenden unbekannt, der Name Chettinad höchstens als eine sehr gewürzreiche Art indischer Küche geläufig. Seit aber immer mehr Südindienbesucher sich vorgenommen haben, auch den Bundesstaat **Tamil Nadu** gründlicher zu entdecken, ist die Gegend nahe dem Mündungsgebiet des Chauvery-Flusses ein beliebtes Ziel. Mit Recht, denn dort sieht man Bauten, die es sonst nirgendwo in Indien gibt.

Die **Chettiars** sind eine Klasse von Kaufleuten, die sich schon in vorkolonialer Zeit, wohl in Fortsetzung uralter südindischer Seefahrtstradition, im Handel mit Burma und Indonesien hervorgetan haben. Sie hatten (und haben) Niederlassungen in ganz Asien. Sie wurden reich durch Handel mit tropischen Hölzern – was in der Zeit nicht mechanisierter Holzfällungen noch nicht so umweltschädigend wie heute war – sowie als Bankiers und Geldverleiher. Ihre **Wohnsitze im Chettinad** bauten sie prächtig aus. Hier ließen sie, wenn sie monatelange Handelsfahrten unternahmen, ihre großen Familien zurück. Es kam anscheinend darauf an, den Konkurrenten in der Nachbarschaft zu imponieren. So entstanden weiträumige kunstvolle Paläste in an sich kleinen Dörfern, deren Straßen oft nicht einmal befestigt waren. Diese Paläste stehen heute oft leer, die Familien wohnen in den Metropolen und treffen sich hier nur sporadisch.

Wenn man nach Chettinad kommt, sieht man neben den repräsentativen Gebäuden mit sorgsam restaurierten Fassaden auch kläglich im Verfall begriffene Häuser. Manche Fassaden zeigen starke Beschädigungen, auch figürlicher Schmuck weist Brüche auf. Geländer und Balustraden sind unvollständig, Dächer sichtbar notdürftig geflickt. Daneben stehen **herrlich intakte weiträumige Paläste**,

Fassade im Chettinad

Die Paläste stehen heute oft leer

zwei- bis dreistöckig und zur Straße breit hingelagert. Häufig ist an Architektur-ornament nicht gespart, an Bögen, kunstvollen Geländern an den flachen Dächern, figürlichem Schmuck an Toren, Götterdarstellungen über Eingängen. Einige Häuser sind im großzügig-eleganten Stil des Art déco erbaut.

Im **Hotel Bangala** in Karaikudi bekommt man Auskunft, wo man ein solches pa-lastartiges Haveli von Innen besichtigen kann. Man betritt diese Häuser meist über eine breite Eingangstreppe, kommt dann in eine hohe Halle und danach in einen langgestreckten offenen Hof, der von mächtigen, meist dunklen konischen **Holz-säulen** umgeben ist. Von ihm gehen die Räume des Hauses ab. Da die Familien groß waren, sind oft mehrere Höfe vorhanden. Decken, Wände und Türen sind häufig mit **reichem Schnitzwerk** verziert, die Motive meist den Hindu-Legen-den entnommen. Auf den Böden findet man eine spezielle Art von Fliesen mit schematisierten floralen Mustern, die im Ort Athankudi in Chettinad produziert werden. Sie waren Ende des 19. Jahrhunderts ein Exportartikel, darum findet man sie auch in vielen europäischen Häusern der viktorianischen Zeit.

Leider sind viele kunsthandwerkliche Gegenstände des Chettinad abmontiert und in den Antiquitätenhandel gebracht worden – auch die schönen Holzsäulen. Die Eigentümerin des Bangala Hotels, Mrs. Meenakshi Meyappam, bemüht sich mit En-gagement, das kulturelle Erbe des Chettinad zu retten und zu bewahren.

Lage: Die Gegend des Chettinad liegt ca. 100 km südöstlich von Tanjavur. **Übernachten: Hotel the Bangala** (http://thebangala.com), in Karaikudi, freundliches kleines Hotel mit Pool, or-ganisierte Ausflüge ins Chettinad.

Visalam cgh Earth Heritage Hotel (www.cghEarth.com), gediegenes Art déco-Haus mit 15 stilvoll einge-richteten Zimmern, gute Küche.

INFO

Natur & Landschaft

⑪ Die Jungfernkraniche von Khichan und das Fort Pokaran

Ein **Naturschauspiel der besonderen Art** spielt sich jedes Jahr ausgerechnet in der steinigen Wüste Thar in Rajasthan ab. In der Zeit von Ende August bis Anfang März überwintern Jungfernkraniche im Dorf Khichan nahe dem Ort Phalodi, auf halbem Wege zwischen Bikaner und Jaisalmer. Mehrere Tausend der Zugvögel kommen Jahr für Jahr in die einsame Gegend, aus deren Boden Salz gewonnen wird. In vollendeten Schwüngen bewegen sich die Vögel durch die Luft, formen Geschwader, die sich teilen und mit anderen zu neuen Fluggruppen zusammenfinden, landen hüpfend auf der Erde, grüßen sich gegenseitig mit anmutigen Verbeugungen. Sie haben Flügeldecken in schattigem Silbergrau, ihre langen schwarzen Hälse halten sie geschwungen. Ihr zoologischer Name ist „Anthropoides virgo", Rajasthanis nennen die Tiere „Karja". Schon seit Jahrtausenden wandern diese Vögel von Osteuropa, Zentralasien und Westchina nach Indien, überqueren den Himalaya, um im Warmen zu überwintern. Sie sind ein Teil der nordindischen Folklore, Lieder besingen sie als **Symbol der Sehnsucht** nach entfernten Geliebten. In Khichan werden die Tiere seit dem 19. Jahrhundert von der Bevölkerung verehrt und mit Korn gefüttert – rund eine halbe Tonne soll täglich an Futterspenden ausgegeben werden. Die Fütterungszeiten sind bei Sonnenauf- und -untergang, an den eingezäunten Fütterungsbereich lässt sich nahe herangehen: beste Bedingungen für spektakuläre Aufnahmen.

Pilgerfest in Ramdevra

Ende August/Anfang September pilgern Zehntausende ins Dorf Ramdevra, ca. 10 km nördlich von Pokaran. Großes Gedränge herrscht an diesen **Festtagen** um den Schrein des Heiligen Ram Deoji, es wird gesungen und getanzt, zum Beispiel von jungen Frauen, die Gefäße voller Wasser auf dem Kopf balancieren.

Musiker in Fort Pokaran

Beeindruckendes Schauspiel: Flug der Kraniche

Als Ausgangspunkt nicht nur für naturbegeisterte Fotografen bietet sich das vor wenigen Jahren eröffnete **Heritage-Hotel im Fort Pokaran** an. 1998 erlangte der Name Pokaran allerdings traurige Berühmtheit: Etwa 20 km nördlich der Stadt testete das indische Militär Nuklearwaffen. Die Armee führte die Versuche unterirdisch durch, und es scheint keine Hinweise auf Gesundheitsgefährdungen im Zusammenhang mit den Tests zu geben.

Das Fort ist der Familiensitz des Thakurs der Gegend. Seit der indischen Republikgründung 1947 übt der Fürst keine politische Macht mehr aus. Der derzeitige Träger des Titels, Nagendra Singh, achtet gemeinsam mit seiner Familie beim Umbau der Burg aus rotem Sandstein in ein Hotel darauf, dass die Gebäude so erhalten bleiben, wie sie im Verlauf von sieben Jahrhunderten wuchsen. Anders als bei vielen anderen Heritage-Hotels verzichtet die Familie auf Anbauten, die die **ursprüngliche Architektur** verändern. Sowohl die größten Zimmer, die in Royal Suites umgewandelt wurden, als auch die einfacheren sind mit Liebe zum Detail gestaltet. Ein **Museum** für Geschichte und Volkstradition informiert über die Vergangenheit Pokarans. Von der Dachterrasse mit den Bogenfenstern im indosarazenischen Stil lässt sich die Gegend weit überblicken.

Im Ort Pokaran lockt der **Basar** mit Töpferwaren und Läden für den Alltagsbedarf der Einwohner sowie mit den für die Gegend typischen spitz zulaufenden Schuhen aus Kamelhaut. Hier und in den umliegenden Dörfern verkaufen Weber ihre Waren. Der Tourismus dominiert diesen Teil Rajasthans noch nicht, und so sind auch die **Chattris** der Champawat-Dynastie, der Familie des Thakurs von Pokaran, außerhalb des Dorfes noch wenig besucht. Diese Pavillons mit ihren zahlreichen Kuppeln, errichtet zur Erinnerung an die Verstorbenen des Clans, stehen auf schlanken Säulen auf einer felsigen Anhöhe oberhalb des meist ausgetrockneten Flusstals, still und von verträumter Schönheit.

Lage: im Westen Rajasthans, ca. 100 km nordwestlich von Jodhpur.
Information: International Crane Fundation (www.savingcranes.org)

Übernachten: Fort Pokaran Hotel (www.fortpokaran.com), ca. 65 km von Phalodi entfernt. Außerdem gibt es zahlreiche einfache Unterkünfte im ca. 10 km von Khichan entfernten Phalodi.

INFO

⑫ Die Bishnoi bei Rohet Garh

Sie waren **die ersten Umweltschützer**: Den Bishnoi sind Bäume und Tiere heilig, darum sind bis heute die Jagd und das Fällen von Bäumen in ihrem Gebiet nicht gestattet. Guru Jambeshwar gründete die bäuerliche Religionsgemeinschaft im 15. Jahrhundert in Rajasthan in der Wüste Thar. Heute leben viele Bishnoi im Distrikt Pali, südlich von Jodhpur, in mehreren Dörfern; weitere Angehörige der Volksgruppe sind in Gujarat, Haryana, bei Delhi und im Panjab zu finden.

Guru Jambeshwar führte die damalige große Dürre auf menschlichen Raubbau an Bäumen und Tieren zurück. Er verkündete in seinem Dorf **29 Gebote** – daher der Name der Gemeinschaft, „Bishnoi" heißt „Neunundzwanzig". Sie fordern unter anderem, keine Tiere zu töten, keine Bäume zu fällen, die Toten nicht zu verbrennen, keinen Alkohol zu konsumieren, täglich zu baden, keine unnützen Reden zu führen und auf Reinlichkeit der Kleidung zu achten. Weiß ist bei Männern die bevorzugte Farbe, auch der Turbane, und sie zwingt die Menschen zum häufigen Waschen ihrer Kleidung. Die Bishnoi glauben an ihre Wiedergeburt als Antilopen, deswegen ist dieses Tier ihnen besonders heilig.

Beim Besuch im Bishnoi-Gebiet fällt auf, wie dicht Wald und Busch dort stehen, wie erfüllt von Vogelgesang und Wild die Landschaft ist. Ein eindrucksvoller Beweis, dass dem Vordringen der Wüste durch Naturschutz Einhalt geboten werden kann. Ihre Glaubensgrundsätze brachten die Bishnoi oft in Konflikt mit den Obrigkeiten der Rajputen, wenn diese jagen und mit Holz bauen wollten. Zur **blutigen Konfrontation** kam es, als der Maharaja von Jodhpur Bäume bei den Dörfern der Bishnoi fällen ließ. Das Militär brach den passiven Widerstand der Frauen, die sich an die Baumstämme klammerten. Am Ende lagen 363 Menschen hingeschlachtet am Boden. Das war, heißt es, im Jahr 1730, es werden aber auch an-

Selbstbewusste Bishnoi-Frauen und ihre Kinder in farbenprächtiger Tracht

Rohet Garh, luxuriöse Rajputenherberge

dere Zahlen genannt. Erschüttert von dieser Eskalation der Gewalt, befahl der Maharaja, in Zukunft die Gesetze der Bishnoi zu respektieren.

Das Dorf Rohet ist ein guter Ausgangspunkt, um das Land der Bishnoi kennen zu lernen. Am Rande der Siedlung steht **Rohet Garh**, seit 1622 Familiensitz des örtlichen Thakurs. Der Hausherr, früher einmal Gesandter in Deutschland, hat Sinn für Literatur und Reitsport, er züchtet die Marwari-Pferde. Zu kreativen Langzeitaufenthalten sind hier schon verschiedene Schriftsteller, wie der Brite Bruce Chatwin („Traumpfade") und später im selben Zimmer der Schotte William Dalrymple („City of Djinns – A Year in Delhi"), eingezogen. Seit Anfang der 1990er-Jahre ist Rohet Garh auch ein Heritage Hotel. In großer Zahl kommen die Freunde des Reitsports. In einem Zimmer ist der Gast nur durch eine große Glassscheibe vom benachbarten Stall getrennt: Pferd und Reiter immer im Blickkontakt.

Safaris in diesem Gelände zwischen den Rändern der Wüste Thar und landwirtschaftlichem Grün sind überraschend lohnend, ob im Sattel oder im Jeep, schon wegen der eleganten Sprünge, mit denen man Gazellen und weißgetupfte Chitals scheinbar schwerelos über die Felder huschen sieht. Die Begegnungen mit Bishnoi in dem einen oder anderen der rund achtzig Dörfer sind besonders beeindruckend. Gäste auf „Village Safari" werden in den mit Dorngezweig umzäunten Hof und auch in die Lehmhäuser gebeten. Den alten Männern und ihrer Opiumzeremonie (s. S. 218) darf man zuschauen, vielleicht auch selbst einen Zug tun.

Lage: bei Jodhpur in Zentral-Rajasthan.
Übernachten: Rohet Garh (www.rohet garh.com), 34 individuell eingerichtete Zimmer, auf Wunsch organisierte Ausflüge und Koch-Workshops.
Tour: Ist man südwärts von Rohet nach Pali auf der NH 65 unterwegs, kommt man auf einer nach Osten abzwei-

genden Straße zu einem **Bishnoi-Zentrum** mit Imbiss, Kamelritten und einfachen Unterkünften. Abseits davon haben Bishnoi hier, wo noch Gräber der Massaker-Opfer erhalten sind, einen kleinen Wald von Khejri-Bäumen angepflanzt und einen schlichten Tempelblock erbaut.

INFO

⓵ Der Ranthambore National Park und das Project Tiger

Safari-Erlebnis am frühen Morgen. Der Jeep ohne Windschutzscheibe fetzt über die Sandwege, die kühle Luft fährt übers Gesicht, jeder Vogelschrei und knackende Ast verheißt den erhofften Tiger. Schon die **Fahrt durch den Ranthambore National Park** ist ein wunderbares Erlebnis.

Riesig ist die Begeisterung für den „Tiger Park", immer wieder erzählen die Glücklichen, denen die Raubkatze plötzlich über den Weg lief, wie lautlos der Tiger aus dem Dschungel kam, wie nah das Gelb seiner Augen war, wie **muskulös und geschmeidig zugleich** seine Bewegungen waren. Nur leider kann niemand, auch der kundigste Wildhüter nicht, garantieren, dass ein Tiger sich zeigen wird. Obwohl der Nationalpark nahe Sawai Madhopur im Westen Rajasthans zu den kleineren Indiens zählt, gehört er doch zur Spitzengruppe, was die Anzahl der hier lebenden Tiger betrifft – und das ist nicht sein einziger Vorzug.

Der Park war einst **Jagdrevier** von Moguln und Maharajas. Architektonische Zeugnisse aus dieser Zeit sind da und dort im Park noch erhalten, zum Beispiel ein 250 Jahre altes Jagdhaus am Lotus Lake (Padam Talao), mit Blick auf das Ranthambore Fort. Ein Halt dort lohnt auch wegen des riesigen **Banyanbaums** in der Nähe, eines der größten in Indien, der wegen seiner enormen Ausbreitung mit Luftwurzeln auch „Running Tree" genannt wird.

Glück muss man haben: erfolgreiche Fotosafari

40.000 Tiger soll es noch zu Beginn des 20. Jahrhunderts auf dem indischen Sub-kontinent gegeben haben. Aber sowohl die britischen Kolonialherren als auch die einheimische Oberschicht verringerte jagd- und trophäenwütig den Bestand stark: Die Tigerpopulation Indiens zählte 1972 nur noch etwa 2.000 Tiere. Die Tiger-jagd wurde nun endlich landesweit verboten. Ein Jahr später wurde zur Rettung der Spezies das **Project Tiger** angepackt, das großenteils von der Regierung fi-nanziert wird. Schutzgebiete – insgesamt etwa von der Größe Hessens – wurden eingerichtet, einer der Hauptstützpunkte war Ranthambore, das bereits 1955 Wildlife Sanctuary wurde. Der Tiger gilt auch als Bio-Indikator: Wo er lebt, ist die Natur noch im Gleichgewicht und die Artenvielfalt hoch. Indiens Biologen schät-zen die Tiger Reserves als unschätzbar wertvoll für die Zukunft, sind sie doch le-bendige „Gen-Banken“. Die Fotosafaris für Touristen kommen dem Project Tiger zugute, denn auch die Anwohner der Parks, einst Bauern und Viehzüchter, bezie-hen ihre Einkünfte aus dem Tourismusgeschäft.

Das Tiger Reserve Ranthambore erstreckt sich heute, nachdem 1992 benachbar-te Schutzgebiete hinzugefügt wurden, über 70 Kilometer in nordöstlich-südwest-licher Richtung, und bedeckt rund 1.300 km² Fläche. Leider ist das Project Tiger aber **keine Erfolgsgeschichte**. Geschönte Zahlen waren veröffentlicht worden, wohl, weil die Tigerrettung auch eine politische Prestigefrage ist: Immerhin gilt der Tiger als Nationalsymbol Indiens, als Inbegriff von Stärke und Vitalität, noch vor Löwe und Elefant. Der Druck der horrenden Preise, die für Felle und – in ostasia-tischen Ländern – für Tigerknochen als Potenzmittel gezahlt werden, führt gemein-sam mit dem Korruptionsproblem Indiens zu immer neuen Rückschlägen beim Kampf gegen Wilderer.

Heute wird die **Gesamtzahl von etwa 2.000 Tigern** in freier Wildbahn ge-nannt, davon 20 bis 26 im Ranthambore-Schutzgebiet. Immerhin mehr als im Sa-riska-Park, in dem der gesamte Bestand durch Wilderer vernichtet wurde. Ande-re Schätzungen gehen davon aus, dass 2008 die Gesamtzahl der indischen Tiger nur noch etwa 1.400 betrug. Das hieße: nur noch die Hälfte der um 1980 erreich-ten Zahl. Bleibt zu hoffen, dass die Jagd mit Fotoapparaten auch in Zukunft aus-reichend Geld in die Kassen des Project Tiger spielt und das öffentliche Interes-se am Überleben der Tiger den Druck auf die Politik ausreichend erhöht, um das Korruptionsproblem zu überwinden.

Lage: Im Osten Rajasthans.
Information: www.savethetiger
fund.org (Infos über verschiedene
Raubkatzen und Schutzprogramme);
Privatfahrzeuge sind im Park nicht
erlaubt, die Zahl der **Nationalpark-
Jeeps** („Gypsies“) und der Aussichtswa-
gen („Canter“) ist beschränkt. Plätze
am besten möglichst früh im Voraus
buchen: Tourist Reception Center,
RTDC Vinayak Tourist Complex, Sawai
Madhopur, Tel.: 07462-221333, hier
auch Buchung der RTDC-Hotels am
Park.

Reisezeit: Am besten geeignet sind
März und April; in der wachsenden
Hitze trocknen viele Wasserstellen aus
und die Tiere kommen öfter aus dem
Dickicht. Die beste Tageszeit für Tiger-
begegnungen ist der frühe Morgen.
Übernachten: Viele Budget- und geho-
benere Hotels in Sawai Madhopur.
Quartier mit Safari-Atmosphäre bietet
das **Tiger Moon Resort (**www.indiana
dventures.com/TigerMoon.htm**)** am
Rande des Parks, nahe Sherpur.
32 Stein- und fünf Bambus-Cottages, in
der Hochsaison zusätzlich Zelte.

INFO

⑭ Bharatpur und das Vogelschutzgebiet Keoladeo Ghana

Eine mächtige Festung, Paläste aus alter Zeit, prächtige Tempel – all das hat Bharatpur zu bieten. Doch meist sind es nicht die Sehenswürdigkeiten, die die Besucher hier bestaunen, sondern die Pflanzen und Tiere des Keoladeo Ghana National Park, der besonders für seine **vielfältige Vogelwelt** bekannt ist. Das große Feuchtgebiet im Süden der Stadt war früher Jagdgebiet der Maharajas von Bharatpur. Heute werden dort keine Vögel mehr geschossen, sondern beobachtet und fotografiert – von Ornithologen und Vogelliebhabern aus der ganzen Welt. Das Reservat gehört zum **UNESCO-Weltnaturerbe**.

Der Nationalpark ist mit 29 km² verhältnismäßig klein. Seine Entstehung hängt eng mit der **Geschichte der Stadt** zusammen: Bharatpur wurde erst bedeutend, als das Mogulreich sich seinem Ende näherte. Die Anlage der Stadt stammt aus der Mitte des 18. Jahrhunderts, als Suraj Mal, der später Maharaja wurde, seine Hauptstadt nach Bharatpur verlagerte. Im Zentrum der Stadt liegt das stark befestigte Fort, nach außen wurde sie von einem wassergefüllten Graben und einer Mauer geschützt. Die Stadtbefestigung war so effektiv, dass Bharatpur im Jahr 1804/1805 einer mehrmonatigen Belagerung durch die Briten standhielt.

Auch die Entstehung des Vogelschutzgebiets ist Maharaja Suraj Mal zu verdanken: Er ließ im Südwesten der Stadt einen Damm anlegen, mit dessen Hilfe man bei Angriffen nicht nur den Stadtgraben, sondern auch Teile des Umlands fluten konnte. Zudem diente das aufgestaute Wasser zur Versorgung der Landwirtschaft. Die **natürliche Senke**, in der der heutige Nationalpark liegt, wurde so zum Feuchtgebiet, das unzählige Vogelarten anzog.

Zunächst **Jagdrevier** für die Entenjagd, wurde die Anlage nach 1899 durch Anpflanzung von Büschen und durch weitere Flutungen noch attraktiver für Vögel

Das Fort von Bharatpur inmitten der Stadt

Im Keoladeo Ghana National Park machen viele seltene Vögel Zwischenstation

– und ihre Jäger: So gelang es der Jagdgesellschaft des Vizekönigs und Generalgouverneurs von Indien, Lord Linlithgow, an einem einzigen Tag im November 1938 über 4.200 Vögel zu erlegen. Seit 1956 müssen die gefiederten Tiere nicht mehr um ihr Leben fürchten, denn in diesem Jahr wurde Keoladeo Ghana zum Vogelschutzgebiet erklärt. Seit 1982 zählt es zu Indiens Nationalparks, seit 1985 zum UNESCO-Weltnaturerbe.

Über **379 verschiedene Vogelarten** sind im Keoladeo-Park bereits gesichtet worden. Besonders die Zugvögel sind für Ornithologen interessant: Über 150 Arten aus Sibirien, dem Himalaya, dem Fernen Osten und Europa machen auf ihrer Reise hier Station.

Insbesondere für **Wasservögel** sind die nahrungsreichen Flachgewässer anziehend: Leicht zu beobachten sind Reiher, Flamingos, Schnepfen, Ibisse und Störche. Eine Art Aushängeschild des Parks war lange der Nonnenkranich (*grus leucogeranus*), der jedoch schon seit den 1990er-Jahren nicht mehr beobachtet werden konnte. Dafür gehören zum Beispiel Saruskraniche zu den häufigen Besuchern. Darüber hinaus tummeln sich im Nationalpark Eisvögel, Bienenfresser, Nektarvögel, aber auch Raubvögel wie Geier und Fischadler.

Lage & Anfahrt: Bharatpur liegt im Osten Rajasthans, an der Straße von Agra nach Jaipur und ist auch mit der Bahn von Mumbai oder Delhi gut erreichbar. **Information:** Der Vogelpark Keoladeo Ghana ist ganzjährig von 6–18 Uhr geöffnet, der Eintritt beträgt 200 Rs. **Reisezeit:** Eine große Welle von Zugvögeln erreicht den Park kurz nach dem Monsun, also etwa ab Juli. Eine zweite Welle kommt nach dem Monsun im Winter, von Oktober bis März, wenn das Klima für Reisende angenehmer ist. **Übernachten:** **The Birder's Inn** (www.birdersinn.com), nahe dem Parkeingang, 20 preiswerte Zimmer, Restaurant & Grill.

INFO

⑮ Sasan Gir National Park: Löwen und jahrtausendealte Denkmäler in Junagadh

Im Bundesstaat Gujarat liegt, abseits der üblichen Touristenrouten, der Ort Junagadh. Lohnend für Entdecker ist die kleine Stadt nicht nur deshalb, weil man hier mitten ins vielfältig farbige indische Leben eintauchen kann, sondern auch, weil man **historische Denkmäler aus fast allen Epochen** Indiens entdecken kann: eine 1.500 Jahre alte zweigeschossige buddhistische Höhle im Uparkot Fort über der Stadt; auf demselben Gelände zwei kunstvoll ins kühle Gestein gehauene Stufenbrunnen als Beispiele entwickelter Wasserwirtschaft aus alter Zeit; benachbart außerdem eine *Jami Masjid* (Freitagsmoschee) von 1472, die Bauteile aus frühen Hindutempeln enthält.

Gescheiterter Anschluss

Junagadhs Nawab erregte Aufsehen, als er zur Zeit der Unabhängigkeit Indiens 1947 für sein Ländchen wegen dessen muslimischer Tradition den Anschluss an Pakistan forderte. Das scheiterte am Widerstand der Bürger. Der Nawab flog ins Exil, man sagt, er habe seine geliebten Hunde in einem Extraflugzeug mitgenommen.

Seit dem 15. Jahrhundert ist Junagadh muslimisch, zunächst unter dem Sultanat von Gujarat, später selbständig als Residenz eines Nawab. Dass die Stadt schon in buddhistischer Zeit bedeutend war, zeigt eine **Inschrift des großen Kaisers Ashoka** aus dem 3. Jahrhundert v. Chr., die, in einen großen Steinblock gemeißelt, etwa einen Kilometer entfernt vom Stadtkern am Weg zum Girnar-Berg zu finden ist. Die Inschrift enthält moralische Gebote im Sinne des Buddhismus. Sie wurde im 5. Jahrhundert n. Chr. ergänzt vom König des Maurya-Reiches Chandragupta.

7.000 Stufen führen zum heiligen Gipfel der Jains, Erfrischungen sind willkommen!

Die Altstadt ist immer noch von Resten alter Stadtmauern umgeben, man geht auf dem Weg zum Fort durch imposante Tore und über belebte Basare. Im Süden der Stadt überraschen **Mausoleen** der Nawabs, Mahabad Maqbara, aus dem 19. Jahrhundert durch ihre bizarre Architektur mit filigranem Steinschmuck und freiliegenden Wendeltreppen.

Ein lohnender Tagesausflug, den man am besten am frühen Morgen beginnt, ist die **Besteigung des Girnar-Bergs** drei Kilometer vor der Stadt über angeblich 7.000 Stufen zu den Heiligtümern der Jain-Religion (s. S. 76), die hier ihren Tirthankaras, den „Furtbereitern", zur Erlösung mehrere uralte Tempel widmet. Man ist nie allein beim Aufstieg, Scharen von Pilgern gehen den gleichen Weg.

Pilgerstation voller Symbolik: heilige Kuh und Vishnus Schlange

Wenn sie Englisch sprechen, stellen sie freundlich teilnehmend Fragen und geben gerne Auskunft über die Tempel. Auch junge Paare sind unterwegs, denn der **Hindutempel der Aamba Mata**, der Mutter des Universums, auf dem Gipfel verheißt ihnen eine glückliche Ehe.

Ein Highlight für Liebhaber von Natur und seltener Tierwelt ist der ca. 60 Kilometer entfernte und in ansehnlicher Berglandschaft gelegene **Sasan Gir National Park**. Er ist das letzte Schutzgebiet des **Asiatischen Löwen**, der sich von seinem afrikanischen Vetter durch geringere Größe und weniger üppige Mähne unterscheidet. Er war fast ausgestorben, als Anfang des 20. Jahrhunderts auf Geheiß des Nawabs die Reste des Bestands unter Schutz gestellt wurden. Seither sind die Bestandszahlen wieder gewachsen, heute leben hier ca. 300 Löwen, außerdem viele Leoparden und andere Wildtiere. Manchmal holen sich die Löwen Beute aus den Herden benachbarter Büffelzüchter. Offiziell heißt es, sie werden vom Staat dafür entschädigt.

Lage & Anfahrt: im Südwesten Gujarats. Regelmäßige Zug- und Busverbindungen zwischen Junagadh und Veraval, Ahmedabad oder Rajkot. **Information:** Permits für den Nationalpark gibt es bei der Sinh Sadan Forest Lodge. Hier lassen sich auch die Zugangsberechtigungen für Miet-Minibusse und -Jeeps (US $ 10/4 Std.) sowie Kamera-Permits (US $ 5) erwerben. Warme Kleidung nicht vergessen – Safaris beginnen früh, wenn es noch kühl ist. **Übernachten:** Eine gute Alternative zu der von Gujarat Tourism geführten Sinh Sadan Forest Lodge ist die **Gir Birding Lodge** (Tel. 02877-295514) nahe beim Eingangstor Nr. 2.

INFO

⓰ Patan Mahal: Idyllische Ruhe in der archaischen Aravalli-Gebirgskette

Spricht man von Indiens Gebirgen, ist fast immer vom Himalaya die Rede, von den Achttausendern, von Tibet und von den Scharen der Mount-Everest-Bezwinger. In den Aravalli-Bergen sind keine Gipfeltrophäen zu gewinnen. Diese weithin unbeachtete Gebirgskette ist jedoch eine der ältesten weltweit, entstanden aus der Gondwana-Scholle, also ein **Teilstück des indischen Urkontinents**. Von Haryana im Norden bis nach Mount Abu (s. S. 200) und nach Gujarat ziehen sich die Aravalli-Berge durch den Westen des Subkontinents, vor allem durch Rajasthan. Als **dramatische Gebirgslandschaft** erlebt man sie auf einer hügeligen Wanderung zur Festung Kumbalgarh, nördlich von Ranakpur (s. S. 66). Kommt man aus dem

Marmor, Gold und mehr

„Der große Reichtum des Gebirges an weißem, schwarzem und farbigem Marmor, an Gold, Silber, Kupfer und Blei, Zinn, Bergkristallen, Amethyst, Granaten und Smaragden wird von den Eingeborenen vor den Europäern eifersüchtig gewahrt, sie selber aber beuten diese Schätze fast gar nicht aus." (Meyers Konversations-Lexikon, 1895, über das Aravalli-Gebirge). Da hat die britische Kolonialmacht wohl indischen Märchenerzählern gelauscht. Sonst zeigte sie sich nicht so zögerlich, wo es um den Erwerb indischer Schätze ging.

weithin flachen Umland Delhis auf die Aravallis zu, wirken die im Schnitt nur 1.200 m hohen Granitfelsen über dem Bauernland um so mächtiger, ein Riegel zwischen dem Shekhawati-Land und der Wüste Thar auf der einen Seite und den Ausläufern des nordindischen Tieflands mit der Gangesebene auf der anderen.

Touristen werden hier meist nur auf der Durchfahrt gesichtet, mit Tempo 100 auf der noch neuen vierspurigen Autobahn zwischen Delhi und Jaipur. Wer allem touristischen Gedränge entgehen will, verlässt diese Autobahn bei Kotputli, fährt auf

Chhatris, eingebettet in die Aravalli-Landschaft

Das Heritage-Hotel Patan Mahal

holperigem Asphalt auf die Bergkette zu und wird nach spätestens einer halben Stunde den **dreistöckigen Palastbau** über dem weit hingestreckten Dorf wahrnehmen. Er ist imposant mit seinen Kuppeln, dem hohen Rundportal, den Ecktürmen, den Arkaden des Vorbaus im zweiten und dritten Stock – ein schönes Beispiel mogul-beeinflusster Rajasthan-Architektur! Noch höher in der Gebirgslandschaft kommt eine lange Festungsmauer um das Berg-Fort in den Blick. Bis auf das 12. Jahrhundert geht dieser Ort zurück, als ein Außenposten der Hauptstadt Delhi, als eine Zuflucht in der Not der Kriege, so wird erzählt.

Das Fort, versichern die Gastgeber, sei eines von den wenigen, die nie erobert wurden. Die abseitige Lage im Gebirge wird geholfen haben. Wir vergegenwärtigen uns, wie groß die Entfernung nach Delhi im Mittelalter erlebt und empfunden worden sein muss. Patan Mahal ist heute ein komfortabler Rastort und zugleich ein einprägsames Stück Geschichte – authentischer, anschaulicher als viele andere sorgsam restaurierte Forts und Paläste. Denn noch hat das raue Aravalli-Gebirge das archaische Umfeld bewahrt, der stürmische Indien-Boom des Bauens und Produzierens ist beim Patan Mahal noch nicht angekommen. Sehr fern und futuristisch erscheinen die Hochhäuser und Glasarchitekturen, *Fly overs* und Verkehrsstaus der neuen Stadt Gurgaon, die der Besucher aus Delhi auf der Anreise rechts und links an der Autobahn beobachtet hat. Wandern kann man hier, baden, in den Stufenbrunnen hinabsteigen oder im Dorf den Töpfern und Bangal-Künstlern zuschauen. Hausherr Rao Digvijay Singh, Chef der Familie und Erneuerer des Palasts, empfiehlt, sich einfach einer **ungestörten Ruhe** zu freuen.

Lage & Anfahrt: im Nordosten Rajasthans, auf dem NH 8 zu erreichen (von Delhi ca. 160 km, Jaipur 100 km), Abzweig bei Kotputli auf dem State Highway 37B. (23 km). Mit Flugzeug und Bahn ab Delhi und Jaipur. **Übernachten:** Heritage-Hotel **Patan Mahal** (www.patanmahal.com), 18 Zimmer und Suiten, gelobtes Restaurant, großer Swimmingpool, Exkursionen.

INFO

17 Die Sunderbans: per Schiff durch den Wald der Tiger

Wer gern von Superlativ-Reisen erzählt, wird die Sunderbans am östlichsten Zipfel Indiens nicht auslassen. Behauptet wird, dies sei das **größte Flussdelta weltweit**. Oder eines der größten, tut man sich mit dem Messen und Zählen in dieser weithin unbegehbaren Zone zwischen Festland und Meer doch immer wieder schwer. Auch der Name des Gebiets ist nicht eindeutig herzuleiten, er kann zu Deutsch u. a. „schöner Wald" heißen. Allerdings sollte man hier keine Buchen oder Banyanbäume erwarten, denn die Sunderbans befinden sich in Bengalen, wo es am feuchtesten ist. Mangroven und Palmen beherrschen die Szene, letztere nur dort, wo die Mangrovendickichte ihnen ein trockenes Stück Land überlassen.

Fischer in den Sunderbans

Die Sunderbans wirken umso größer, ja riesig, weil manche Mangrovenwälder fast undurchdringlich sind. Unterwegs kann einem das insgesamt wohl rund 10.000 km² große Feuchtgebiet zwischen Festland und Indischem Ozean endlos erscheinen, ein **Abenteuer ohne festen Boden** und zugleich doch fern der offenen See. Von Kolkata ist das westbengalische Mangrovenland nur etwa 75 Kilometer entfernt. In voller West-Ost-Ausdehnung, also einschließlich des Anteils von Bangladesh erstreckt es sich über rund 250 Kilometer. Bangladeshs Anteil ist dabei deutlich größer als der indische.

Was die **Mangroven** und ihre – inzwischen wohl sämtlich gelösten – biologischen Geheimnisse betrifft: In dem unübersehbar verzweigten Delta des Ganges sind sie dominant, gelten aber nicht mehr als wirkliche Bäume. Unter Naturkundigen heißen sie nur „baumartig" und zählen zu den tropischen „Salzpflanzen" oder „Salzgewächsen". Auf salzarmen Böden überdauern sie, weil sie Salz aufnehmen und Wasser speichern können. Im weichen Schlamm eines Deltas gewinnen sie mit ih-

Mangroven und Palmen beherrschen das Flussdelta

ren Stelzwurzeln Halt und lassen zugleich Luftwurzeln aus dem Wasser herausragen, die sich an den Schlamm anpassen. Auch weiß man, dass Mangroven die Verlandung fördern. Das wirkt dem Ansteigen des Meeresspiegels entgegen, der jetzt schon viele Sunderban-Inseln zweimal täglich überflutet.

Fischer und Honigsammler leben mit ihren Familien in den Sunderbans. Wer nicht hier lebt, sondern extra aus Kolkata in vielstündiger Anreise hergekommen ist, möchte vor allem die **exotischen Tiere** zu Gesicht bekommen. Von ihnen ist immer die Rede, wo es um die Sunderbans geht: die Royal Bengal Tiger, die Warane und die hier bis zu sieben Meter langen Krokodile, dazu noch Vogelarten in Vielzahl. Vor allem wegen der grandiosen Tierwelt wurden schon in den 1980er-Jahren die beiden Nationalparks angelegt. Wenig später erklärte die UNESCO den indischen Teil zum Weltnaturerbe, 2001 zum Biosphärenreservat. Bangladesh richtete drei Wildlife Sanctuaries ein.

Tausende Menschen, in den Randbereichen sogar viele Zehntausende, leben in und von den Sunderbans, als Fischer, als Holzfäller und Honigsammler. Alle diese Berufe sind lebensgefährlich wegen der Haie und Krokodile, vor allem aber wegen der Tiger, die sich hier auch im Wasser bewegen.

Lage: in Bengalen, im östlichsten Teil Indiens (und in Bangladesh).
Information: Ein **Permit** ist notwendig (erhältlich in Kolkata im India Tourism Office, Nr.4, Shakespeare Sarani oder im Govt. of West Bengal Tourist Bureau, nahe dem Writer's Building, 3/2 BBD Bagh East). Ein schlichtes Quartier in der „Sunderbans Tiger Reserve", Bootsfahrten und am Rande des Gebiets auch Wanderungen werden geboten, immer mit Führer. **Stille** ist ein Kernerlebnis der Sunderbans, darum die Empfehlung: ein kleines Boot, eine kleine Gruppe – oder solo reisen.

INFO

⑱ Darjeeling, Tee und Tiger Hill: Sonnenaufgang nahe den höchsten Gipfeln

Als Tee-Name, und zwar für Tee vom Besten, ist „Darjeeling" weltbekannt. Berühmt ist auch die Stadt Darjeeling, die in über 2.000 Metern Höhe im Vorgebirge der Himalaya-Gipfel thront, nicht nur für ihre Tee-Tradition. Wer **Achttausender** bestaunen möchte, findet hier exzellente Ausblicke. Das sah wohl schon jener Colonel G.W.A. Lloyd, der 1835 im Namen der East India Company den Maharaja des nahen Sikkim bewog, das Dorf Darjeeling samt Umland den Briten zur Verfügung zu stellen. Die vom Kolkata-Klima gestressten Company-Bediensteten und Kaufleute sollten hier ihre **Sommerurlaube und Kuraufenthalte** verbringen. Das britische Kolonialstädtchen des 19. Jahrhunderts ist seither zur Großstadt angewachsen, und es wächst weiter: 1980 hatte es noch 60.000 Einwohner, inzwischen sind es 110.000.

Schon 1839 hatte man eine Fahrstraße von der Ebene hinauf gebaut, sie verläuft in abenteuerlichen Kurven. 1878 folgte die nächste Ingenieurleistung: Darjeelings Schmalspurbahn. Dieser **Toy Train** mit 610 Millimetern Spurbreite schafft seine Strecke noch immer in acht Stunden, und die UNESCO hat die Darjeeling Himalayan Railway inzwischen in die Liste des Welterbes aufgenommen. Bei manchem Darjeeling-Besucher steht der Toy Train zuoberst auf dem Programm.

Noch mehr Highlights Darjeelings hat die Dame im Tourist Office aufzuzählen, sie kommt auf insgesamt sechs: den Tee und das Teakholz, den Toy Train und den Tourismus, Tiger Hill und Trekker's Paradise. Außerdem kann man hier **sechs verschiedene Sprachen** hören: Hindi, Bengali, Nepali, Tibetisch, Englisch und last not least Gorkha – die Sprache der ursprünglichen Einwohner. Die Gorkhas verlangen seit Jahrzehnten nach einem eigenen Staat, nach „Gorkhaland", und immer wieder kommt es zu Aufständen und Demonstrationen.

Das ehemalige Kolonialstädtchen ist inzwischen zur Großstadt herangewachsen

Ideal für gestresste Großstädter: Ausblick auf die Himalaya-Landschaft mit Mount Kanchenjunga

Touristen verstehen die Gorkhasprache nicht und sie interessieren sich auch nicht für die politischen Querelen: Sie wollen die **Bergriesen erleben** und brechen vor Sonnenaufgang von ihren Quartieren auf. Nicht selten wird ihnen nach altem britischem Brauch noch ein *early morning tea* ans Bett gebracht. Um vier Uhr in der Frühe aufzustehen schafft nicht jeder ganz locker, selbst wenn der Tiger Hill das Ziel ist. Nach einer guten halben Stunde Fahrzeit im vorbestellten Jeep oder Kleinbus ist man rund 500 Meter höher in den Bergen und befindet sich immer noch im Dunkeln. In einem nüchternen Gebäude kann man einen Kaffee bekommen, der gut tut gegen die Morgenkälte (warme Kleidung ist unentbehrlich, auch die Einheimischen wickeln sich in Schals und Decken).

Mit einem roten Glühen geht es dann los, in **ungeheurer Goldverschwendung** erhellt sich der Himmel, die eben noch graudunklen Schneegrate der Sieben- und Achttausender verwandeln sich in Rosa und Honiggold, man schaut und staunt und möchte es festhalten, fester als auf einem kleinen Farbfoto – und schon ist das Farbspektakel vorüber, in der Tageshelle glänzen die Riesen.

Lage: im Norden Westbengalens.

Übernachten: Ein guter Platz für jeden, der die grandiose Himalaya-Berglandschaft intensiv und ungestört erleben möchte, ist das **Glenburn Tea Estate** (www.glenburnteaestate.com). Rund 150 Jahre alt ist der Bungalow und auf einem Hügel über dem Fluss Rungeet gelegen. Bis auf eine Höhe von 3.700 Metern ist er von 400 Hektar Privatwald und einer Teeplantage umgeben. Eine Stunde ist das Estate von Darjeeling entfernt. Wanderungen, Exkursionen und Wildwasserrafting werden ebenso angeboten wie Ausflüge nach Kolkata. Übernachtung in Darjeeling: Leistet man sich das **Windamere** (www.windamerehotel.com) auf dem Observation Hill, taucht man tief in die Teeplantagen-Frühzeit ein.

INFO

⑲ Sikkim: kleiner als Österreichs Bundesland Salzburg

Einst waren es drei **Himalaya-Königreiche**: Nepal im Westen, das vergleichsweise winzige Sikkim in der Mitte, Bhutan im Osten. Nur Bhutan wird heute noch von einem König regiert. Der letzte Chogyal in Sikkim heiratete schon vor einem halben Jahrhundert die Amerikanerin Hope Cook, weltweit machte die Himalaya-Märchenhochzeit von sich reden. Ein Dutzend Jahre später, 1977, kam es zum **Zusammenschluss mit Indien**, ein Referendum hatte 97 Prozent Ja-Stimmen für den Abschied von der Monarchie ergeben. China, der riesige Nachbar im Norden, war nicht einverstanden, erkannte Sikkim nicht als Teil Indiens an.

Die politischen Streitigkeiten und Veränderungen haben die wunderschöne Sikkim-Landschaft nicht zerstören können, zumindest nicht an den Steilhängen über

Farbenfroh und musikalisch geht es in Sikkims Klöstern zu

den tiefen Taleinschnitten, und auch nicht im Umkreis des 8.586 Meter hohen **Kangchenjunga** und seines mächtigen Felsgipfels. Er ist der **dritthöchste Berg der Welt** und den Menschen in Sikkim heilig. Weil er den Göttern gehört, so sagen die seit jeher hier heimischen Lepchas und Bhutias und auch die scharenweise Zugewanderten aus Nepal und – unter dem Druck der chinesischen Okkupation – aus Tibet. Bergsteiger lassen sich die Rekordhöhe natürlich nicht entgehen: Sie erklettern den Kangchenjunga von Nepal aus. In Sikkim starten stattdessen lautstark die Helikopter: Die Annäherung ans Göttliche per Fluggerät ist gestattet.

Mehr über den hier vorherrschenden Himalaya-Buddhismus (Hindus trifft man nur in kleiner Zahl) und die Lehren des Tantrismus lernt man in **Sikkims Klöstern.** Üppig bunt, mit leuchtenden Bildern geschmückt, empfangen sie den Besucher. Das Rumtek-Kloster, eins der berühmtesten, befindet sich nicht weit von der Hauptstadt Gangtok. Hier trifft man Mönche, die auf Englisch etwa erklären können, wie Shakti, die weibliche Energie, sich neben der männlichen behauptet oder wie Yoga und Meditation näher an die Wurzeln der Himalaya-Frömmigkeit führen. Der tibetische Buddhismus tönt mit Trommeln, Hörnern und Becken in der reinen Bergluft.

Die Gebetsfahnen bieten einen schönen Kontrast zum Grün der Bergwälder und Gebirgspflanzen

Unbedingt ist die Reise nach Sikkim allen zu empfehlen, die sich an der **Fülle der Gebirgspflanzen** freuen, am noch erhaltenen Bergwald mit seinen baumhohen Farnen, am Flattern der lang aufgereihten Gebetsfahnen, an der Stille hoch über dem immer weiter ausgebreiteten städtischen Leben.

In **Gangtok** leben bereits an die 100.000 Menschen – gedrängt zwischen den Steilkehren der Straßen, erstreckt sich die Hangstadt über fast 1.000 Höhenmeter. Auch Gangtok hat einiges zu bieten, zum Beispiel Orchideen- und Rhododendron-Blüten in phantastisch reichen Blumenschauen (meist von April bis Juni und Sept. bis Nov., aber auch ganzjährig). Über **200 Orchideen-Arten** findet man hier! Sehenswert sind auch die Webarbeiten im staatlichen Institute of Cottage Industries. Ein Erlebnis ist der bunte sonntägliche Lall-Markt, auf dem sich allerlei Himalaya-Handwerk findet.

Lage & Anreise: im Nordosten Indiens, angrenzend an Nepal, China und Bhutan. Per Bahn von Delhi etwa 20 Stunden, von Kolkata etwa zehn Stunden nach Siliguri (der Bahnhof heißt New Jaipalguri), von dort mit Bus oder Leihwagen nach Gangtok (rund 110 km). Flüge von Delhi, Kolkata, Guwahati zum Flughafen Bagdogra (bei Siliguri), täglicher Hubschrauber-Service nach Gangtok.

Information: Einreiseerlaubnis notwendig (Inner Line Permit, http://sikkim.nic.in/homedept/ilpfaqs.htm).
Reisezeit: März bis Ende Mai und Oktober bis Mitte Dezember; klarstes Bergwetter im November/Dezember.
Übernachten: Shambala Mountain Resort (Tel. 03592-224116), nahe dem Rumtek-Kloster. Haupthaus und Cottages, Restaurant und Bar. Abholung von Siliguri nach Vereinbarung.

INFO

⑳ Dudh-Sagar-Wasserfälle und Molem National Park: Naturerlebnis pur

Auch Strandleben und Badefreuden fordern zwischendurch Abwechslung. Das schönste Naturschauspiel Goas bieten die Dudh-Sagar-Fälle. Sie liegen im **Naturreservat Bhagwan Mahaveer Sanctuary** und sind als mit die höchsten Wasserfälle Indiens ein beliebtes Ausflugsziel. An der äußersten Ostgrenze Goas zum Nachbar-Bundesstaat Karnataka stürzt das Wasser des Mandovi-Flusses über mehrere Felsstufen **310 Meter tief** in ein Becken zwischen schroffen Felswänden und grünem Dschungel. Spektakulär sind die Fälle vor allem in der Zeit zwischen Ende Oktober und Dezember, nach Abklingen des Monsun. Dann führt der Mandovi am meisten Wasser und die Fälle werden ihrem Namen gerecht: „Dudh" bedeutet „Milch", „Sagar" „Meer". Eine milchweiße Wolke steigt in diesen Monaten wie Gischt vom Hang auf und das Wasser im Becken nimmt eine schaumhelle Farbe an. Doch auch in den trockeneren Monaten bis April lohnt sich ein Tagesausflug an die Fälle und in den Nationalpark.

Abenteuerlich wirken die Fälle auf Zugreisende auf der Strecke von Margao nach Osten: Eine Eisenbahnbrücke verläuft am steilen Hang der Fälle entlang. Kurz nach dem Monsun, wenn die Gischt am höchsten steigt, scheint es, als würde der Zug durch das „Milchmeer" hindurch fahren.

Das Becken am Fuße der Fälle lädt zum **Baden** ein. Allerdings ist man dort meist nicht allein. Wenn es zu eng wird, sind einige Meter flussabwärts ruhigere Badestellen zu finden – und das auch ohne eigenen Führer, sofern man sich nicht zu weit von den Wasserfällen entfernt. Der Fluss Khandepar hat in den Basaltstein des Parks den Devcharacho Kond gegraben. Der Konkani-Name bedeutet „Teufelsschlucht", die Wasser an ihrem Grund sind tief und für Schwimmer gefährlich.

Der Bhagwan Mahaveer Sanctuary ist mit 240 km² das größte Schutzgebiet Goas und schließt auch den **Molem National Park** ein. Der immergrüne tropische Regenwald ist typisch für diese Region am Rande der Westghats und bietet Naturfreunden viel Gelegenheit zu besonderen Beobachtungen. Was Beine oder Flügel hat, flüchtet allerdings meist aus dem Umkreis der Dudh-Sagar-Fälle, abgeschreckt vom Lärm der vielen zweibeinigen Besucher. Auch die Tagestouren zu den Wasserfällen, die z. B. von Panaji ausgehen, eignen sich nicht für Beobachtungen der Fauna: Diese erreichen Dudh-Sagar nur zwischen den besten Zeiten für Tierbeobachtungen, Sonnenauf- und Sonnenuntergang.

Um einen Blick auf eine Dschungelkatze, auf Sambarhirsche oder die putzigen Hirschferkel zu erhaschen, sind mehrtägige Aufenthalte mit Übernachtung im verschlafenen Molem besser geeignet. Von hier aus sind auch Abstecher zum **Mahadev-Tempel** beim Dorf Tambdi Surla, einem Shiva-Tempel aus dem 12. Jahrhundert, und zu den vom Tempel etwa zwei Kilometer entfernten **Tambdi-Wasserfällen** möglich. Vorausgesetzt, man hat einen Führer und gutes Schuhwerk: Die Fälle sind nur über einen Dschungelpfad zu erreichen. Wer die Mühe auf sich nimmt, erlebt einen zwar etwas kleineren Wasserfall als die Dudh-Sagar-Fälle, dafür aber in ungestörter Umgebung.

Die Brücke gehört zur Zugstrecke von Londa nach Madgaon

Lage: im Osten von Goa.
Information: www.goa-tourism.com
Übernachten: In Molem (54 km von Panaji): GTDC **Dhudsagar Resort** (www.nivalink.com/dudhsagar), preiswerte Zimmer, Pool und Sauna.

Touren: Goa Tourism (www.goa-tourism.com) bietet interessante Touren von Panaji und Calangute über Alt-Goa und Molem zu den Wasserfällen als „Dudhsagar Special" an, Mi & So 9–18 Uhr.

INFO

21 Es muss nicht immer Masala sein: Theosophische Gesellschaft und Guindy National Park in Chennai

Kann das Zufall sein? So heftig fliegen die Fäuste in den Streifen aus Indiens Film-hauptstadt (geht man nach der Zahl der produzierten TV- und Kinofilme), dass selbst in indischen Medien die Masala-Filme aus dem Süden als „überdreht" gel-ten. Wer Tamil Nadus Hauptstadt kennt, wundert sich nicht, dass die in „Kolli-wood" gedrehten Filme ein paar Herzschläge nervöser als die aus Bollywood (s. S. 222) ablaufen. Chennai, die **Boomtown im Süden**, kennt eben keine ruhi-gen Momente. Ende 2010 reihte das Forbes-Magazin Chennai, das bis 1997 Ma-dras hieß, in die Liste der am schnellsten wachsenden Städte des neuen Jahrzehnts ein: Bis 2025 soll die derzeitige Einwohnerzahl von 7,5 Mio auf 10 Mio steigen.

Hier liegt angeblich der Apostel Thomas begraben: St. Thomas Basilika in Chennai

Einen Ort der Ruhe muss man in dieser Stadt suchen. Die Altstadt **Georgetown** und die Stadtbefestigung **Fort St. George** sind nicht die schlechtesten Orte, wenn man sich etwas von der Hektik Central Chennais ausruhen möchte – aber quirlig sind auch diese Gegenden. Gleiches gilt für die Strände der Stadt an der Ma-rina. Im von dort aus südlich gelegenen Stadtteil Mylapore befindet sich die neu-gotische St. Thomas-Basilika. Die angebliche Grablege des Apostels Thomas ist ein Wallfahrtsziel.

Eine Chance auf wirkliche Entspannung und sogar etwas Natur hat man im Süden der Stadt: im Viertel Adyar, auf dem Gelände der Theosophischen Gesellschaft, und im **Guindy National Park**. Chennai ist stolz darauf, die einzige Metropo-le Indiens mit stadtnahem Nationalpark zu sein. Vollkommen allein ist man aller-dings auch hier nicht – der Park zählte 2006 nach eigenen Angaben 700.000 Be-sucher, die sich übers Jahr auf die knapp 3 Quadratkilometer verteilten. Etwa 400 Hirschziegenantilopen und über 2.000 Axishirsche, die größten Tiere des Parks, lassen sich von den Besuchermassen nicht beeindrucken. Der kleine Park ist ein letztes Überbleibsel des **tropischen Trockenwaldes**, der einst große Tei-le des Hinterlandes der Koromandelküste bedeckte.

Im Guindy National Park

Das Hauptquartier der **Theosophischen Gesellschaft** befindet sich etwa sieben Kilometer von dem Naturreservat entfernt und liegt selbst in einem weitläufigen Parkgelände. 1875 gründeten der Amerikaner Henry S. Olcott und die russische Adlige Helena Blavatsky die Theosophical Society in New York. Sieben Jahre später wurde die Zentrale der Organisation nach Madras verlegt. Die ideale Grundlage der Bewegung ist die grundsätzliche Verneinung aller geschlechtlichen, gesellschaftlichen und religiösen Unterschiede, die sogenannte „**Universale Bruderschaft**". Die Gründer der Theosophischen Gesellschaft beriefen sich auf hinduistische Schriften und zeigten sich der indischen Kultur gegenüber sehr aufgeschlossen. Nicht von ungefähr spielte das Gedankengut der Theosophischen Gesellschaft für die aufkeimende indische Unabhängigkeitsbewegung eine Rolle, nicht zuletzt vermittelt durch die Theosophin Annie Besant. Der Einfluss der Bewegung auf esoterische Strömungen des letzten Jahrhunderts ist groß.

Der Sitz in Chennai ist heute die Zentrale der Adyar-Theosophischen Gesellschaft, die aus zahlreichen Schismen und Abspaltungen hervorging. Besucher können das große Gelände für einen Spaziergang nutzen oder die Bibliothek mit ihren 170.000 Bänden besuchen. In der Mitte der Anlage steht ein **Banyan-Baum**, der zu den größten der Welt zählt – bis zu 3.000 Menschen sollen unter seinen Ästen Schutz finden können.

Lage: im Nordosten von Tamil Nadu.
Information: www.ts-adyar.org
(Website der Theosophical Society)
Übernachten: In der Megastadt ist die Hotelauswahl üppig, günstige Unterkünfte ohne Lärm und/oder sonstige Nachteile sind aber rar. Das Budget-Hotel **Impala Continental** (Tel. 044-28191423) im zentralen Stadtteil Egmore verwöhnt mit großen, gepflegten Räumen, unbedingt früh buchen, Gandhi Irwin Road.
Ein modernes Edelhotel, brandneu restauriert, ist das **Fortune Park Aruna** (www.fortunehotels.in) nahe einem erholsamen baumgrünen Viertel mit Läden und Restaurants.

INFO

22 Periyar National Park: Elefanten beim Morgenbad beobachten

Ein Tempelelefant, der den Pilger mit einem Rüsselstupser segnet, zwei stoßzahnbewehrte Lastenschlepper mitten in der quirligen City oder eine Parade der Giganten anlässlich eines religiösen Fests: Begegnungen mit Dickhäutern gehören im Indien-Urlaub einfach dazu. Ein ganz besonderes Erlebnis ist es aber, **wilde Elefanten** zu beobachten. Die Zahl der heute noch in Freiheit lebenden asiatischen Elefanten (*elephas maximus*) wird auf etwa 35.000 bis 55.000 geschätzt, gut 40 Prozent davon leben auf dem indischen Subkontinent. Etwa 900 bis 1.000 von ihnen durchstreifen die Wälder des Periyar National Park im südindischen Bundesstaat Kerala.

Bewohner des Parks: der wegen seiner Haarkrone so genannte
Indische Hutaffe (macaca radiata)

Gegründet in den 1930er-Jahren umfasst dieses Schutzgebiet eine Fläche von 777 km². Eine Besonderheit ist der **Stausee** im Herzen des Parks, den der britische Ingenieur Colonel J. Pennycuick Ende des 19. Jahrhunderts anlegen ließ. Um dem Wassermangel in Keralas Nachbarstaat Tamil Nadu ein Ende zu bereiten, ließ Pennycuick den Periyar-Fluss aufstauen und das Wasser mit Hilfe eines Tunnels nach Madurai leiten. Der Maharaja von Travancore nutzte das Gebiet rund um den Stausee als Jagdrevier, sodass der Wald unberührt blieb und schließlich 1934 unter Naturschutz gestellt wurde. 1950 erweiterte man den Park auf seine heutige Größe und erklärte ihn zum Wildlife Sanctuary, seit 1978 außerdem zum Tigerreservat. Das Herz des Gebiets wurde 1982 zum **Nationalpark** erklärt.

Eine **Bootsfahrt** auf dem Periyar-Stausee ist besonders in den Morgenstunden, wenn sich der Nebel langsam lichtet, ein unvergessliches Erlebnis. Wie fahle Gerippe ragen die Überreste gefluteter Baumriesen aus der Wasseroberfläche hervor. Darauf sitzen Kormorane, die ihr Gefieder in der Morgensonne trocknen. Vom Wasser aus hat man die Gelegenheit, einen Teil der reichen Tierwelt des Parks zu beobachten, ohne dass dichte Vegetation die Sicht verstellt. Besonders in der Trockenzeit zieht es viele Tiere an die Ufer des Sees. Wer Zeit hat, meidet die lärmigen Touristendampfer und schließt sich stattdessen einer Wanderung mit anschließender Floßfahrt an – so kommt man den Wildtieren am Seeufer auf jeden Fall näher.

Häufig anzutreffen sind quirlige Languren-Affen, possierliche Fischotter und Gaurs, riesige hornbewehrte Wildrinder. Nur wenige Menschen bekommen hingegen einen der geschätzt 40 **Bengaltiger** zu Gesicht, die im Periyar National Park leben. Die Parkführer – meist Adivasis, Ureinwohner – zeigen dem Besucher auf geführ

Die Hartholz-Stämme, die vor der Flutung nicht gefällt wurden, ragen aus dem Stausee heraus

ten Wanderungen aber stolz die Kratzspuren, die die großen Raubkatzen in der Rinde der Bäume hinterlassen. Wilde Elefanten hingegen zeigen sich gar nicht so selten: Oft sind es sogar gleich mehrere der grauen Riesen, die nach einem ausgiebigen Frühstück im Dschungel ein Bad im See nehmen, um sich vor der Hitze des beginnenden Tages zu schützen. Eine einmalige Gelegenheit, diese beeindruckenden Tiere aus sicherer Distanz in freier Wildbahn zu erleben!

INFO

Lage & Anreise: nächste Flughäfen: Kochi (ca. 200 km) und Madurai (ca. 140 km). Nächster Bahnhof: Kottayam. Busse fahren von Thiruvananthapuram, Kochi, Kottayam und Madurai, Busstation: Kumily/Periyar.

Übernachten: In **Thekkady**, dem Tor zum Nationalpark, finden sich diverse Unterkünfte unterschiedlicher Preisklassen, darunter solche des Kerala Forest Departments. Erwähnenswert ist das **Spice Village** (www.cghearth.com), ein Resort mit 52 Häuschen inmitten eines botanischen Gartens voller exotischer Gewürzpflanzen. Im Nationalpark selbst betreibt die Kerala Tourism Development Corporation (KTDC, www.ktdc.com) drei Hotels gehobeneren Standards: das **Lake Palace**, das **Aranya Nivas** sowie das **Periyar House**, die möglichst vorher gebucht werden sollten.

Touren: Bootstouren auf dem Periyar-See: Abfahrt mehrmals täglich ab 7 Uhr morgens, Dauer etwa 2 Stunden; Tickets erhältlich beim Forest Department oberhalb des Besucherzentrums. **Wanderungen** mit Floßfahrten können im Eco-Tourism Centre gebucht werden und dauern in der Regel von 8 bis 17 Uhr.

㉓ Gartenstadt Bangalore: Metropole mit grüner Lunge

Bangalore, die Hauptstadt des Bundesstaates Karnataka, gilt als das **Silicon Valley Indiens**: Die Stadt hat sich in jüngerer Zeit zum wichtigsten Zentrum der Informationstechnologie auf dem Subkontinent entwickelt. Weitere Standbeine sind die Luft- und Raumfahrtindustrie sowie die Biotechnologie, einige der bedeutendsten Hochschulen Indiens haben hier ihren Sitz. In- und ausländische Unternehmen siedelten sich in Bangalore an, was vielen Teilen der Stadt einen westlichen Anstrich gegeben hat: Im modernen Shopping-Bezirk rund um die quirlige MG-Road finden sich zahlreiche Läden und Restaurants weltweit vertretener Marken. Inderinnen, die in Jeans und T-Shirt auf Vespas durch die Straßen brausen, gehören hier zum Alltag – sonst eine Ausnahme im eher konservativen Karnataka.

Diese besondere Atmosphäre lädt erschöpfte Reisende dazu ein, eine kleine Auszeit von indischer Exotik zu nehmen und sich ein paar Tage wie in Europa zu fühlen. Das relativ **angenehme Klima** trägt überdies dazu bei: Da die Stadt im Landesinneren und zudem auf etwa 1.000 Metern Höhe liegt, sind Luftfeuchtigkeit und Hitze geringer als an der Küste. Obwohl Bangalore mit fast 5,5 Millionen Einwohnern die drittgrößte Stadt Indiens ist, wirkt sie nicht wie ein Moloch, sondern wird zu Recht als Gartenstadt bezeichnet: Sie ist durchzogen von zahlreichen Parkanlagen, die als grüne Lungen fungieren.

Mit 97 Hektar Fläche einer der größten und wohl der schönste Park ist **Lal Bagh**, südlich des Zentrums gelegen. Die Anlage wurde bereits 1760 vom damaligen Herrscher von Mysore, Hyder Ali, gegründet und durch dessen Sohn Tipu Sultan

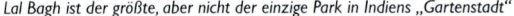

Lal Bagh ist der größte, aber nicht der einzige Park in Indiens „Gartenstadt"

Das Glass House von 1889 gilt als architektonische Attraktion von Lal Bagh

vollendet. Der Name des Parks bedeutet übersetzt „Roter Garten", was auf Tipu Sultans **Liebe zu roten Rosen** zurückgeht. Noch heute ist ein Teil des Geländes für Rosen reserviert. Zur Gartengestaltung hat übrigens ein Deutscher viel beigetragen: Der Botaniker und Gartenarchitekt Gustav Hermann Krumbiegel, der zuvor bereits den Botanischen Garten von Ooty (s. S. 60) gestaltete, war von 1908 bis 1932 Chefgärtner und Leiter von Lal Bagh. Auch viele der prächtigen Alleen Bangalores sind ihm zu verdanken.

Herzstück des Parks ist der **botanische Garten**, der über 1.800 verschiedene Pflanzenarten beherbergt. Darüber hinaus gibt es verschiedene Bauwerke, ein Aquarium sowie einen See, dessen Ufer zum Verweilen einlädt. Auch eines der ältesten Gesteine der Welt ist hier zu sehen: „The Rock" soll über 3 Milliarden Jahre alt sein. Vom zentralen Hügel des Parks hat man einen wunderbaren Blick auf das Häusermeer der Stadt. Eine architektonische Attraktion ist das große **Gewächshaus** des botanischen Gartens. Es wurde im Jahr 1889 zur Erinnerung an den Besuch von Prince Albert von Wales erbaut und dem berühmten Londoner Crystal Palace nachempfunden. Zweimal im Jahr finden im Glashaus sehenswerte Blumenausstellungen statt, abends ist es wunderschön illuminiert.

Der Park ist eine blühende Oase, die Einwohner von Bangalore nutzen Lal Bagh als **innerstädtisches Naherholungsgebiet**. Wunderbar ist es auch für Reisende, im Schatten jahrhundertealter Bäume die Hektik der Großstadt zu vergessen.

Lage: im Südwesten von Karnataka.
Information: www.horticulture.kar.
nic.in/lalbagh.htm; der botanische Garten ist täglich von 6–19 Uhr geöffnet.
Übernachten: Wer unter wunderschönen alten Bäumen inmitten eines subtropischen Garten-Ambientes wohnen möchte, leistet sich das **Taj Westend Hotel** (www.tajhotels.com). 1887 gebaut, zeigt es seine äußerlich erhaltenen Heritage-Bauten im englischen Landhausstil.

INFO

24 Hill Station Ooty und die Nilgiri-Berge: Erholung von Staub, Hitze und Lärm

Wer genug hat von der staubigen Hitze und lärmenden Betriebsamkeit des südindischen Tieflands, der macht es wie einst die Briten: Sie zogen sich hin und wieder in die Berge zurück, wo **die Luft klarer und die Temperatur erträglicher** ist. Eine typische „Hill Station" ist Ooty in den Nilgiri-Bergen, die Teil der Westghats sind. Eigentlich heißt der Ort „Udhagamandalam", englisch verballhornt zu „Ootacamund" – abgekürzt eben „Ooty".

Viele Gebäude in Ooty, etwa die St. Stephan's Church und die eindrucksvollen Steinhäuser, scheinen direkt aus Großbritannien hierher versetzt zu sein. Ein künstlicher See, ein botanischer Garten und ein exklusiver Club runden das **Bild des kolonialen Kurorts** ab, zu dem sich die Stadt schnell entwickelte. Heute ist Ooty die beliebteste Hill Station des Subkontinents und wird nicht nur von ausländischen Touristen besucht. Ein Bild wie aus einem Bollywood-Film ist es, wenn sich indische Großfamilien auf Pferderücken zum Seeufer bringen lassen, um dann mit bunten Booten über das Wasser zu schippern.

Entdeckt wurde das Gebiet um Ooty im frühen 19. Jahrhundert von John Sullivan, der begann, hier Kartoffeln, Obst und vor allem Tee anzubauen. Noch heute sind viele umliegende Hügel mit prachtvollen Teeplantagen bedeckt, deren Grün wunderbar leuchtet. Abseits der landwirtschaftlich genutzten Flächen und der Eukalyptuspflanzungen findet man rund um Ooty noch Reste der ursprünglichen Vegetation vor: Der von Niederschlägen verwöhnte Bergwald der vulkanischen Nil-

Blick auf Ooty, die „Queen of Hill Stations"

giri-Berge beherbergt eine unglaublich große **Vielfalt an Pflanzen- und Tierarten.**

Indische Touristen wagen sich nur selten hinein, dabei ist die Teilnahme an einer organisierten Wanderung – meist durch Männer vom traditionellen Bergvolk der Todas geführt – sehr lohnend. Auffällig sind vor allem verschiedene Arten von großen **bunten Schmetterlingen**, die Europäer sonst nur in Schmetterlingshäusern zu Gesicht bekommen. Kein Wunder, wachsen doch fast 30 Prozent aller Blütenpflanzen Indiens in den Nilgiri-Bergen.

Die **Nilgiri Blue Mountain Railway** ist die einzige indische Zahnrad-Schmalspurbahn und vielleicht die langsamste der Welt: Für die 46 Kilometer von Mettupalayam nach Ooty benötigt die Nilgiri Blue Mountain Railway etwa viereinhalb Stunden. Über unzählige Brücken, Tunnels und Serpentinen muss die historische Dampflok den Zug zie-

Teeanbau

hen, bis sie im 2.240 Meter hoch gelegenen Ooty ankommt. Nur aufgrund eines speziellen Zahnstangensystems, das ursprünglich in der Schweiz entwickelt wurde, ist die Überwindung so großer Steigungen möglich. Die 1899 fertig gestellte Bahn gehört mittlerweile gemeinsam mit anderen Gebirgs-Eisenbahnen Indiens zum **UNESCO-Welterbe.**

Die lange Fahrt lohnt sich: **Atemberaubende Ausblicke** auf fantastische Schluchten und die zum Teil unberührte Natur der Berge erwarten den Reisenden. Das Schnaufen und Pfeifen der alten Lok versetzt nicht nur Nostalgiker und Eisenbahn-Fans in eine andere Zeit!

Lage & Anfahrt: Wer mit der alten Zahnradbahn nach Ooty fahren möchte, startet in Mettupalayam. In Conoor wird die Dampflok durch eine Diesellok ersetzt. Plätze in der Bahn sollten unbedingt vorher gebucht werden, da sie recht begehrt sind. Von Europa aus erledigt man das am bequemsten über ein Reisebüro. Online kann man es auf der Seite von Indian Rail (www.indianrail.gov.in)

versuchen, allerdings erschwert die Staatsbahn nicht-indischen Kunden die Internet-Buchung mit immer neuen Bedingungen. Als Alternative bietet sich die private Vermittlungsseite www.cleartrip.com an.
Übernachten: In einer ehemaligen Brauerei bietet die **YWCA Anandagiri** in Ooty weiblichen wie männlichen Gästen einfache, aber großzügige Zimmer (www.ywcaagooty.com).

INFO

㉕ Silent Valley National Park: von der Natur geschaffen

Die Natur ist ein teures Gut, und wo sie – seltenes Erlebnis! – noch unberührt und unbeschädigt zu finden ist, sind Besucher oft nicht gerade gern gesehen. Oben in den Westghats, an der Grenze Keralas zu Tamil Nadu, ist ein solcher Ort noch zu erleben, allerdings nicht, ohne die Bedingungen des *Chief Wildlife Warden* zu akzeptieren.

Das bedeutet zunächst ein **karges Quartier in Mukkali**, nach langer Anfahrt von Palakkad im Süden oder von Vythiri im Osten. Für einen Besuch des Nationalparks ist es bei der Ankunft in Mukkali schon zu spät, denn Touristen haben nur zwischen 8 und 13 Uhr Zutritt. Wer überdies versäumt hat, seine Ankunft anzu-

melden, bekommt in Mukkali Probleme: nicht nur wegen der begrenzten Unterkünfte, sondern auch darum, weil man bis zum Parkeingang noch rund 23 Straßenkilometer zurücklegen muss, die für private Fahrzeuge gesperrt sind. Besucher sind auf die Jeeps der Parkverwaltung angewiesen – oder auf die eigenen Füße.

Der Fluss Kunthi steht Pate für die Neelakurinji-Blume, die nur alle zwölf Jahre blüht

Als bei unserer Ankunft in Mukkali niemand unsere Buchung gesehen haben wollte, beschlossen wir, trotzdem vorerst nicht umzukehren. Zu sehr rührte uns an, was wir über die Geschichte des Nationalparks gelesen hatten. *Sairandhrivanam*, „der Wald im Tal", heißt der Kern des Parkgeländes bei den Einheimischen und er ist extrem **reich an Pflanzenarten** sowie an Schmetterlingen und Reptilien. 120 Vogelarten wurden gezählt. Auch Tiger und Leoparden, Elefanten und die Königskobra sind hier heimisch. Schon 1888, in der Kolonialzeit, wurde die Region als Waldreservat unter den Schutz des Forstgesetzes gestellt.

Das hinderte die Elektrizitätsbehörde nicht, im letzten Drittel des 20. Jahrhunderts einen **Staudamm** im noch ungezähmten Kunthi-Fluss zu planen. Alle Proteste, alle Demonstrationen schienen vergeblich. Doch die Natur hat hartnäckige Freunde. War um 1980 bei der Gründung des Nationalparks Silent Valley das Flusstal noch ausgespart geblieben, konnte einige Jahre später auch dieses Wildwasser einbezogen, der Park 1986 als Kernzone des Nilgiri-Biosphärenreservats gesichert werden. Es wurde kein Staudamm gebaut. Heute umfasst der Nationalpark 237 km^2 in der Core-Zone, mit einer Buffer-Zone als Wildlife Sanctuary.

Statt in Mukkali umzukehren, durch alle Haarnadelkurven ins Tal zurückzufahren und am nächsten Morgen wieder hinauf, warteten wir. Nach etwa einer Stunde meldete sich am Telefon der Chief Warden, plötzlich war **ein Zimmer frei** und für den nächsten Morgen ein Jeep reserviert. Der Hauswart tat, wozu er nicht verpflichtet war, und sorgte freundlich für einen Imbiss.

Unberührte Natur im Silent Valley National Park

Schon die 23-Kilometer-Fahrt hinauf durch den Wald zum Flusstal ist ein Erlebnis. Steilhänge wechseln mit freiem Gelände und schlichten Hütten. Lichtungen öffnen den Blick auf die Höhen der Westghats. Zum **Kunthi-Fluss** steigt man gleich hinter dem Eingang zum Nationalpark hinab, vorbei an einigen Häusern, die von den Stauseeplanern zurückblieben, und einem Aussichtsturm. Unser Führer, Mr. Ussanar, kannte sich mit den Lieblingspfaden der Elefanten aus, konnte uns im grünen Dickicht von fast jeder Pflanze den lateinischen Namen nennen, führte uns über die Felsen am schäumenden Fluss und auf die schwankende Hängebrücke.

Drei Stunden dauerte der Rundgang, wir haben Natur in einzigartiger Vielfalt gesehen, erlebt, in allen Gliedern gespürt und eingeatmet. Und wir verstehen nun besser, warum die Parkhüter alles tun, um dieses **Kleinod authentischer Natur** vor touristischem Massenandrang abzuschotten.

Lage: im Nordosten von Kerala.
Information: Auskunft/Buchung, Telefonnummern, Adressen und viele praktische Hinweise, samt Auflistung der Gebühren für Übernachtung, Jeep und Guide: www.silentvalley.gov.in. Der Aufenthalt im Nationalpark ist nur mit Führer erlaubt. Alkoholika, Lagerfeuer und Plastikgegenstände sind verboten.
Übernachten: Als Übernachtungsort außerhalb des Parks eignet sich Palakkad, etwa 70 km südlich vom Silent Valley. Nah dem Palakkad Fort, das vor rund 250 Jahren Mysores Herrscher Hyder Ali erbauen ließ, stellt sich das **Hotel Palakkad Fort** (Tel. 0491-2534621, E-Mail: fortpalacehotel@gmail.com) als bestes Haus am Platz vor: mit Dachgarten, mehreren Restaurants und Bars.

INFO

Religion & Tempel

26 Ranakpur, die Jains und ihre Tempel

Weitab vom Lärm der großen Städte, weitab auch von der Armut der Wüsten-
dörfer Rajasthans stehen die Tempel von Ranakpur. Von Pilgern viel besucht – es
gibt große Schlafsäle – stehen sie auch für die Religion der Jains, für ihre Achtung
vor allem Lebendigen, für *Ahimsa*, ihre vor zweieinhalb Jahrtausenden begründe-
te **Lehre der Gewaltlosigkeit**. Viele Pilger tragen auf wochenlangen Reisen einen weißen Atemschutz vor dem Mund, um nicht ungewollt ein Insekt zu verschlu-
cken.

Konsequenter Tierschutz

Entlang der Straße in das waldige Tal der Aravalli-Hügel, wo die Tempel liegen,
laufen oft Fußgänger. Alle weißgekleidet, manche mit Mundschutz, einige
lassen sich im Rollstuhl über den staubigen Asphalt schieben. Es sind Jain-
Pilger, die – ihrem Gelübde der Gewaltlosigkeit verpflichtet – **lieber zu Fuß** gehen, als durch eine Reise im Auto Insekten oder andere Tiere zu töten.

Entschieden strikter als in Hindu-Tempeln ist darum auch die für alle Besucher
geltende Vorschrift, im Tempel **nichts aus Leder**, also aus dem Körper getöte-
ter Tiere Gefertigtes zu tragen: Lederne Schuhe, Gürtel, Brieftaschen und Porte-
monnaies sind also tabu.

Die kunstvollen Steinschnitzereien sind allgegenwärtig

Dicht beieinander stehen die **drei
weißen Jain-Tempel** von Ranakpur in ihrem Baumpark, hinter
dem eine hügelige Buschlandschaft
beginnt. Doch drängen sie sich
nicht so eng und beinahe ver-
schachtelt aneinander wie die Tempel des Dilwara-Heiligtums von
Mount Abu (s. S. 200). Deutlich
hebt sich der größte der drei Tempel ab, er ist dem Adinath gewidmet, dem frühesten „Furtbereit-
ter" zur Erleuchtung. Auf einem ge-
mauerten Podium über eine breite
Freitreppe zu erreichen, öffnet sich
der dreistöckige Bau Einblicken
von außen in seine Säulenhallen,
nimmt den Eintretenden aber um-
schließend in seine Hallen und in
den Innenhof auf. Es gibt wenige
Trennmauern, ein ganzer **Wald
von Säulen** trägt die reich verzierten Decken. 1440 Säulen, heißt
es, tragen die Dächer, es sollen 20
mal 72 sein, weil Mahavira, der
Gründer der Jain-Religion, 72-jährig
gestorben sei. Einige Terrassen und

offene Erker erlauben einen Ausblick in die grüne – oder nach langer Trockenheit bräunliche – Landschaft.

Die Tempelanlage ist kein Museum, auch wenn die Priester, denen man immer wieder begegnet, bereitwillig und ohne Gegenleistung zu fordern Auskunft über die Skulpturen geben. Auch während der Besuchszeiten, in denen die Tempel für Nicht-Jains geöffnet sind, sieht man **weißgekleidete Pilger im Gebet** vor den Skulpturen verharren. Ständig im Fluss ist die Arbeit an den Tempeln: Mag der Haupttempel auch 1439 erbaut worden sein, vieles ist seither erneuert und erweitert worden. Unterschiedliche Tönungen im Marmor zeugen von Restaurierungen, manchmal sieht man Steinschnitzer filigrane Skulpturen erschaffen.

Überwältigend in ihrer Fülle wirkt die **Kunst der Steinschnitzerei**, an allen Säulen, an den Decken, am kostbarsten wohl unter den Kuppeln und in der Halle um das Allerheiligste. Hier steht die

Marmordetail im Tirtha Ranakpurs

dem Tempel seinen Namen gebende Chaumuka, eine große Adinath-Marmorfigur mit vier Gesichtern. Alle Jain-Figuren, marmorweiß in Nischen aufgestellt, mit eingelegten Augen, zeigen den gleichen Ausdruck feierlicher Ruhe, ein eindrucksvoller Kontrast zu den teils andächtigen, teils intensiv fotografierenden Besuchern (Jain-Figuren dürfen jedoch nicht fotografiert werden).

Die beiden **kleineren Tempel** – Parshwanath und Neminath geweiht, zwei anderen Furtbereitern – zeigen eine ähnliche architektonische Struktur wie der Haupttempel. Jenseits des Parkplatzes findet sich auch ein erst im 20. Jahrhundert erbauter Hindu-Tempel des Sonnengottes Surya.

Lage: im Süden Rajasthans.
Information: Geöffnet für Nicht-Jain-Gläubige tgl. 12-17 Uhr, freier Eintritt.
Touren: Wanderwege oder auch Reitausflüge durch das Ranakpur/Kumbhalgarh Sanctuary führen nach Thandiberi (15 km), nach Ranakakar (15 km), nach Kumbhalgarh (25 km), nach Roopanmata (30 km) – durch Täler mit dichtem Wald, zu Bächen und zu steilen Hügeln. Eine Besonderheit bietet der nur knapp vier Kilometer lange „Teerthankar Nature Trail": hier sind alle jene Baumarten gekennzeichnet, unter denen die 24 Furtbereiter der Jains Erleuchtung fanden.
Übernachten: Maharani Bagh Orchard Retreat (www.welcomheritagehotels.com), nur eine halbe Stunde zu Fuß von den Tempeln entfernt: einst Garten der Maharani von Jodhpur, heute mit 18 komfortablen Bungalows und Swimming Pool in schönem Waldtal. Restaurant, Wanderwege, Badesee.

INFO

27 Fiepende Poeten: Karni Mata, der Tempel der Ratten

Ratten haben in Indien normalerweise kein leichtes Leben, nicht anders als in Mitteleuropa. Im Gegenteil: Hält der eine oder andere im deutschsprachigen Raum einen der intelligenten Nager im Haus oder zähmt ihn sogar zum lebendigen Schulterschmuck, schüttelt es die meisten Inder schon bei der Vorstellung vor Ekel. In Deshnok, 33 Kilometer südlich von Bikaner, ist das anders. Im Karni Mata Mandir, einem Marmortempel aus dem 17. Jahrhundert, leben Hunderte von Ratten. Kost und Logis sind hier für sie frei: Hindu-Gläubige erkennen in ihnen die **Inkarnation fahrender Sänger**, die im nächsten Leben als Poeten wiedergeboren werden können. Der Tempel ist der heiligen Seherin Karni Mata gewidmet, die im 15. Jahrhundert gelebt haben soll und von der Bikaji-Dynastie hoch verehrt wird. Die gewaltigen Silbertore hat Maharaja Ganga Singh im vorigen Jahrhundert gestiftet.

Der Sage nach soll eine Mutter Karni Mata gebeten haben, ihren gerade verstorbenen Sohn wiederzubeleben. Die heilige Frau, die ihre spirituelle Kraft von der Göttin Durga empfing, versprach der Mutter, zu helfen – es war aber zu spät, der Sohn war schon als Ratte wiedergeboren. Er und andere Vertreter seines Berufs – er war Poet, ein Barde, die zu dieser Zeit hohes Ansehen genossen – bekamen das Privileg, als Ratten im Tempel zu leben. Hier bekommen sie nun täglich guten **gezuckerten Milchreis**, man kann sie beobachten, wie sie rund um die große Schüssel sitzen. Merkwürdigerweise sollen die Ratten das Gelände des Tempels nie verlassen. Noch seltsamer scheint, dass sich ihre Zahl trotz guter Fütterung nicht bis ins Unerträgliche vermehrt.

Wer weiß, wer da wuselt: Poeten und Sänger mit Nagezähnen

Der Durga-Tempel erhielt Ende des 19. Jahrhunderts sein heutiges Erscheinungsbild

Beim Besuch des Tempels muss man barfuß gehen – nichts für Zartbesaitete: Manche Gäste haben nicht die Nerven, einen Aufschrei zu unterdrücken, wenn eine Ratte über ihre nackten Füße springt. Wenn jemand eine **weiße Ratte** erspäht, soll das ein sicheres Glückszeichen sein. Um ihrem Glück auf die Sprünge zu helfen, verharren manche der Pilger lange im Tempel und locken mit Obst, Nüssen oder Süßigkeiten.

Der **Zugang zum Allerheiligsten** ist – wie in vielen Tempelanlagen – für Nicht-Hindus verboten, doch kann man es durch einen schmalen, schummrigen Gang umrunden. Viele haben aber für die kleinen Gucklöcher, durch die man ins Innere schauen kann, keinen Blick, da sie durch das Gewusel zu ihren Füßen abgelenkt sind. Das Dämmerlicht macht es unmöglich, genau zu sehen, ob der eigene Weg sich mit dem eines Nagers kreuzt. So erkennt man hier meistens nur das Aufblitzen eines kleinen Augenpaares oder fühlt das Kitzeln eines Rattenschwanzes am Fuß. Aber wer weiß: Vielleicht war das ja gerade John Lennon oder Buddy Holly, auf der Suche nach mehr Milchreis.

Lage: in Rajasthan, ca. 90 km südlich von Bikaner.

Information: Der Tempel ist vormittags und nachmittags geöffnet, aber von 12–16 Uhr geschlossen.

Übernachten: In Deshnok gibt es praktisch keine Hotels, um so größer ist die Auswahl in der Maharaja-Stadt Bikaner. Unser Tip: Nicht nach Norden, sondern nach Süden weiterfahren, nach **Nagaur**. Dort findet alljährlich einer der größten Viehmärkte statt. Sehenswert ist auch das Fort aus dem 12. Jahrhundert. In seiner Architektur verbinden sich Mogul- und rajasthanischer Baustil. Jüngst wurde behutsam restauriert. Gleich beim Fort warten 10 Luxus-Zelte, das **Welcome Heritage Royal Camp** (www.welcomeheritage hotels.com), mit Restaurant.

INFO

28 Alles so schön bunt hier: Legenden und Krishna-Tempel in Muchhkund

Dieser Ort träumt. Wenn nicht gerade Pilger die Tempelanlage um den großen künstlichen See bevölkern, liegt **Stille** über Muchhkund, nur manchmal unterbrochen vom Geläute einer *Puja*, einer Opferzeremonie.

Die Ursprünge dieses heiligen Orts im östlichsten Zipfel Rajasthans gehen auf epische Zeiten zurück: Glaubt man den alten Erzählungen, hat hier **Raja Muchhkund** in vedischer Vorzeit Krishna vor dem Herren der Toten, Yama, gerettet. Aus Zorn über den Dämon, der den göttlichen König und Abkömmling der Sonne bei der Verfolgung Krishnas aus dem Schlaf riss, verbrannte Muchhkund den Störenfried – und trug damit zum Sieg des Guten über das Böse bei.

Das Getöse der Kämpfe der Götterwelt ist längst vergangen, und noch wird es nicht durch den Lärm von Touristenscharen ersetzt. Das hängt auch damit zusammen, dass Muchhkund mit öffentlichen Verkehrsmitteln außerhalb der Festzeiten nur schwer zu erreichen ist und es keine Unterkünfte westlichen Standards gibt.

Der **Palast am Ostufer** des Tempelsees wurde vermutlich von Großmogul Akbar erbaut. Zwar ist er leer und verschlossen, doch die Fassade ist kunstvoll gegliedert. Die Stufen um das Wasser sind gesäumt von Tempeln und *Chhatris*, Pavillons, die zu Ehren von Verstorbenen errichtet werden. Unter manchen der Kuppeln sind Fußabdrücke in den Stein gehauen, die an Pilger erinnern. Kühe spazieren zwischen den alten Mauern umher, und der kleine Tempel in der Mitte des Sees bietet einen schönen Anblick. Viele der alten Bauwerke bröckeln und zeigen Spuren des langsamen Verfalls.

Die Fußabdrücke in den Chhatris erinnern an Pilger

Keine Opferzeremonie ohne gehörigen Krach

Durchquert man den Hof am Südufer, gelangt man zu einem **Krishna-Tempel**, dessen bunter Bemalung man ansieht, was für eine fröhliche Rolle dieser Ort in der hinduistischen Götterwelt spielt. Im Vorhof des Tempels stehen auf einem Podest mehrere Götterbildnisse, kaum mehr zu erkennen unter den dicken Schichten von heiligem Öl und immer neuen Anstrichen. Am buntesten ist jedoch der Schrein im Allerheiligsten, in dem gleich zwei schwarze Krishna-Skulpturen tanzend auf der Flöte spielen – vom Tempel-Brahmanen immer wieder mit rot-silbernen Gewändern geschmückt.

Schaurig-schön: Krachautomaten im Tempel

Zu einer Puja gehört auch eine ordentliche Portion Krach – je lauter, desto wirksamer. In vielen Heiligtümern sorgen die Tempelbrahmanen mit mechanischen Automaten für das notwendige Tschingderassa. Die Lärmmaschine im Krishna-Heiligtum von Muchhkund ist besonders schön und bewährt sich offenbar schon sehr lange. Angetrieben von einem kleinen Motor, den das Gerät mit Leichtigkeit übertönt, kommen Trommeln, Becken und Glocken zum Einsatz. Vielleicht ist der Automat der Grund dafür, dass es kein Hotel in der Nähe gibt.

Lage & Anfahrt: im Osten von Rajasthan. Auf der Straße nach Karauli, 7 km südwestlich von Dholpur; über die NH 3 etwa 60 km südlich von Agra. Mit öffentlichen Verkehrsmitteln nur während der Festtage.
Übernachten: Einzige nahe Unterkunft westlichen Standards ist das Heritage-Palasthotel Raj Niwas in Dholpur (s. S. 150).

INFO

29 Pushkar: Brahma-Tempel am heiligen See

Viele Legenden erzählen von **Pushkar** am heiligen See. Hier, am Rand der Wüste, soll Brahma, der Schöpfergott, einst eine Lotosblüte fallengelassen haben. Wie die Legenden sind weder die angeblichen Jahrtausende des Alters noch die Anzahl der Tempel des Ortes nachzählbar. Stattlich ist die Folge der Ghats – der Treppen zum See und zum Brahma-Tempel am nordwestlichen Ufer. Für die vielen westlichen, oft im Hippie-Stil gekleideten Touristen gibt es Unterkünfte, Restaurants und unzählige Souvenirläden. Fast ebenso viele eifrige Priester fordern, sobald man die Straße am See betreten hat, zur kostspieligen *Puja* auf, dem Opfer- und Reinigungsritual. Über allem liegt das stimmungsvolle, stets wechselnde Licht des wundersam zauberhaften Ortes, der silbern im Mondlicht, bläulich in der Morgendämmerung und goldrot bei Sonnenuntergang leuchtet. Der **Brahma-Tempel** soll der einzige dieses Gottes sein, was aber nicht stimmt. Er ist allerdings der berühmteste, obwohl erst ca. 100 Jahre alt.

Verpasste Hochzeit

Auch Göttinnen, so schön sie sind, wollen sich zu ihrer Hochzeit schmücken. Sawitri sollte den Gott Brahma heiraten und kam zu spät zum vereinbarten Termin, weil sie mit ihrer Hochzeitsgarderobe zu lange gebraucht hatte. Brahma war ungeduldig geworden und hatte schon eine andere, Gayitri, geheiratet, die den Makel ihrer niedrigen Kaste rituell beseitigt hatte. Sawitri sprach daraufhin den Fluch aus, dass außer Pushkar kein anderer Ort einen Brahma-Tempel besitzen sollte. Später allerdings heiratete Brahma doch noch Sawriti, die als seine Gemahlin Saraswati die Göttin der Weisheit wurde. Zu ihrem Tempel auf dem höheren Berg bei Pushkar gehen die Pilger zuerst, zu Gayitris Tempel, der weniger hoch gelegen ist, erst an zweiter Stelle.

Weiße Tempelpracht am Rande von Pushkar

Abendstimmung am heiligen See

Rund um das Jahr ist die Zahl indischer Pilger groß, doch überfüllt ist Pushkar zur Zeit der „mela", des **Vieh- und Kamelmarkts** am November-Vollmond „kartika purnima", wenn die Bewohner Rajasthans, geschmückt mit ihren farbenfrohen glitzernden Kleidern und Decken die Würdigung des heiligen Ortes mit dem Nutzen und Vergnügen eines Massentreffens verbinden. Touristen aus aller Welt gesellen sich zum farbenfrohen Treiben und wohnen in Luxusunterkünften in komfortablen Zelten. Die Veranstaltung findet westlich des Orts und des Sees statt.

Da Pushkar ein heiliger Ort ist, gibt es einige **Verhaltensregeln**: kein Alkohol (auch nicht in Restaurants), angemessene Kleidung (keine Miniröcke und kurzen Hosen, bedeckte Schultern), in Restaurants nur vegetarisches Essen, auf den Ghats Rauch- und Fotografierverbot, auch die Schuhe muss man ausziehen. Vorsichtig sollte man sein, wenn einem ein „Special Bangh-Lassi" angeboten wird: Nach dem Genuss dieses Getränks litt so mancher Tourist an kuriosen Visionen und kritischen Bewusstseins-Absencen.

Durchaus zu empfehlen für ausdauernde Wanderer ist ein Ausflug zum Saraswati-Tempel auf dem Berg über Pushkar. Die Aussicht ist großartig, allerdings sollte man einigermaßen fit sein und genügend zu trinken dabei haben.

Lage: in Rajasthan, westlich von Jaipur.
Information: Tourist Office im Gebäude des RTDC Hotels Sarover, 10 Minuten vom Ajmer-Bus Stand, am See, Tel. 0145-2772046.
Übernachten: Wen es nach Natur, Stille und Fernsicht verlangt, der ist östlich vom Sikh-Tempel im Hotel **New Park** (www.newparkpushkar.com) gut aufgehoben. 41 Zimmer, teils mit Blick aufs Aravalli-Gebirge, Küche von eigener Landwirtschaft beliefert, Swimmingpool und Rosengarten.

INFO

30 Ajmer: ein Heiligengrab vereint Muslime und Hindus in Andacht und Gebet

Indien und indische Gläubigkeit lernt man volksnah und unmittelbar in Ajmer kennen. Die Stadt liegt in der Mitte Rajasthans an der Nord-Süd-Verbindung von Jaipur nach Udaipur. Ajmer ist eine heilige, vielbesuchte Pilgerstadt, Touristen sind hier Zuschauer. Die Pilger sind sowohl Muslime als auch Hindus, denn hier befindet sich die Ruhestätte eines hochverehrten Heiligen beider Religionen: das **Grab des Kwaha-Muin-du-din-Chisti**, der seit dem Anfang des 13. Jahrhunderts in Ajmer wirkte und 1253 hier starb. Er war ein Sufi, ein Mystiker, der den Weg zu Gott durch innere Einkehr und Entsagung predigte und der verkündigte, die Wege aller Religionen zu Gott seien gleichwertig, Moscheen und Tempel dienten dem

Hier geht es zur muslimischen Pilgerstätte in Ajmer: das Nizam-Tor

gleichen Gott. Für Indien war diese Lehre sehr bedeutsam, da sie eine **Brücke zwischen den Glaubensrichtungen** des Landes ermöglichte. Deswegen – und wegen der Legenden über die von ihm vollbrachten Wunder – wird der Heilige bis heute von Muslimen und Hindus hingebungsvoll verehrt.

Schon die Mogulherrscher, allen voran Akbar, schrieben seinem Grab **Dargah Khwaja** Wunderwirkung zu, sieben Pilgerreisen nach Ajmer werden als einer Hadsch nach Mekka gleichwertig angesehen.

Heute herrscht in Ajmer ein **farbiges Gedränge**, das an Basare im Nahen Osten erinnert. Vom Agra-Tor im Norden kommt man auf den Nalla-Basar, der zum Nizam Gate, dem Eingang des Heiligtums Dargah Khwaja Sahib, der großen Grabanlage, führt. Dort findet

man ekstatisch betende, laut singende oder predigende sowie tief in Andacht versunkene Gläubige. Man wird von Moscheenführern aufgefordert, den Kopf zu bedecken (auch die Männer). Der Weg führt an der **Akbari-Moschee** vorbei, die aus Dankbarkeit von Sultan Akbar gestiftet wurde, als sein Gebet in Ajmer um die Geburt eines Thronfolgers erhört wurde. Der Thronfolger, der berühmte Sultan Jahangir, baute das nächste Tor, das Nakkarkhana sowie eine weitere Moschee aus weißem Marmor mit elf stattlichen Bögen.

Vor dem eigentlichen Grabgebäude steht man im Gedränge, sieht im langsamen Vorrücken die blattgoldverzierte Marmorkuppel und die Silberplatten der Begrenzung. Die **emotionale Hingebung** erreicht hier ihren Höhepunkt. Duftende Rosenblätter werden gestreut, gespendete Sargtücher ausgebreitet (sie werden später entfernt und von neuem verkauft). Die Gläubigen erwarten hier laut flehend und inbrünstig betend Wunder. Aus einem Nebensaal sind die hypnotisierenden

Ajmer gilt als positives Beispiel für das Miteinander der Religionen im modernen Indien

Lobgesänge der Qawali-Sänger mit Trommelbegleitung zu hören, Betende fallen in Trance, Spendenbücher werden gereicht, in denen stattliche Summen stehen.

Hinter dem Heiligtum steht die **Jami Masjid**, ein Bau Shah Jahans von 1628, der aus Respekt vor der Dargah Khwaja Sahib keine Kuppel erhielt. Unweit des Grabheiligtums kann man die Ruine der **Adhai-din-ka-Jhonpra**, der „Zweieinhalb-Tages-Hütte" besuchen. Sie stammt aus dem 7. bzw. 12. Jahrhundert und ist mit wunderschönen Steinschnitzereien, zehn Kuppeln und 124 Säulen geschmückt. Der Name ist eine – vielleicht etwas übertriebene – Anspielung auf die kurze Bauzeit des Gebäudes.

Ein weiteres Highlight befindet sich in der **Soniji-ki-Nashiya-Halle** der Jain-Gemeinde: eine märchenhafte hallengroße Darstellung des figurenreichen mythischen Jain-Universums als vergoldete Welt mit Elefanten, Schwänen und fliegenden Gestalten.

Pilgerspeisung

Zwei seltsame riesige Kessel aus dunklem Metall, die *Degs*, flankieren das Eingangstor, in ihnen werden an Feiertagen gewaltige Mengen süßen Reisbreis (von 3.650 Kilogramm Reis) als heiliger *Tabarruk* für die Pilger gekocht.

Lage: in Zentral-Rajasthan, zwischen Jaipur und Jodhpur.
Reisezeit: Großes Gedränge herrscht am Tag des heiligen Mannes, Urs Mela, je nach islamischem Kalender, zuletzt (2011) im Juni (anfragen!).
Übernachten: Haveli Heritage Inn (www.haveliheritageinn.com), ruhiges Haus, gute Küche.

INFO

③ Der Tempelberg von Palitana

Nicht jeder Moment in Palitana ist unbeschwert. Über **3.000 Stufen** den Tempelhügel hinauf wollen bewältigt sein. Bereits in der frühen Mittagshitze fühlen sich die 600 Meter Höhe des von den Jains als heilig angesehenen Bergs Shatrunjaya nach eineinhalbstündigem Aufstieg wie ihr Vielfaches an, zumal erst am Ende der Wanderung die ganze Pracht des Ziels zu erkennen ist. Doch der Besucher wird für die Mühen reich belohnt: Die hellen Tempel und Tempelchen, Hallen und Höfe, Kuppeln und Dächer, Säulen, Nischen und Marmorböden überziehen den Berg wie **Zuckerwerk fantastischer Architektur**. Die Tempelanlage gehört zum Großartigsten, was der Mensch an Sakralbauten schuf.

Bis ins 4. Jahrhundert reicht die Überlieferung zurück, die von Palitana als heiliger Stätte berichtet. Die ältesten erhaltenen Bauten sollen aus dem 11. Jahrhundert stammen. Insgesamt soll die Anlage aus **857 Tempeln und Schreinen** bestehen, darunter neun Haupttempel, um die sich alle weiteren gruppieren.

Jain-Heiligtümer sind eine Spiegelung des seelischen Idealzustands, den ein Jain anstrebt. Sie sind der Versuch, eine **spirituell vollkommene Welt** nachzubilden. Nicht zufällig ist Palitana eingebettet in die umgebende Natur, hebt sich das Weiß der Steine vom satten Grün des Laubs ab. Jains beten nicht im Tempel, aber sie versuchen, den Geist in eine Verfassung zu versetzen, die so ausgeglichen, klar und rein wie möglich sein soll. Dies ist auch der Grund, warum der Verzehr von Speisen auf dem Tempelgelände untersagt ist (es gibt aber einen Imbissplatz vor dem Eingang) und Gürtel, Taschen oder Schuhe, die Leder enthalten, abgelegt werden müssen – sind sie doch das Ergebnis der Tötung von Lebewesen. Es geht um **innere Werte**, und dies darf in doppelter Hinsicht verstanden werden: Ihre wahre Pracht zeigen die Tempel im Inneren, je wertvoller in der Ausstattung, desto besser.

Wie aus dem Märchen wirkt das Innere der Gebäude Palitanas: **Farbige Steinintarsien**, Skulpturen von Tänzerinnen mit üppigen Brüsten und Hüften sowie von Musikanten schmücken die Decken, Durchgänge und Wände.

In ihren Tempeln verehren Jains ihre **Thirtankaras**, die „Furtbereiter", die meist in heiliger Entpersönlichung, mit Augen aus silbern schimmerndem Metall, dargestellt werden. Die Jain-Anhänger wollen durch diese Verehrung ein Bewusstsein vom rechten Verhalten in der Welt erlangen.

Die Thirtankaras zeigen Wege zu diesem besonderen Bewusstseinszustand auf, sie sind keine Propheten oder gar Götter. 24 Furtbereiter haben, nach Auffassung der Jains, die Erleuchtung erfahren. Besondere Beachtung findet der erste Thirtankara, **Adinath** oder Rishabha, dem auch einer der ältesten Tempel in Palitana gewidmet ist, der Shri-Adishwara-Tempel von 1157 auf dem nördlichen Gipfel. Große Verehrung erfahren auch die letzten drei Furtbereiter, Neminath, Parshavanath und jener Mahavira, der im 6. Jahrhundert n. Chr. die Jain-Religionsgemeinschaft gegründet haben soll.

Ab 19 Uhr verlassen Priester, Gläubige und Besucher stets den Berg – nichts kann dann mehr die Ruhe und Heiligkeit des Ortes stören.

*Der heilige Berg Shatrunjaya mit den Tempeln Palitanas:
Die Jain-Heiligtümer sollen eine spirituell vollkommene Welt abbilden*

Lage: in Gujarat, im Westen Indiens.
Information: Die Tore sind von 6.30–
19.45 Uhr geöffnet; Eintritt frei, Kame-
ragebühr 40 Rs. Man kann sich auf
einem Dholi – einem tragbaren Stuhl,
der an Bambusstangen von zwei
Trägern gehoben wird – für etwa
300 Rs den Hügel hinauftragen lassen.

Übernachten: In der Kleinstadt Palitana
gibt es einfache Unterkünfte, vom Dharamsala für Pilger bis zum schlichten
GTDC Hotel **Sumeru**, Station Road, 18
Zimmer, Tel. 02848-252327. Ca. 4 km
entfernt liegt das **Vijay Vilas Palitana**
Heritage Hotel, 6 Zimmer, Tel. 02848-
282371.

INFO

32 Baha'i House of Worship: Meditations- und Bethalle in origineller Optik

Schon von Ferne sieht man die helle, **sich entfaltende Blüte**, groß und leuchtend, sich unterscheidend von allen anderen Gebäuden in dem Stadtviertel zwölf Kilometer südlich vom Connaught Place, der britischen Neustadt Delhis. Einmalig und ungewöhnlich ist sie für den Betrachter, und wenn er auf seine Fragen eine Erklärung erhält, ist sie fast ebenso überraschend.

Das Bauwerk ist, so heißt es dann, ein Tempel – nein, kein richtiger Tempel, denn es gibt dort keine Priester und keine Riten, es ist eine Halle, in der gebetet und meditiert wird. Und es gehört zur **Baha'i-Religion**. Die meisten Europäer wis-

Vorbild für die Tempelarchitektur ist eine Lotosblüte.
Der Tempel steht Menschen jeder Herkunft und Religion offen.

sen nichts über diese Lehre, obwohl ihre Anhänger in allen Erdteilen leben. Sie vertritt den Grundsatz der Offenheit, Klarheit und des Respekts vor allen Religionen, das Prinzip der Einheit der Menschen in der Vielfalt ihrer Glaubensrichtungen.

Darum sind alle Menschen, welcher Herkunft auch immer, in diesem Tempel willkommen. Durchschnittlich kommen 8.000 bis 10.000 Besucher pro Tag, gehen durch die gepflegten Grünanlagen auf die riesenhafte Nachbildung der Lotosblüte zu, die im Hinduismus wie im Buddhismus ein **Symbol der Reinheit und Zartheit** ist. Umringt von neun Wasserbecken öffnet sich die Lotoshalle innerhalb von 27 marmorverkleideten „Blättern". In jedem der Blütenblätter ist ein Spruch aus den Baha'i-Schriften eingelassen. Gemäß der Idee des Gründers der Baha'i-Lehre, des Persers Baha'ull'ah (1817–92) beten hier Menschen aller Nationen, Kasten und Klassen zu Gott – oder sie finden Ruhe in der Meditation – ohne Altar und Bildnis, in einer Atmosphäre, die von Stille, Innerlichkeit und Konzentration geprägt ist.

Die Halle liegt unter einer beeindruckenden 34 Meter hohen Kuppel. Auch die neun Seitenwände sind Blättern nachempfunden und durch schmale Fenster getrennt, bogenförmige Öffnungen führen nach außen. All diese Anordnungen entsprechen nicht nur symbolischen, sondern auch praktischen Anforderungen. So ist die **Regulierung der Temperatur** – ein wichtiger Faktor in Delhi mit Sommertemperaturen von bis zu 45 °C – nicht einer viel zu aufwendigen Klimaanlage überlassen: Die angenehme Ventilation entsteht durch den natürlichen Luftstrom, der über den neun Wasserbecken rund um die Halle abkühlt, während die Wärme durch die vielen Öffnungen abgeleitet wird, unterstützt durch unsichtbare und unhörbare Ventilatoren.

Architekt und Designer der Anlage ist **Fariborz Sahba** aus Kanada, geboren 1948 im Iran. Er hat sich an die in Indien herrschende Symbol- und Bilderwelt der Lotosblüte gehalten, Imitationen anderer Tempelbauten jedoch bewusst vermieden und die Verbindung mit indischem Alltagsleben gesucht. Seitlich der Halle ist eine Bibliothek für Besucher zugänglich, in der man sich weiterführend über das Gebäude informieren kann.

Da die Gebetshalle auf einem Hügel liegt, kann man sie auch aus der Entfernung sehen – ein wunderschöner Anblick im Sonnenlicht, bei Sonnenuntergang und ganz besonders nach Einbruch der Dunkelheit: Dann entsteht der Eindruck einer **auf einem Lichtsee schwimmenden Blüte**.

INFO

Lage: im Süden Neu-Delhis, in Kalkaji, Canning Road.
Information: Geöffnet Dienstag bis Sonntag, im Winter von 9-18 Uhr, im Sommer von 9-19 Uhr. Für die Aufbewahrung der Schuhe gibt es einen Pavillon im Garten. Wer sich über die Lehre der Baha'i informieren möchte, findet ein Informationszentrum in den Gartenanlagen.

Übernachten: Eher unauffällig ist das Guest House **Upvan** (Tel. 011-65295500, E-Mail: drschawla@rediffmail.com) in der Wohnstraße des Greater Kailash-Viertels. Nur etwa drei Kilometer südwestlich vom Lotos-Tempel entfernt, liegt es auch zum Stadtzentrum günstig. Die einfachen Zimmer – teils mit Gartenblick – sind gepflegt; mit Frühstück.

33 Goldener Tempel in Amritsar: das höchste Heiligtum der Sikhs

Welcher Aufwand und welche Strenge bei den Vorbereitungen auf den Besuch des goldenen Hari Mandir-Tempels! Schon draußen auf dem Vorplatz soll man nicht rauchen und nichts Alkoholisches trinken. Taschen, Schuhe und Socken gibt man in Verwahrung, geht durch eine Rinne mit fließen-dem Wasser und tritt schließlich mit bedecktem Kopf – aus Respekt vor der Heiligkeit des Ortes – durch das Eingangsgebäude beim Uhrturm. Gera-de erst hat man das Gedränge im Gassengewirr der Altstadt zwischen Rikschas und Lastwagen hin-ter sich gelassen – nun ist man **umgeben von Schönheit und Ruhe**. In einem großen, recht-eckigen Teich – der Name „Amritsar" bezieht sich auf diesen Tempelteich, er be-deutet „Nektar der Unsterblichkeit" – spiegelt klares Wasser den blauen Himmel und die Marmorarkaden rings um die Ufer. Das reine Weiß und Gold des auf ei-ner Insel gelegenen Tempels hebt sich vom silbernen Gewässer ab. Hinüber führt ein breiter, laternenflankierter Steg. Meditative Musik schwebt über all dem. Fest-lich farbig gekleidete Menschen gehen andächtig auf dem Steg und den Marmor-böden vor den Arkaden.

Massenspeisung

Die Speisung von Pilgern ist für die Sikhs eine fromme Übung – hier beim Tempel werden ohne Ansicht der Religion täglich tau-sende Mahlzeiten ausgegeben.

Diese Tempelanlage ist das Zentrum der Sikh-Religion und eine der schönsten heiligen Stätten Indiens. Sie ist im fruchtbaren Land Punjab (gesprochen „Pand-schab") gelegen, 50 Kilometer östlich der Grenze zu Pakistan.

Die Sikhs sind auf den ersten Blick zu erkennen an ihren **sorgfältig gebunde-nen Turbanen.** Jugendlichen Sikhs steckt das nie geschnittene Haar als Knoten unter einem Tuch auf dem Kopf. Sikhs glauben an einen einzigen Gott und vereh-ren ihr heiliges Buch, Granth Sahib, eine Sammlung von Liedern und Lehren der historischen Gründer und Weisen (Gurus) ihrer Religion. Der erste von ihnen,

Im Goldenen Tempel ist jedermann willkommen

Amritsar ist Pilgerziel für Sikhs aus aller Welt

Guru Nanak (1469–1531), strebte eine Verschmelzung hinduistischer und muslimischer Glaubenslehren an. Der Weg zum Eins-Sein mit Gott führt für den Skikh über **Selbstlosigkeit, Selbstbeherrschung und Mäßigung**. Kasten gibt es bei den Sikhs nicht und auch Frauen haben mehr Ansehen und Freiheit als etwa bei den Hindus.

Anfang des 18. Jahrhunderts verpflichtete der letzte Sikh-Guru, Gobind Singh, unter dem Druck der Verfolgung durch die Moguln seine Anhänger zu den **fünf „K"**: „Kesha" (ungeschnittenes Haupt- und Barthaar), „Kangha" (Kamm), „Kara" (stählernes Armband), „Kachi" (Kniehosen) und „Kirpan" (Dolch). 1984 missbrauchte eine fanatische separatistische Sikh-Gruppe im Streit um die Gründung eines selbstständigen Staates den Goldenen Tempel als Festung; es kam zur Erstürmung durch indisches Militär.

Im Goldenen Tempel, der in seiner heutigen Gestalt seit 1803 existiert, ist jedermann willkommen – symbolisiert wird dies durch offene Türen in vier Himmelsrichtungen. Schmückende Bilder zeigen nicht Götter, sondern Blüten und Fruchtkörbe in kostbarer Einlegearbeit. Das **heilige Buch Granth Sahib** liegt auf seidenen Decken, die Gläubigen legen ihre Spenden vor ihm nieder. Tagsüber wird ohne Unterbrechung in getragenem Sprechgesang aus ihm zitiert. Abends wird das Buch feierlich zum Haus des obersten Rats der Sikh-Religion in den Marmorarkaden getragen.

Lage: im Norden vom Punjab.
Übernachten: Hotel Ranjit's Svaasa (www.svaasa.com), herrschaftliches Heritage-Haus, zentral gelegen, grün umwachsen, umweltfreundlich orientiert. Eine gern genutzte Alternative zu den Hotels im Stadtzentrum ist **Mrs. Bhandari's Guest House** (http://bhandari_guesthouse.tripod.com) im ehemals britischen Cantonment. Die Küche ist vom Besten, geräumiger Garten, kleiner Pool.

INFO

34 Rishikesh und Haridvar: auf den Spuren der Beatles

Nach Liverpool und der Londoner Abbey Road ist Rishikesh vielleicht der Ort, der am engsten mit der Musik der Beatles verknüpft ist. Hier verbrachten die vier Pilzköpfe, zu dieser Zeit schon recht zottelig, Anfang 1968 einige Wochen in einem Ashram. Ihren Guru Maharishi Mahesh Yogi hatten sie im kalten England kennen gelernt, nun nahmen sie gemeinsam mit anderen Stars und Sternchen im Land der Millionen Götter an einem **Crash-Kurs in Meditation** und Enthaltsamkeit teil. In der entspannten Umgebung komponierten sie eine ganze Reihe Lieder für das „Weiße Album". Der Trip nahm ein vorzeitiges Ende, als dem Guru von einer Teilnehmerin vorgeworfen wurde, sich ihr nicht nur spirituell genähert zu haben. Die Beatles flogen enttäuscht ab, der Song „Sexy Sadie" erzählt die Ereignisse aus ihrer Sicht. Zumindest George Harrison blieb den indischen Instrumenten auch nach dem Aufenthalt treu.

Seltenes Pilgerfest

Alle zwölf Jahre pilgern Millionen Hindus in das 20 Kilometer südlich gelegene Haridvar zur **Kumbh Mela**. Das Fest erinnert an den mythischen Kampf Vishnus mit den Dämonen. Einer der dabei herabfallenden göttlichen Schweißtropfen fiel auf die Pilgerstadt. Ein Bad im Ganges während der Kumbh Mela bedeutet spirituelle Reinigung, doch auch zwischen den Festen – die nächste Kumbh Mela in Haridvar ist 2022 – ist das Wasser an Haridvars Ghats heilig und der Ort einen Tagesausflug wert.

Die modernen Tempel an der Lakshman Jhula

Das Erlebnis der „Fab Four" ist in mancher Hinsicht typisch für den **heiligen Ort am Ganges**. Hier, wo der Strom – als „Mutter Ganga" selbst göttliches Wesen – aus den Klüften des Himalaya in die breite Ebene fließt, war für die Hindus schon immer ein geheiligter Ort. In der „Stadt der Seher und Sänger", wie „Rishikesh" übersetzt wird, gaben Brahmins über Jahrtau-

Original oder Fälschung? Schon vor dem Tod des Gurus 2008 war die Zentrale der Maharishi-Bewegung nicht mehr in Rishikesh

sende die alten Sanskrit-Erzählungen an ihre Schüler weiter. Auch ist Rishikesh eine wichtige Station für Gläubige, die zu anderen heiligen Orten im Norden wallfahren. Doch seit bald 100 Jahren ist Rishikesh auch für Pilger aus dem Westen ein gefragtes Ziel. Was die Beatles erlebten, kann als Symptom der **Kommerzialisierung der Ashrams** gesehen werden, die seither weiter fortschreitet.

Trotz vieler ganz auf das Geschäft mit Yoga und Yogis ausgerichteter Angebote ist Rishikesh weiterhin vor allem ein **schöner, erholsamer Ort**. Sei es, um Einblicke in die hinduistische Philosophie zu gewinnen oder um einfach ein paar Tage abseits urbaner Hektik im Grünen zu verbringen. Für die, deren Flugzeug im vergleichsweise nahen Delhi landet, bietet Rishikesh mit seinem milden Klima und seinem kleinstädtischen Alltag eine gute Gelegenheit, sich erst einmal an Indien zu gewöhnen. Die Hänge um den Ganges herum laden zu Waldspaziergängen ein, am Ostufer des Ganges kann man auf den Sandbänken die Sadhus, heilige Männer, in ihren orangenen Tüchern beobachten.

Hotels und Tempel sind auf den Stadtteil etwa zwei Kilometer nördlich des eigentlichen Stadtzentrums verteilt. Hier, beidseitig des Ganges, liegt auch die Mehrzahl der Ashrams, wobei die östliche Seite etwas ruhiger ist. Auffälligste Landmarken sind zwei bunt bemalte, dreizehn- bzw. elfgeschossige Tempel, sowie die beiden Fußgänger-Hängebrücken, die die Ufer miteinander verbinden. Das sanfte Schwingen der Brücken Shivanand Jhula und Lakshman Jhula passt gut zu diesem heiligen Ort – symbolisieren doch Schaukeln in Hindu-Heiligtümern die Verbindung von Menschenerde und Götterhimmel.

INFO

Lage & Anfahrt: im Westen von Uttarakhand. Mit der Bahn von Delhi nach Haridvar (ca. 4 Std.), von dort per Bus oder Taxi weiter nach Rishikesh. Tägliche Flüge von Delhi zum Flughafen Jolly Grant, 17 km von Rishikesh entfernt.
Reisezeit: Hauptsaison ist von April bis Juli, die Pilger- und Monsunzeit. In dieser Zeit steigen Hotelpreise auf das Doppelte.
Übernachten: Das Angebot für Rucksackreisende und in der mittleren Preisklasse ist groß, z. B. **Ganga Kinare** (www.nivalink.com/ganga kinare), einige der 36 Zimmer mit Blick auf den Ganges. Alkohol und Fleisch sind in den meisten Restaurants tabu.

③⑤ Bodhgaya: wo Buddha Erleuchtung fand

Derselbe Bodhi-Baum, unter dem Buddha betete, ist es nicht, doch einen Ableger hat Kaiser Ashokas Tochter Sanghamitta nach Sri Lanka gebracht, weiß die Legende, und von dort kam wieder ein Ableger nach Bodhgaya. **Ein neuer Baum** wuchs am gleichen Platz und wird seither von Millionen Buddhisten verehrt. Reist man von Patna, der Hauptstadt des Bundesstaates Bihar am Ganges, knapp hundert Kilometer südwärts nach Bodhgaya, erlebt man einen besonderen, einen in Indien einzigartigen Ort.

Gemeinschaftliches Heiligtum

Konkurrenz der Regionen brach im 17. Jahrhundert auch in Bodhgaya auf, als Hindu-Gläubige in Buddha eine Inkarnation ihres Gottes Vishnu sahen und den Mahabodhi-Tempel für sich beanspruchten.

Konkurrenz der Religionen kann überwunden werden: Nun schon seit langer Zeit teilen sich Hindus und Buddhisten Andacht, Pflege und Verwaltung am geheiligten Ort.

Etwas mehr als 30.000 Einwohner hat Bodhgaya, doch an manchen Tagen meint man, mehr Japaner und Koreaner sowie andere Ostasiaten um sich zu haben. Sie haben ihre eigenen Tempel und Klöster, nicht nur die Gäste aus Japan (mit großer bronzener Friedensglocke) und Korea, auch die Thais (mit bunter Keramik-Pagode), die Tibeter (mit einem goldenen Buddha im Glasschrein), die Vietnamesen, Burmesen, Nepalesen und nicht zuletzt die Chinesen. Besucher sind willkommen, Ruhestörer nicht, oft wird man Musik hören. Eine **25 Meter hohe Buddha-Statue** wurde 1989 vom Dalai Lama enthüllt (Temple Street, im Süden des Ortes).

Der Mahabodhi-Tempel

Vom frühen Tempelort zum heutigen Weltkulturerbe: Vor mehr als 2.000 Jahren entstand der erste, von Kaiser Ashoka in Auftrag gegebene Tempel nahe dem Bodhi-Baum (Pappel-Feige), wohl im 6. Jahrhundert der **Mahabodhi-Tempel** in dem von 85 Sandsteinpfeilern umrahmten Bezirk. Nach Zerstörung durch Muslime und Wiederaufbau im 11. Jahrhundert ragt der Turm heute 50 Meter hoch auf, im Innern glänzt die vergoldete Gestalt des sitzenden Buddha.

Nicht das Original, aber ein Ableger von dem Baum, an dem Buddha betete

Südlich vom Tempel liegt der Muchalinda-See: Inmitten von Lotosblüten ragt die **Statue einer Kobra** auf, als Schlangengott, heißt es, hat sie in einem plötzlichen Sturm den meditierenden – oder badenden? – Buddha gerettet.

Das Park- und Gartengrün des heiligen Bezirks hat aber noch mehr Platz für **Legenden**: Bodhi Palanka etwa, wo Buddha zur Zeit des Mai-Vollmonds 623 v. Chr. in Meditation saß, auf der Steinplatte ist noch der Abdruck seiner Füße erhalten; oder Canhama, wo steinerne Lotosblüten die Stellen markieren, wo sein Fuß in der Meditation ruhte. Außerdem Rajayatana: An diesem Baum boten zwei Kaufleute dem Buddha Reiskuchen und Honig an, und nicht zuletzt Aja pala Nigrodha, der Banyan-Baum, wo Buddha einen Brahmanen belehrte: Nicht die Geburt, sondern die Taten machen einen Menschen zum Brahmanen (gegen das hinduistisch herkömmliche Kasten-Denken).

Heute wird man in Bodhgaya zu **vielerlei Aktivitäten** gebeten, zu Kursen zum Beispiel im „Bodhgaya Vipassana Meditation Centre" vier Kilometer westlich der Stadt (www.dhamma.org, Spende erwünscht), oder im „Root Institute for Wisdom Culture" zu einem zehntägigen Aufenthalt samt Verpflegung für umgerechnet etwa 100 Euro (www.rootinstitute.com).

Lage & Anfahrt: im Süden von Bihar. Bus nach Patna etwa drei Stunden, Bahnverbindung von Rajgir nach Patna, westlich der Stadt gibt es auch einen Flughafen.
Übernachten: Die Auswahl ist groß, empfehlens- und preiswert ist das japanische **Hotel Sujata** (www.sujata hotel.com) im Südwesten der Stadt gegenüber dem Thai-Kloster. 65 Zimmer, auch das Restaurant genießt einen guten Ruf.

INFO

36 Sanchi:
Geheimnis und Schönheit der Skulptur

Was ist diese **kahle steinerne Halbkugel** mit ihrem dreifachen Steinschirm, zu der es keinen Zugang gibt? Ein Tempel ist sie nicht, keine Kirche, und, nein, ein Grabhügel ist sie auch nicht. Trotzdem ist sie neben Sarnath (s. S. 88) und Bodhgaya (s. S. 84), wo Buddha selbst gelehrt hat, vom 3. Jahrhundert v. Chr. bis zum 6. nachchristlichen Jahrhundert eine der bedeutendsten buddhistischen Kloster- und Pilgerstätten gewesen. Tatsächlich hat die gut 16 Meter hohe Stupa-Halbkugel ihr Geheimnis bis heute nicht preisgegeben. Anders als in der ersten Hälfte des 19. Jahrhunderts, als unter der Herrschaft der East India Company britische Gelehrte nicht vor Eingriffen zurückschreckten und grausame Zerstörungen an uralten Tempelstätten und anderen kultischen Orten anrichteten, ohne etwas zu finden, blieb das Heiligtum in Sanchi unangetastet.

Vom Kaiser, der Buddha verehrte und über Indien herrschte

In seinem gesamten Reich hat Kaiser Ashoka (304–232 v. Chr.) auf Säulen und Felswänden zu Buddhas Lehre, zu Gewaltverzicht und zu vegetarischer Ernährung aufgerufen. Eine seiner Ediktsäulen wurde in Sanchi im 19. Jahrhundert leider von einem Bauern gebrochen und als Zuckerrohrpresse missbraucht. Das großartige Löwenkapitell blieb jedoch erhalten und wird im **Archaeological Museum** nördlich des großen Stupa bewahrt.

Ob der Stupa einen **Reliquienschrein** bewahrt und was dieser etwa enthalten mag, ist sicher weniger wichtig als die Erhaltung des gesamten Kunstwerks mit dem mächtigen Steinzaun und seinen vier zehn Meter hohen Toren. Durch die in den Jahrzehnten um Christi Geburt entstandenen, mit reichstem Relief geschmückten Tore tritt der Gläubige auf den Umwandlungspfad,

Die Reliefs von Sanchi gelten als Meisterstück der Kunst des indischen Altertums

umkreist den Stupa dreimal und verehrt das im gerundeten Heiligtum symbolisierte Weltgesetz. Den „Höhepunkt der archaischen Kunst Indiens" hat man die Reliefs auch genannt.

Es sind Hunderte Reliefbilder, die an den – ursprünglich hölzernen – Toren in überbordender Fülle die Legenden und Wunder um Buddha und seine Inkarnationen darstellen. Jedes Tor hat drei Querbalken, diese sind wie die Pfeiler in Blickfelder aufgeteilt, sodass jedes Tor an Vorder- und Rückseite 100 und mehr Bildfelder zeigt. Auch ohne Führung erkennt man die **Buddha-Symbole**: den Lotos, das Symbol seiner Geburt; den Pipal-Baum, Symbol seiner Erleuchtung; das Rad, Symbol seiner Lehre und den Stupa, Symbol seines Übergangs ins Nirwana. Lustvoll schwingen *Yakshis*, die Baum- und Fruchtbarkeitsgöttinnen, unter den Bögen aus Laub- und Astwerk.

Lustvoll schwingen Yakshis als Fruchtbarkeitsgöttinnen vor dem Stupa

Im Umkreis des Heiligtums entstanden auch **Klöster**, die Grundmauern zeigen die Wohnzellen, und Tempel in der Gupta-Zeit (320 bis frühes 6. Jahrhundert). Sanchis großer Stupa bleibt ein **Spiegel der Religionsgeschichte**: Tritt in der steinernen Halbkugel gleichsam die reine Lehre des frühen Buddhismus in ihrer Verschlossenheit vors Auge, so zeigt die Gestaltenfülle der Torana-Reliefs und Skulpturen die Lust am Leben und Erzählen, die das Leben des Gautama mit Wundern durchwirkte.

In der jungen Generation städtischer Inder, so kann man jüngst beobachten, zieht die Lehre des legendären Prinzen Gautama Siddharta wieder viele stärker an als der Hindu-Götterhimmel. Selbstfindung und Leidvermeidung verheißt ihnen Buddha, der „Erleuchtete".

Lage & Anfahrt: von der Millionenstadt Bhopal per Bus oder Bahn (knapp 50 km) erreichbar.

Übernachten: Mehrere einfache Unterkünfte, z. B. **Gateway Lodge** und **Travellers Lodge**.

Tour: Das nahe **Bhopal** ist eine Übernachtung und mindestens einen Kunst- und Museentag wert. In etlichen Reiseführern nicht einmal erwähnt, hat die Großstadt doch Charles-Correa-Architektur und archäologische Funde zu bieten. Der erst im 20.Jahrhundert erbaute **Noor-us-Saba-Palast** ist etwas kleiner als Umaid Bhawan, der Maharaja-Palast in Jodhpur, aber ebenfalls sehenswert. Auch er lädt als Hotel (www.noorussabahpalace.com) Besucher ein. Bestlage am See.

INFO

③⑦ Sarnath: heiliger Ort der Buddhisten

Es ist einer der vier heiligsten Orte des Buddhismus, und eine der ältesten Stätten überhaupt: Hier in Sarnath, kaum zehn Kilometer vom heute für die Hindus so bedeutenden Varanasi entfernt, hielt **Buddha** vor zweieinhalb Jahrtausenden seine **erste öffentliche Predigt** und legte den Grundstein für die Weltreligion. Der Prinzensohn, der als Siddartha Gautama aus Nepal gekommen war, hatte 530 v. Chr. in Bodhgaya seine Erleuchtung erfahren. In Sarnath predigte er wenige Wochen später fünf Schülern, die seine Lehre weiter verbreiteten.

Im indischen Himalaya entstanden in den Buddha-Klöstern Tibets und Sikkims solche farbstarken Götterbilder

Über die Ereignisse aus dieser frühesten Vergangenheit wüssten wir nicht so viel und vor allem nichts so Genaues, hätte nicht ein anderer Großer der indischen Geschichte für ihre Überlieferung gesorgt. Der bedeutende Maurya-Kaiser **Ashoka** (274–232 v. Chr.) erhob den Buddhismus zur Staatsreligion. Im damals schon existierenden Kloster von Sarnath ließ er, wie an vielen anderen Orten seines nordindischen Großreichs, eine Ediktsäule aufstellen. Auch die Ursprünge der wenige Meter entfernten **Dharmarajika-Stupa**, von der nur noch Ruinen erhalten sind, sollen in die Regierungszeit Ashokas fallen. Die ehemals 20 Meter hohe Säule zierte ein Löwenkapitell, das nun im benachbarten Archäologischen Museum ausgestellt ist – unter besonderen Sicherheitsvorkehrungen, denn das antike Stück ist eines der Hoheitswappen der indischen Republik. Als **Symbol für ein geeintes Indien** – unter Kaiser Ashoka gelang dies im Norden des Subkontinents zum ersten Mal – ziert es jeden Rupienschein.

Bis zum Verschwinden des Buddhismus aus Indien war Sarnath ein **wichtiges Zentrum der Lehre**. Der chinesische Reisende Xuangzang berichtet im 7. Jahrhundert n. Chr., also zu einer Zeit, in der der Hinduismus den Buddhismus schon weitgehend aus Indien verdrängt hatte, von tausenden Mönchen, die hier meditiert und gearbeitet haben sollen. Was heute auf dem Ausgrabungsgelände zu sehen ist, stammt vornehmlich aus der Zeit aus den Jahrhunderten zuvor. 1194 zerstörten die Soldaten des späteren Sultan Qutb u'd din die Anlage fast vollständig, die Überreste wurden in den Jahrhunderten danach als Steinbruch genutzt. Erst die Briten entdeckten im 19. Jahrhundert die überwucherten Ruinen wieder und begannen mit Ausgrabungen.

Die Ruinen von **vier Klöstern** aus dem 1. und 2. Jahrhundert n. Chr., jedes mit einem Innenhof, sind auf dem Gelände verteilt. In seiner Mitte zieht die über 30 Meter hohe **Damekh-Stupa**, erbaut wohl im 5. Jahrhundert, die Blicke auf sich. Blumenornamente und geometrische Muster überziehen den Stein, den buddhistische Pilger, so hoch sie mit den Armen reichen können, quadratzentimeterweise mit Blattgold überziehen. Es ist umstritten, ob diese oder die Dharmarajika-Stupa den Platz bezeichnet, an dem der **Bodhi-Baum** stand, unter dem Buddha predigte. Der Baum, der an der östlichen Seite des Geländes steht, ist deutlich jünger: Er entspross einem Ableger des Bodhi-Baums von Anarudhapura in Sri Lanka, der hier, am genauso jungen Mulagandha-Kuti-Vihara-Tempel, 1931 eingepflanzt wurde. Der Anarudhapura-Baum soll einem Ableger des Baums entwachsen sein, unter dem der Prinz Siddartha in Bodhgaya seine Erleuchtung erfuhr – so schließt sich ein Kreis in Sarnath, 2.500 Jahre später.

Moderne Tempel

Neben dem Mulagandha-Kuti-Vihara-Tempel, 1931 eröffnet, wurden in den letzten Jahrzehnten noch zahlreiche weitere moderne Tempel und Klöster im Umfeld der archäologischen Stätten errichtet. Nahezu alle Länder, in denen Buddhismus die Staats- oder vorherrschende Religion ist, sind mit einem Heiligtum vertreten, so auch Thailand, Burma, Japan und Sri Lanka. Auch ein tibetisches Kloster, in dem bis zu 200 Mönche leben und lernen, gibt es – nur zwei Ecken entfernt vom chinesischen Tempel. Außer ihrem eigentlichen Zweck, der Ausübung des buddhistischen Glaubens, dienen die Zentren den Pilgern der jeweiligen Länder als Anlaufstelle und bieten ihnen Übernachtungsmöglichkeiten. Jeder ist auf seine Weise einzigartig und allein wegen der kunstfertigen Gestaltung einen Besuch wert. Die meisten liegen südlich des Ausgrabungsgeländes, der burmesische nördlich.

Wegen des Löwenkapitells ist Sarnath ein beliebter Zielort für Schulausflüge, seine Bedeutung für den Buddhismus macht den Ort zur **Wallfahrtsstätte von Reisegruppen** aus dem asiatischen Ausland. Meditative Konzentration und Besinnung auf die Lehren des Buddha werden dadurch nicht erleichtert. Die grünen Rasenflächen auf dem Gelände bieten sich aber an, von der Hektik von Varanasi während eines Tagesausflugs auszuruhen – und vielleicht gelingt es dann sogar, die Einzigartigkeit dieses Ortes für sich zu entdecken.

Lage: im Südosten von Uttar Pradesh. Anfahrt von Varanasi (10 km südl. von Sarnath): per Bus vom Cantonment-Bahnhof.
Information: UP Tourist Bureau im Modern Reception Centre gegenüber dem Archäologischen Museum, Mo–Sa 10–17 Uhr.
Übernachten: Sarnath ist ein klassisches Ziel für Tagesausflüge von Varanasi aus. Will man den Ort eingehend kennenlernen und nicht in einem Pilger-Schlafsaal übernachten, bietet sich der **Rahi UP Tourist Bungalow** (Tel. 0542-2595965, E-Mail: rahimrigdave@up-tourism.com) an. Die Adresse zählt zu den besseren der staatlichen Hotels in Uttar Pradesh, ein Restaurant ist angeschlossen.

INFO

38 Konarks gewaltige Tempelruine: die Schwarze Pagode des Sonnengotts

Überwältigend ragt ein **steinerner Wagen** vor dem Besucher auf. Mit der Überfülle seines Skulpturenschmucks ist er dem Sonnengott gewidmet, vor Jahrhunderten hat man so ausgedrückt, welche Pracht und welchen Reichtum man der Kraft der Sonne verdankt.

Die **gigantische Tempelruine** ist eine der reizvollsten Architekturkostbarkeiten Indiens und zugleich ein großartiges Denkmal der Hindu-Kultur. Der Tempel von Konark (auch „Konarak"), liegt an der Küste des Bundesstaats Orissa, 35 Kilometer östlich des Pilgerorts **Puri**. An ihm ist Stein geworden, was in alter Tradition in Puri heute noch fortlebt: die Verehrung des Götterbildes in einem überdimensionierten Wagen. In Puri wird Jagannath, eine Erscheinungsform Krishnas, von hunderten Menschen in gefährlich rollendem Wagen aus schwerem Holz bewegt, in Konark ist der Wagen zum Steintempel geworden, mit weit höherem Ausmaß an Größe und handwerklicher Kunstfertigkeit. Seeleute in alter Zeit nannten den Tempel **„die Schwarze Pagode"**, sie orientierten sich an ihm, da er damals am Ufer aufragte, beim Navigieren über die Untiefen der Küste.

Der Tempel ist über 130 Meter lang – nicht eingerechnet die steinerne Tanzhalle, an der man vom Eingang des archäologischen Geländes her vorbeikommt. Er entstand im 13. Jahrhundert, besteht aus Sandstein und hat die Form eines Wagens mit je zwölf sehr großen Rädern an jeder Seite. Die Speichen der Räder sind, wie auch Außenwände und Sockel des Tempels, mit zahlreichen fein gearbeiteten Skulpturen geschmückt. Die Anlage wurde dem **Sonnengott Surya** geweiht, einem Gott der alten Hindu-Mythologie, dessen Bedeutung später auf andere Götter übergegangen ist.

Der Sonnentempel aus dem 13. Jahrhundert zählt zum Weltkulturerbe

Eines der 24 Räder am Sockel des Tempels

Die **Skulpturen** im Tempel zeigen Szenen der Lebens- und Gefühlswelt des Kosmos, zu der als Zeichen des Glücks auch die erotische Zuwendung von Paaren in körperlicher Liebe gehört, außerdem Abbildungen von Tier- und Pflanzenwelt, von Jagd- und Kampfszenen sowie musizierender und sich schmückender Mädchen. Sieben steinerne Zugpferde sind dem Wagen vorgespannt. Der Gott Surya steht überlebensgroß im Allerheiligsten, das in der ursprüngliche Vorhalle entstand, nachdem der Tempel im 15. Jahrhundert zerstört worden war.

Der hohe Tempelturm ist längst eingestürzt, das Gebäude wurde im Lauf der Zeiten ganz von Sand zugeweht. Das Gelände hat sich allmählich gehoben, sodass der Tempel nicht mehr am Meeresufer steht.

Seit dem Anfang des 19. Jahrhunderts verhinderten Archäologen den Raub von Skulpturen – so mancher Raja soll sich zuvor zur Dekoration seines Palastes im Tempelgelände bedient haben. Erst 100 Jahre später begann man mit Ausgrabungen und Sicherungen. Da der Tempel einzustürzen drohte, wurde sein Inneres mit Schutt und Steinen aufgefüllt. Heute ist der *Archaeological Survey of India* dabei, **das Gebäude zu retten** und seine Struktur zu stabilisieren.

Wegen des **Reichtums der Bilderwelt** des Tempels und der zahlreichen Erklärungen, die über Skulpturen und ihre Bedeutungen gegeben werden können, lohnt es, einen offiziellen Fremdenführer zu nehmen (allerdings keinen der vielen selbsternannten guides).

Lage: im Osten von Orissa.
Information: Das Meer an dieser Küste hat gefährliche Strömungen, Vorsicht beim Schwimmen!
Übernachten: Die meisten Besucher nehmen in Puri Quartier, da die Fahrt von dort nicht weit ist. Am Weg von Puri nach Konark liegt das Resort **Toshali Sands** (www.toshalisands.com), das sowohl ein Hotel (109 Zi.) als auch ein sehr gepflegtes „Ethnic Village" mit Cottages und Villen bietet.

INFO

39 Gewaltige Götterskulpturen in Höhlentempeln auf Elephanta

Am weltbekannten **Gateway of India** in Mumbai schaukeln die Boote und Fähren einladend zur Überfahrt auf die Insel Elephanta. Eine knappe Stunde Seefahrt mit feiner Aussicht auf die Seeseite Mumbais – dann betritt man die nur zwei Quadratkilometer große Insel. Ihre **sechs Höhlen** mit einzigartigen Zeugnissen hinduistischer Bildhauerkunst aus dem 7. bis 8. Jahrhundert sind das Ziel. Zuvor aber müssen 100 Stufen erstiegen werden – oder man nimmt in einer kleinen Touristenbahn oder gar in einer Sänfte Platz.

Warum heißt die Insel Elephanta?

Die Portugiesen, die 1534 Herren von Bombay wurden, fanden einen steinernen großen Elefanten am Höhleneingang vor. Vorher hieß die Insel Gharapuri, manche Einheimische nennen sie heute noch so, es soll hier eine Priesterstadt gegeben haben.

Händler säumen Treppe und Weg, Fischerfrauen in bunter Kleidung, mit um die Beine zu Hosen geschlungenen Tüchern bieten Andenken oder Hilfe beim Aufstieg an. Aus Büschen schauen Affen hervor und versuchen manchmal, einem Besucher die nicht fest genug gehaltene Tasche zu entreißen. Durch so viel trubeliges Leben gelangt man zu den überlebensgroßen **steinernen Götterbildern**.

Berühmtestes Kunstwerk der „Stadt der Höhlen":
Trimurti, der dreiköpfige Shiva

Von den acht Höhlentempeln ist der **Mahesha-Tempel** der am reichsten ausgestattete. Er zeigt im Halbdunkel monumentale Darstellungen des Gottes Shiva, eine großartige Sammlung seiner verschiedenen Erscheinungsformen. Die größte Skulptur ist das dreigesichtige sechs Meter hohe Brustbild des **Trimurti**: Shiva in seiner Gestalt als Schöpfer, Bewahrer und Zerstörer. Nahe dem Eingang auf einer Tafel sieht man die Figur des *Nataraj*: Shiva im kosmischen Tanz, gegenüber Shiva als *Lakulisha* („der eine Keule trägt").

Man geht **von Höhle zu Höhle**, teils zwischen wuchtigen Säulen mit wulstigen Kapitellen, sieht Figuren der vier Meter hohen *Dvarpalas* (steinerner Tempelwächter, leider sind nur zwei von ihnen erhalten) seitlich der Durchgänge

Der rechte Eingang führt zur größten der Höhlen von Elephanta

und kommt zum meditierenden *Shiva Yogishwara*, zum halb männlich, halb weiblichen *Ardhanrishwara* (mit den körperlichen Merkmalen beider Geschlechter), zur Vermählung Shivas mit Parvati, der Tochter des Himalaya, zum kämpfenden Shiva, der gerade den Dämon Andhaka durchbohrt, und zum Bild Shivas mit Parvati auf dem Berg Kailash, seinem Thron, den der Dämon Ravana gerade – vergeblich – zu heben und umzustürzen versucht, schließlich auch zum großen Symbol von Shivas Schöpferkraft, dem **Lingam**.

Viele der Skulpturen sind **beschädigt**, mutwillig, von verständnislosen Europäern, die in ihnen nur verachtenswerte Heidenbilder sahen. Jahrhundertelang waren die Bilder schutzlos, erst seit 1909 stehen sie unter strenger Bewachung archäologischer Behörden.

Tragisch ist das Schicksal der **Skulptur**, die der Insel ihren heutigen Namen gab. Im 16. Jahrhundert entdeckten die Portugiesen einen mächtigen steinernen Elefanten nahe des Eingangs zur Haupthöhle. Beim Versuch, das Bildnis von der Insel zu schaffen, versank es vor der Küste. Im 19. Jahrhundert brachten es die Briten ans Festland. Nun steht der Monolith vor dem ehemaligen Victoria and Albert Museum, das heute „Dr. Bhau Daji lad Museum" heißt.

Lage & Anfahrt: etwa 10 km östlich von Mumbai. Die Überfahrt ist auf den größeren Fähren meist billiger als auf kleineren Booten.
Information: Die Höhlen sind täglich von 9.30–16 Uhr geöffnet, der Eintrittspreis (Karten vor den Eingängen) beträgt US$ 2 (es gibt zuweilen Preisänderungen).
Übernachten: Übernachtung ist auf Elephanta nicht möglich, es gibt jedoch ein nettes Restaurant, in dem man ganz passabel essen kann. Auch hier: Achtung, Affen!

INFO

④⓪ Ehemalige Hauptstadt Alt-Goa: Pilgerziel und UNESCO-Welterbe

Die Portugiesen nannten Goa **„Perle des Ostens"**, und das heutige Alt-Goa glänzte am prächtigsten. Von der früheren Hauptstadt der wichtigsten Kolonie der Südeuropäer auf dem Subkontinent sind nur noch die großen Kirchen und Ruinen der bedeutenden Regierungsgebäude erhalten geblieben – alle übrigen Häuser sind längst dem Monsun und dem Bedarf nach Baumaterial gewichen. Etwa zehn Kilometer östlich der heutigen Hauptstadt Goas, Panaji (s. S. 174), steht die **verlassene Kapitale** am Ufer des Mandovi-Flusses, nur umgeben von Palmen und Rasenflächen eines weitläufigen Parkgeländes.

Pilgerfest zu Ehren des heiligen Xavier

Als Pilgerziel belebt sich Alt-Goa immer wieder von Neuem – die Kirchen der Stadt sind für die lebendige christliche Gemeinde Goas das ganze Jahr ein Anziehungspunkt. Besonders am 3. Dezember, dem Todestag des heiligen Xavier, und den zehn Tagen davor: In dieser Zeit ist die Geisterstadt Schauplatz eines großen Pilgerfests mit farbenfrohen Prozessionen und Gottesdiensten in riesigen Zelten – selbst die großen Kathedralen Alt-Goas bieten dann nicht genug Platz.

Anfang des 16. Jahrhunderts war Velha Goa nicht nur der Mittelpunkt der Niederlassungen der Portugiesen in Südasien, sondern auch Umschlagplatz für die Schiffe der Kaufleute auf ihren Handelsreisen von Lissabon nach Macao, den Philippinen, China oder Japan. Sie brachten **Porzellan und Seide** aus dem Fernen Osten, Pfeffer aus Borneo, Pferde aus Arabien, Edelsteine und kostbare Stoffe. Für das portugiesische Königshaus bedeutete jedes Schiff im Hafen satte Zolleinnahmen. Über **300.000 Einwohner** soll die Stadt gezählt haben, mehr als die Weltstädte jener Zeit, Rom und Lissabon.

Velha Goa ereilten mehrere Katastrophen. Ein Auslöser für den **Niedergang der Stadt** war das Ende eines wichtigen Handelpartners, des Vijayanagar-Reichs (s. S. 178). Im 17. Jahrhundert forderte die Pest schrecklichen Tribut, und endgültig besiegelte die Übermacht der Briten im Welthandel mit der East India Company das Schicksal der Stadt. Die Patrizierhäuser verwendete man als Steinbruch, als neue Hauptstadt der Kolonie kürten die Portugiesen 1859 Panaji.

Mit den Kaufleuten war eine andere Spezialität des Kolonialismus in Goa angekommen: **Jesuiten und Franziskaner** erreichten Indien als Missionare. Ihre Bauten überdauerten in strahlendem Weiß zwischen den Palmenhainen der Geisterstadt. In den vergangenen Jahren hat der *Archaeological Survey of India* einige von ihnen mit Sorgfalt restauriert, seit 1986 ist das Ensemble der Klöster und Kirchen auf der Welterbe-Liste der **UNESCO** verzeichnet. Die größte unter ihnen ist die **Kathedrale Sé de Santa Catarina** (1562-1619). Von ihren beiden Türmen ist nur noch einer erhalten, den zweiten zerstörte 1776 ein Blitz. Das bedeutendste aller sakralen Gebäude der Stadt ist aber die Basilika Bom Jesus. Die Kirche von 1605 ist die Grablege des **Heiligen Franziskus Xavier**. Der Missionar war 1542 nach Indien gekommen und hatte in kurzer Zeit viele Menschen zum katholischen Glauben bekehrt. 1622 sprach ihn Papst Gregor XV. heilig, 1636 wurde er in einen von goanischen Kunsthandwerkern gefertigten Reliquiar, einen silbernen Sarkophag, umgebettet – sein Leichnam war auffällig gut erhalten. Seither werden die Überreste des Heiligen alle zehn Jahre den Gläubigen gezeigt – das nächste Mal 2014.

Kathedrale Sé de la Santa Catarina

Lage: östlich von Panaji, der heutigen Hauptstadt Goas.

Information: Vom Kadamba-Bus-Stand in Panaji fahren regelmäßig Busse nach Old Goa ab. Die Fahrt dauert 25 Min.

Übernachten: Eine günstige Alternative zu den Heritage-Häusern in Panjims Viertel Fontainhas (s. S. 175) ist das **Hotel Manvins** (www.goaman vins.com). Einige Zimmer mit tollem Blick, schöne Frühstücksterrasse .

INFO

④ Belur und Halebid: fabelhafte Bilder dunkler Tempel

Das schlichte Dorf **Halebid** trägt seine tragische Geschichte schon im Namen: Er bedeutet „tote Stadt". Die stolze Hauptstadt wurde im 13. Jahrhundert durch ein Heer des Sultanats im fernen Delhi zerstört. Die Dynastie der Hoyshalas herrschte hier, im Zentrum des heutigen Bundesstaats Karnataka am Fluss Yagachi. Niemand würde heute nach Halebid und dem wenige Kilometer entfernten Belur fahren, wenn dort nicht **prächtige Tempel** aus dem 12. Jahrhundert erhalten wären. Sie erregen noch heute Bewunderung und Staunen wegen ihres unvergleichlichen Figurenreichtums, der selbst in Südindien einzigartig ist. Die Tempel sind meist aus dunklem Stein erbaut, der bei bestimmtem Licht in metallischem Schimmer den Eindruck großer Seltenheit noch erhöht.

Der 1.000-jährige Jain-Monolith

Fährt man etwa eine Stunde in Richtung Osten, gelangt man nach Sravanabelagola: Dort ist ein Hügel mit 614 Stufen zu ersteigen (ohne Schuhe!), aus dem Felsgipfel wurde vor einem Jahrtausend die 18 Meter hohe monumentale Statue eines Jain-Thirtankaras (s. S. 76) herausgearbeitet. Alle zwölf Jahre wird ein großes Fest zu Ehren des Gomateshwara gefeiert (nächstes Fest 2017).

Der Hoysaleshvara-Tempel von Halebid wurde nie fertig gestellt

Belur, 14 Kilometer nordöstlich, ist die ältere der beiden Städte, entstand im 11. Jahrhundert und musste rund 100 Jahre später den Hauptstadttitel an Halebid weitergeben.

Mit dem Bau des **Chennakeshawa-Tempels** in Belur feierte König Vishnuvardhana 1117 seinen Sieg über die mächtigen Cholas sowie sein Bekenntnis zum Vishnuismus der Hindu-Religion. Ein breiter gestufter Turm überragt das Eingangstor zum Tempelbereich, der durch eine Mauer abgeschlossen ist. Wie bei vielen anderen südindischen Tempeln gehört auch zum Chennakeshawa ein hölzerner Tempelwagen mit großen Rädern, den man nahe dem Eingangstor stehen sieht. Das verzierte Gefährt wird einmal jährlich rituell mit dem Kraftaufwand der Gläubigen bewegt (im März/April). Der Tempelbau steht flach auf einem dicht mit Reihen von Elefanten und Pferden verzierten Sockel mit sternförmigem Grundriss. Ein Oberbau fehlt, ebenso ein Tempelturm. Auf dem Sockel geht man um die

Details der vielfältig gestalteten Fassade des Chennakeshawa-Tempels von Belur

Haupthalle herum – und kann sich dort nicht genug Zeit lassen, die **Fülle der Skulpturen** zu betrachten. Besonders anmutige, reich geschmückte Frauenskulpturen in tänzerischen Posen sind zu sehen. Die Halle ist zwischen Säulen mit eingesetzten Steinplatten eingeschlossen, die ungefähr 100 Jahre jünger sind als der Tempel. Ihr Bildschmuck zeigt Szenen aus den Puranas. Der Bildschmuck am Hauptpfeiler zeigt Hindu-Gottheiten, doch auch der König Vishnuvardhana und seine Königin Shantala sind als steinerne Statuen am Heiligtum vertreten. Auf dem Gelände gibt es außerdem den ebenfalls reich skulpturierten Kappe Channigaraya-Tempel, Vishnu ist dort in seiner Mensch-Löwengestalt dargestellt.

Halebids wichtigster Tempel ist der **Hoysaleshvara** aus der Mitte des 12. Jahrhunderts, gleichfalls mit wunderschönen Skulpturen ausgestattet. Dramatisch dargestellt ist hier der Versuch des Dämons Ravana, Shiva von seinem Berg Kailash hinunterzuwerfen. In Halebid sollte man das Museum mit weiteren bedeutenden Skulpturen unbedingt besuchen.

Lage: Halebid und Belur liegen etwa 150 km westlich von Bangalore im Bundesstaat Karnataka.
Übernachten: In Belur und Halebid sind keine nennenswerten Unterkünfte, im nahen Hassan (37 km) einige akzeptable zu finden. Das zentral gelegene Hotel **Southern Star** (www.ushalexus hotels.com) trumpft mit dem wohl besten Restaurant der Stadt auf. Ruhiger ist das schicke **Hassan Ashok** (www.hassanashok.com).

INFO

42 Südkap Kanyakumari: wo Indien auf drei Meere trifft

Den Reisenden, den Landbewohner zieht der Ort magisch an: Wie ist es dort, wo die Landmasse Indiens auf drei Ozeane trifft – den Golf von Bengalen, den Indischen Ozean und die Arabische See? Die Landspitze scheidet sie wie eine Messerspitze und bewacht zugleich ihr Zusammentreffen. Ein Platz, der sowohl magisch anzieht, als auch Grauen entstehen lässt vor **geballter Natur-Übermacht**. Hierher ziehen die Pilgerscharen, hierher kam einst ein großer Philosoph zum Meditieren, hierher kommen westliche Indien-Touristen.

Sie alle blicken über brodelnde, oft tobende Wassermassen hinweg zu zwei vorgelagerten Klippen. Dorthin kann man sich in spielzeugklein erscheinenden Booten fahren lassen, um zum südlichsten Punkt Indiens zu gelangen, an dem der Hindu-Lehrer und -Weise Svami Vivekananda in Versenkung verharrte und zu der Stelle, die als **Fußabdruck der Göttin Kumari** verehrt wird. Heute befindet sich eine Erinnerungsstätte auf dem Felsen, entworfen in einer Kombination verschiedener indischer Architekturstile. Vivekanandas hier gewonnene Erkenntnis war, dass es einen einzigen Gott gibt, dass aber die Weisen ihn auf unterschiedliche Art sehen und beschreiben. Daneben lehrte er auch Selbstlosigkeit, die in Erfüllung des Karmas zur Mitmenschlichkeit gelangt.

Wenn man durch die tosenden Wellen wieder an Land zurückgekehrt ist, geht man zum **Tempel** der Göttin Kanya Kumari. An den Ghats baden Pilger, die Männer ziehen ihre Hemden aus, denn sie dürfen nur mit bloßem Oberkörper und traditionellem „dhoti" hinein (Nicht-Hindus ist der Zutritt zum innersten Heiligtum verwehrt). Das Kultbild trägt einen großen Diamanten als Nasenschmuck, angeblich leuchtet er weit aus der geöffneten Tempeltür. Kumari, das „Mädchen", ist die Verkörperung der weiblichen Kraft Shivas, von ihm wurde sie geschickt, um Dämonen zu vernichten. Sie tat es und wartete auf Shiva, um sich mit dem Gott zu vermählen, berichtet die Sage.

Er erschien nicht, wohl, weil er von Anfang an eins mit ihr war, sie war enttäuscht und hieß nun „Kanya", „die Jungfrau". Kanya schüttete den schon vorbereiteten

Südlicher geht es nicht: Kanyakumari

Die Kirche ist dem heiligen Xavier gewidmet, der hier im 16. Jahrhundert missionierte

Hochzeitsschmuck ins Meer. So erklärt die Legende den **bunten Sand** am Strand nahe dem Tempel. Die natürliche Ursache der verschiedenen Sandfarben sind die unterschiedlichen Meeresströmungen.

Ein Teil von **Mahatma Gandhis Asche** wurde an diesem heiligen Ort den drei Meeren übergeben. Ein Erinnerungstempel im Orissa-Stil, das Gandhi Madapam, in dem die Urne vorher ausgestellt wurde, liegt nordwestlich des Devi-Tempels in Ufernähe.

Will man mehr über den **„Wandering Monk" Vivekananda** erfahren, geht man vom Tempel aus die Hauptstraße entlang nach Norden, eine Foto-Ausstellung über die Stationen seines Lebens gibt es dort im Vivekananda Puram.

Wie in vielen Pilgerorten, geht es auch in Kanyakumari nicht nur andächtig zu. **Buntes Leben** ist zu beobachten, Familien gehen voll bekleidet ins Meer, Händler wollen billige Andenken verkaufen, jeder will beim Sonnenauf- und Untergang einen guten Platz am Ufer haben. Zum April-Vollmond kommen besonders viele Besucher, da dann Mond und Sonne zugleich über dem Wasser zu sehen sind.

Zu erwähnen ist noch, dass viele Hotels und Wohnhäuser nach den schrecklichen Zerstörungen durch den **Tsunami** 2004 neu gebaut wurden und nicht gerade malerisch sind. Wunderbarerweise hat die 40 Meter hohe Statue des Dichters Thiruvalluvar auf dem kleineren Felsen vor der Küste der Riesenwelle standgehalten.

Lage & Anfahrt: am südlichsten Zipfel Indiens. Von Thiruvanandapuram 2 ½ Stunden Zugfahrt.
Übernachten: Zahlreiche Unterkünfte mittlerer Preisklasse am Ort, Infos und

Buchung: www.kanyakumari.com. Wer etwas abseits der Stadt das Meer und die Ruhe genießen will, ist im strandnahen **Hotel Tamil Nadu** richtig, Tel. 04652-246257.

INFO

Einkaufen & Kunsthandwerk

㊸ Bunt und belebt: Basare in Indien

Der Basar ist das Herz jeder indischen Stadt. Große, klimatisierte Malls an den Stadträndern können diesen Einkaufszentren der althergebrachten Art bisher nicht das Wasser reichen. Zu sehr sind die alten Märkte im indischen Alltag verwurzelt, zu sehr **pulsiert hier das Leben**. Im Basar kauft man nicht nur ein, man hört auch Neuigkeiten und spricht miteinander. Das ist schon deshalb nötig, weil Stände und Läden oft keine festen Preise kennen. Die Ladengeschäfte sind nach vorne hin, wo der Kunde entlanggeht, offen, jeder noch so kleine Verkaufsraum fordert auf, hereinzukommen und sich das Angebot zeigen zu lassen. Doch es wird nicht nur gehandelt: Vieles wird direkt vor Ort hergestellt oder repariert. Abgepackte Waren sind eher die Ausnahme, sie sind für die vielfältige indische Küche

auch unpraktisch. Mehl wie in Deutschland in fast immer derselben Mahltype einzukaufen, ist für indische Köchinnen und Köche undenkbar, und warum sollte man in feuchter Hitze ein Kilo feingemahlenes Mehl kaufen, wenn man nur ein Pfund braucht? Im Basar wird die benötigte Menge von Getreidekörnern und Hülsenfrüchten nach Bedarf abgewogen und in der für das Rezept richtigen Stärke gemahlen.

„Basar" ist eigentlich ein Sammelbegriff, denn es handelt sich immer um **mehrere kleine Basare**, einen für jede Warengattung und jedes Handwerk. Ein Basarviertel erstreckt sich häufig über mehrere Straßenzüge. Eine Ladenzeile ist etwa für Metallwaren, ei-

Auf dem Sabzi Bazar, dem Gemüsemarkt von Udaipur

ne für Seile, ein Platz eigens für den Sabzi-Bazar, den Gemüsemarkt, reserviert. Der Markt für Fleisch befindet sich oft in einem etwas abgeschiedenen Bereich, um von Vegetariern und denen, die es nicht werden wollen, umgangen zu werden.

Besonders malerisch wirken Basarviertel, die schon seit Jahrhunderten diese Funktion haben – allen voran die Mutter aller Basare, **Chandni Chowk** in Alt-Delhi und die diese lange Marktstraße umgebenden Basare, oder die Märkte von Jaipur, Varanasi oder Mysore (s. S. 28). Doch Basarleben ist nicht an alte Gebäude geknüpft: Zwar sind die Betonklötze an Neu-Delhis **Nehru Place** alles andere als schön, doch in ihren Stockwerken stapeln sich die Waren, wird gehandelt und gefeilscht wie in den alten Basaren in Alt-Delhi. Der Unterschied: Am Nehru Place geht es um Paletten mit PC-Bildschirmen und anderes IT-Zubehör, nicht um Säcke voller Gewürze.

Nicht immer und um alles wird auf Basaren gefeilscht. Vorausgesetzt, es handelt sich nicht um einen Markt, der vornehmlich von Touristen besucht wird, gelten bei Grundnahrungsmitteln und bei Gegenständen des täglichen Bedarfs die Preise, die die Verkäufer nennen. Die Nähe zur Konkurrenz eine Tür weiter sorgt dafür, dass **keine Wucherpreise** verlangt werden. Ist man sich nicht sicher, ob der Preis dem entspricht, was üblicherweise gezahlt wird, versucht man es beim Nachbarn.

Dieser muslimische Händler hat sich auf Hüte für Beschneidungszeremonien spezialisiert

Rund 35 Millionen Menschen sollen in Indien im Einzelhandel arbeiten, viele davon sind ungelernt und haben keine Aussicht auf eine Einkommensquelle in einem anderen Bereich. Doch Konzerne wie Wal-Mart, Carrefour und Metro werfen begehrliche Blicke auf den indischen Markt. Bisher schottete eine Regelung, die ausländische Investitionen nur im Zuge von Joint Ventures mit indischen Unternehmen erlaubte, den indischen Einzelhandel vom internationalen Markt weitgehend ab. Ein **Freihandelsabkommen** zwischen der Europäischen Union und Indien soll diesen Zustand ändern. Kritiker fürchten weitreichende Folgen für den indischen Markt und die im Einzelhandel Beschäftigten. Eine Entscheidung stand bei Redaktionsschluss noch aus, doch es ist möglich, dass sich die Basare Indiens schon bald ganz neuer Konkurrenz gegenübergestellt sehen.

Bis es so weit kommt, sollte man die Gelegenheit nutzen, sich im bunten Gewühl eines traditionellen indischen Basars treiben zu lassen und vielleicht auch das eine oder andere Mitbringsel zu erstehen. Auch wenn man hinterher feststellen sollte, zuviel gezahlt zu haben – das Erlebnis ist auf jeden Fall den kleinen Aufpreis wert.

Tipp für den Basar-Besuch: Kleingeld mitnehmen! Auf dem Basar ein paar süße grüne Mini-Bananen, das Stück zu 50 Paisse, mit einem 500-Rupien-Schein bezahlen zu wollen ist keine gute Idee. Wenn der Händler den Schein überhaupt annimmt – die Möglichkeiten, an einem Basarstand eine solche Note als echt zu identifizieren, sind gering – ist die Wahrscheinlichkeit hoch, dass beim Wechseln heftig aufgerundet wird: Kein Wechselgeld vorhanden! Gleiches gilt für Fahrten mit Rikshas und öffentlichen Verkehrsmitteln sowie bei Imbissständen.

INFO

44 Teppiche statt Landwirtschaft: das Glück der Dhurrai-Weber von Salawas

Wären wir nicht einst im Tourist Office von Jodhpur dem jungen Inder Roopraj Prajapti begegnet, wir wären nie zum Dorf Salawas gekommen. Inzwischen sind wir alle runde 20 Jahre älter – und besuchen Roopraj und seine Familie noch immer gerne. Den Ort, eine halbe Stunde östlich von Jodhpur, wird man auch heute kaum auf einer Landkarte finden, aber doch in mehreren Reiseführern. Denn hier kauft man farbstarke, **schön gemusterte Baumwoll-Teppiche** (*Dhurrais*), und das nicht einfach im Laden oder auf der Straße. In Salawas kann man zuschauen, wie die Weber an ihren traditionellen hölzernen Webstühlen arbeiten, man kann ihre Materialien vergleichen und sich bei der Auswahl viel Zeit lassen. Außer Baumwolle werden auch wieder Kamel- und mehr noch Ziegenhaar, seltener Schafwolle

… und das Glück der Töpfer

Falls Sie jetzt Umschau halten sollten, wo es auf dem Lande in Rajasthan ähnliche Dorfaktivitäten gibt: Etwa 50 Kilometer nördlich von Udaipur findet man das Töpferdorf **Molela**. In vielen Häusern werden nach alter Tradition Figuren von Göttern und Tieren hergestellt und farbig bemalt. Auch diese ländliche Produktion wird weltweit exportiert. Gerne und mit Stolz präsentiert man Dankesbriefe, um zu bezeugen, wie Kunden ihre „äußerste Zufriedenheit" mit den gelieferten Tonfiguren versichern. Uns gefiel und gefällt vor allem deren schöne Ursprünglichkeit.

verarbeitet. Auf Wunsch ausländischer Kunden werden nicht mehr ausschließlich Naturfarben verwendet, sondern auch die intensiver leuchtenden Industriefarben. Die Preise sind nicht mehr ganz so günstig wie im vorigen Jahrhundert, dafür ist die Auswahl stark gewachsen.

Die große Auswahl an Teppichen stellt den Besucher vor schwierige Entscheidungen

Auch andere Kunsthandwerker tragen zum Wohlstand in Salawas bei

Die Geschichte der Teppichweber von Salawas ist eine **Erfolgsgeschichte**, die man vielen indischen Dörfern wünscht. Wem ist sie zu verdanken? Jenem jungen Mann, der uns damals per Bus in sein Dorf beförderte. Dort war er zu dieser Zeit der einzige, mit dem man sich auf Englisch verständigen konnte. Mehrere Jahre war der Monsun schwach gewesen, die Ernten waren vertrocknet. Roopraj ließ sich etwas einfallen. Für ihren eigenen Bedarf hatten die Bauern seit Generationen gute handwerkliche Fähigkeiten entwickelt, waren sie nicht auch geeignet, etwas Geld ins Dorf zu bringen? Es war eine rettende Idee in der Not der schmalen Ernten.

Beim nächsten Besuch war dann schon die Rede von Rooprajs erster Londonreise, wo er die Teppichproduktion des Dorfes präsentiert hatte. Wieder ein paar Jahre später war die Teppichproduktion so aufgeblüht, dass Roopraj mit Frau und Kindern an den Ortsrand umgezogen war, um ungestört und mit reichlich Platz immer neue Muster zu entwerfen. Dhurrais aus Salawas werden nun schon seit langem **auf Bestellung nach Europa** und in die USA geliefert. Eine Farbenpracht ist es und keine leichte Wahl, wenn Roopraj Kaufinteressierten auf dem Sand des grün umwachsenen Vorhofs seine Teppiche ausbreitet, mehr und mehr und immer noch mehr …

Übrigens sind es nicht nur die Weber, die zum Wohlstand von Salawas beitragen. Da wird getöpfert, dort arbeitet der Kupferschmied. Und wie lange braucht ein Weber, um einen anderthalb mal zweieinhalb Meter großen Dhurrai zu entwerfen und fertigzustellen? Zwei Personen brauchen **rund 15 Tage**, die Arbeit beginnt morgens um fünf und dauert bis abends um neun.

Lage & Anfahrt: in Rajasthan, 26 km südlich von Jodhpur. Täglich mehrere Bus-Verbindungen mit Jodhpur. **Information:** Roopraj Dhurry Udyog, Salawas, Rajasthan – 342804,

Tel. 0291-2896658. **Übernachten: Mandore Guest House** (www.mandore.com), in Mandore, der alten Hauptstadt im Norden Jodhpurs, Hütten und Cottages, schöner Garten.

INFO

45 Swamimalai: bei Bronzegießern und Zuckerrohr-Dörflern

Nein, so arm wie Tausende andere Dörfer ist Swamimalai nicht. Der Name des kleinen Orts bedeutet „Berg Gottes", obwohl doch der nächste hohe Berg ziemlich weit entfernt ist von den Zuckerrohrfeldern um das Dorf an einem Nebenarm des Flusses Kaveri. Reich wurde das Dorf dank seinem wasserspendenden Delta, dem fruchtbaren Boden und den alljährlichen großen Tempelfesten. Etwa 36 Kilometer westlich von Swamimalai ragen in **Thanjavur** die *Gopurams* auf, die Tempeltürme, die über und über mit bunten Skulpturen geschmückt sind. Im weiteren Umkreis findet man die Städte Madurai, Tiruchirapalli und Chidambaram.

Weltweiten Ruhm wie diese konnte Swamimalai nicht erlangen. Wie auch zum benachbarten Städtchen Kumbakonum kommen die Besucher des Dorfs meist auf den Rat von Freunden hin. In Swamimalai werden zu Ehren der Götter Feste gefeiert, überliefert doch eine sehr alte Legende, wie Shiva hier einmal ein Mantra vergessen hat. Auch ein Gott weiß nicht immer gleich Rat, doch einer seiner Söhne, der Gott Murugan, kam zu Hilfe und brachte ihm **das Mantra „Om"**. Dafür erhielt Murugan den Namen „Subrahmanya", was etwa „junger Guru" bedeutet.

Kein Zufall also, dass in Swamimalai ein großer **Meister des Bronzegusses** seine Werkstatt hat. Rajan ist sein Name und er beherrscht die alte „Kunst der verlorenen Wachsform" wie kein anderer. Die Göttergestalten, die er mit einem Dutzend Gesellen und Lehrlingen an der Feuergrube schafft, sind noch nicht fertig, wenn das Wachs gegen Bronze ausgetauscht ist und die Lehmhülle weggeschlagen wird. Rajan versteht sich auf die Feinheiten der Schlussbearbeitung – so gut,

Die Bronzegießer von Swamimalai verfahren nach jahrhundertealter Weise

dass er seine Skulpturen zu Schiff in viele Länder versenden kann.

Mit Rajan kann man Englisch sprechen und Touristen lädt er an seinen Arbeitsplatz ein. Er produziert nicht nur Skulpturen von indischen Gottheiten, sondern auch andere Motive. Leider geriet er durch seine Arbeit in Konflikt mit seiner Familie: Nach den **Kasten-Regeln** des Hinduismus darf kein Brahmane in Ruß und Rauch arbeiten. Sein Vater, ein Brahmane, hat sich von ihm im Streit losgesagt.

Besser ergeht es den jungen Männern und Frauen aus dem Dorf, die im **Swamimalai Anandham** für das Wohl der Gäste sorgen. Swamimalai bietet, was in indischen Dörfern noch sehr selten ist, ein ins Dorf integriertes Heritage-Hotel. Wo andernorts zum Hotel umfunktionierte Schlösser oder Herrenhäuser eher auf Distanz zu den umliegenden Dörfern gehen, setzt hier der Eigner auf Kooperation mit der jungen Generation, sorgt für

Feldarbeit in Swamimalai

Ausbildung und eröffnet Aufstiegschancen. Als ökologisch aktiv war Steve Borgia schon in den 1990er-Jahren bekannt, als er auf Swamimalai stieß. Inzwischen hat Steve bereits das dritte **INDeco Leisure-Hotel** geschaffen, die beiden anderen sind The Henriette Charlotte Rosar Villa in Yercaud in den Nilgiris und **Steve Borgia's Indian Heritage Museum** in Mamallapuram (s. S. 246).

In Swamimalai ist der Kern des Hotelareals ein 100-jähriges ebenerdiges Herrenhaus aus dunklem Holz mit einem geräumigen Innenhof, dem *Mutram*, und den typischen tief herabgezogenen ziegelgedeckten Dächern. Giebel- und Flachdachbungalows wurden zu Gästezimmern, mit Heritage-Mobiliar drinnen und viel grünem Raum draußen. Große Skulpturen und ein romantisch umwachsener Pool runden das Bild ab. Für **Ausflüge** zu den außergewöhnlichen **südindischen Tempeln** im Umkreis ist Swamimalai günstig gelegen. Das Dorf mit seinen Feldern und Wäldern wie auch das Swamimalai Anandham sind ein guter Platz, um durchzuatmen. Mit oder ohne „Om".

Lage: nordöstlich von Thanjavur, in Tamil Nadu.
Übernachten: INDeco Leisure Hotel **Swamimalai Anandham** (www.indeco hotels.com), zum ländlichen Restaurant bietet Steve Borgia im gleichen Gebäude eine museale Sammlung historischer Gebrauchsgegenstände.

INFO

46 Kunsthandwerk in hoher Qualität und zu festen Preisen in State Emporiums

Zugegeben, **Indiens Chaos** hat seine liebenswerten Seiten. Was wäre ein Basar (s. S. 102) ohne das Labyrinth der Läden, die Vielfalt der Geräusche und Gerüche und das Feilschen der Händler? Gerade, wenn es um das Aushandeln von Preisen für Waren geht, deren Marktwert man nicht kennt, wünschen sich allerdings viele ein Preisschild auf dem Objekt der Begierde.

Wunderbarerweise gibt es in Indien auch einen Hang zu festgelegten Regeln. Ausgerechnet im Bereich der Wirtschaft setzte das Land über vier Jahrzehnte lang auf Fünf-Jahres-Pläne und Lizenzprogramme. Kurz bevor Handel und Produktion auf diese Weise in einem Sumpf aus Korruption und Wettbewerbsunfähigkeit versanken, öffnete Indien seine Märkte. Doch im Bereich des Kunsthandwerks überdauert ein Rest staatlich gelenkten Handels: die State- und Government-Emporiums.

Sie sind Botschafter der Kunstfertigkeit der einzelnen Landesteile. Viele Bundesstaaten, deren Landeshauptstädte auf der Route der Touristenströme liegen, betreiben dort State Emporiums. Sie bieten die **kunsthandwerklichen Spezialitäten** des jeweiligen Landes **zu festgesetzten Preisen** an. In Delhi sind zudem im **Baba Kharak Singh Marg** eine ganze Reihe von State Emporiums versammelt, von denen die meisten außer für den Kauf ihrer Waren mehr oder weniger wirkungsvoll für einen Abstecher in ihr jeweiliges Bundesland werben.

Zu den von der Regierung geführten Verkaufsstellen gehören auch die „Central Cottage Industries Emporiums" mit Filialen in Delhi, Mumbai, Kolkatta, Bengaluru und Patna: Im Gegensatz zu den State Emporiums haben sie den Anspruch,

Kunsthandwerk in Aktion: traditioneller Batik-Druck

Indisches Kunsthandwerk ist vielseitig

Kunsthandwerk aus ganz Indien auf Lager zu haben. Die Bezeichnung „Cottage Industries" verspricht, dass die meisten Waren in Heimwerkstätten und in kleinen handwerklichen Betrieben hergestellt werden.

Die Preise sind etwas höher als die auf der Straße. Dafür bieten die Government Emporiums **hohe Qualität**, die Sicherheit, nach Verlassen des Ladens kein „Made in China" an der Rückseite der eben erworbenen Ware zu entdecken sowie stressfreien Einkauf an. Hier kann man zudem zu Beginn einer Reise ein Gefühl für die Preise entwickeln und so etwas selbstbewusster auf dem Basar handeln.

Ein „Emporium" ist ein **Handelshaus oder Marktplatz**, die britische Ostindien-Kompanie verwendete die Bezeichnung für ihre Handelsstationen. In dieser Tradition nennen sich heute viele private Geschäfte in Indien Emporium. Dass ausgerechnet der indische Staat keine Ausnahme macht und dort die Schätze des indischen Kunsthandwerks vertreibt, entbehrt nicht einer feinen Ironie.

Manche Government Emporiums wirken etwas verstaubt, und vielen Verkäufern ist es etwas zu gleichgültig, ob ein Kunde etwas kauft oder nicht. Dafür gehört zum Angebot so gut wie alles, was Kunsthandwerker herstellen können: Es reicht vom drei Zentimeter hohen Specksteinelefanten bis zur zwei Tonnen wiegenden Sandelholz-Schrankwand. Gerade bei Einkäufen größeren Umfangs mag der Gedanke, dass der Versand der Ware auf professionelle Weise erfolgt, beruhigend sein.

Information: Der **Baba Karakh Singh Marg** in Delhi mündet an dessen Westseite in den Connaught Circus ein. Von hier bis zur Höhe der Metrostation Shivaji Stadium liegen die meisten State Emporiums der Hauptstadt.

Cottage Industries im Internet: www.cottageemporium.in
Zu den besonders gut sortierten State Emporiums gehört die rajasthanische Rajasthali-Kette (www.rajasthali.gov.in).

INFO

47 Goa im Spiegel der Geschichte: Freilichtmuseum Calizz in Candolim

Sollten Sie während Ihrer Indien-Reise Zahnschmerzen bekommen: In Candolim sind Sie genau richtig. Der lang gestreckte Badeort an der Küste Goas und sein Strand sind in fester Hand von Pauschalreisenden, vor allem aus Großbritannien, und viele verbinden ihren Strandurlaub mit einem ausführlichen Besuch bei einer der zahlreichen Zahnkliniken, die sich an der Straße, die parallel zum Meer verläuft, aneinanderreihen.

Es wäre aber schade, vor dem Rückflug keine Zeit mehr übrig zu haben, die Betäubung abklingen zu lassen. Denn das könnte auf Kosten eines hervorragenden kulturellen und kulinarischen Erlebnisses gehen. Candolim ist die Heimat von **Calizz**, eines der schönsten **Freilichtmuseen** des Landes. Die Betreiber begreifen

ihr Projekt nicht nur als Architektur- und Einrichtungsmuseum, sondern als lebendige Schau der vielfältigen Kultur Goas. Zu dieser zählt nach der Ansicht des Calizz-Managements unbedingt auch die Küche Goas, und folgerichtig steht am Ende der Führungen über das Gelände ein Festmahl. Die dabei servierten Gerichte spiegeln die vielen verschiedenen Seiten der goanischen Küche wieder.

Auf dem mehrere Hektar großen Gelände stehen einige, mit Rücksicht auf ihre authentische Wirkung **restaurierte Gebäude**. Es sind Häuser aus verschiedenen Epochen Goas versammelt, von der Lehmhütte der prä-portugiesischen Zeit bis zu einem *Palacio* der Kolonialära mit Kapelle sind die architektonischen Eigenheiten der Epochen zu besichtigen. Jedes Gebäude

Für Goa typische Öllampen, Divli genannt

weist besondere Details auf, wie beispielsweise den Hausbrunnen, um den traditionelle goanische Anwesen gebaut werden. Auch die Entwicklung zu den charakteristischen Veranden mit Vordächern und ornamentalen Brüstungen sowie reichverzierten Fenstern erläutert die im Eintrittspreis enthaltene Führung. Im **„Garden of lost Plants"** wachsen für Goa typische Bäume und Heilpflanzen.

Die Häuser sind eingerichtet und ausgestattet mit Gegenständen aus den privaten Sammlungen Shri Laxmikant Kudchadkars. Den Sammler trieb nicht akademischer Ehrgeiz, sondern die Leidenschaft für schöne Dinge. Eine rostige und verbogene Schreibmaschine gehört ebenso zu den Artefakten wie ein paar antike

Schlüssel zur Geschichte Goas: ein Ausschnitt aus den Sammlungen des „Calizz"

Zahnbürsten mit Holzgriff, sorgfältig hinter Glas drapiert. Hunderte alter Schlüssel verzieren eine Wand, zusammengefügt zu bizarren Mustern. Daneben gibt es für goanische Häuser **typische Einrichtungsgegenstände**, wie die *Divli*, die traditionelle Messing-Öllampe Goas.

Nach der Führung durch Calizz – in der Sprache Konkani bedeutet der Name des Museums „Herz" – wartet ein **indo-portugiesisch-goanisches Festessen**, das auch Gelegenheit bietet, goanische Weine und Feni, Schnaps aus vergorenen Cashews oder Kokosnüssen, zu probieren. Gegen Feni kommen auch die Nachwirkungen der Zahnarztspritze nicht an.

Kaffee und Pralinen

Nur ein paar Schritte vom Calizz-Eingang entfernt liegt das **Café Chocolatti** mit von Bäumen beschattetem Hof. Die Inhaber Nazneen und Ricardo Rebelo haben ihre Wurzeln in Großbritannien und ein Gespür für guten Kaffee aus frisch gemahlenen Bohnen und für fantastische Schokoladenpralinen nach Candolim gebracht. Sehr empfehlenswert: selbst gebackener Ingwerkuchen!

Lage: an der Nordküste Goas
Information: Calizz
(http://calizz.com), Eintritt 1200 Rs,
90-Minuten-Führung und Essen
inbegriffen. Geöffnet 10.30–23.30 Uhr,
vorherige Anmeldung erbeten.
Übernachten: Walter und Marina Lobo
führen in Calangute das **Guest House**

Coco Banana (www.cocobanana
goa.com). Schöne Zimmer und gefilter-
tes Wasser sind beim goanisch-schwei-
zerischen Paar selbstver-ständlich .
Essen & Trinken: Chocolatti, 409 A,
Fort Aguada Road, Candolim,
Tel. 0832-2479340.

INFO

Essen & Trinken

48 Chai: das indische Nationalgetränk

„Chaiii, Chaiii, Chaiii, garamm Chaiiii! Chai, Chaiiiiiii garammmm!" Die immer wieder aufs Neue begonnene Litanei drängt sich jedem eiligen Passanten in den Gehörgang. Autohupen, das Knattern der Mopeds und das Klingeln der Rikschas können sie nicht übertönen. Mit näselnder Stentorstimme ruft der Mann unablässig seine Botschaft auf die Straße hinaus, blickt über den schmalen Bord seines aus Sperrholz zusammengehämmerten Ständchens. Darauf steht ein einflammiger Gaskocher, daneben ein Tablett mit kleinen Gläsern, die tropfnass glänzen. Außerdem ein Topf, der Boden rußschwarz.

Zucker muss sein!

Chai ist eine Kalorienbombe, doch ohne Zucker ist er kein Chai. Die weißen Kristalle haben den Zweck, vor Austrocknung durch die Hitze zu schützen – Süßes macht **neuen Durst**. Wenn der Zucker erst im Glas hinzugefügt wird, kann man den Chaiwalla bitten, etwas weniger einzufüllen.

Tee ist Indiens Nationalgetränk. Aber Vorsicht vor **Missverständnissen**: Wer in Indien „Tea" oder, noch schlimmer, „Black Tea" bestellt, läuft Gefahr, eine Tasse mit lauwarmem Wasser und einem Teebeutel zu erhalten. Im indischen Alltag ist Tee nicht die hellbraun-leuchtende Flüssigkeit, von der zarter Dampf aufsteigt, mit Filterkunst gebraut aus feinen Darjeeling-Fäden, wie sie nur die Ernte der ersten Blüte hervorbringt. Wer den Tee trinken möchte, den Indien trinkt, als Frühstück am Morgen, als Kräftigung tagsüber und als wohlschmeckende Begleitung zu guten Gesprächen, der muss Tee mit seinem indischen Namen ordern: „Chai". Chai wird aufgebraut, mit viel, viel **Zucker** und nie nur mit Wasser, sondern immer mit einem größeren Schuss **Milch** im Topf. Dort köchelt der Sud vor sich hin, wird für den nächsten Aufguss wiederverwendet, das ist gut gegen Keime. Das bedeutet

Per Handkurbel bläst dieser Chaiwalla das Feuer für das Teewasser an

Eher en gros als en détail: Dieser Händler verkauft Tee auch in 10-Kilo-Säcken

aber auch: Diejenigen, für die es eine Glaubensfrage darstellt, ob ihr Tee zwei oder doch zweieinhalb Minuten ziehen darf – die sollten für die Dauer ihrer Indienreise besser ganz auf das Getränk verzichten, oder dem vertrauen, was in den Salons der Fünf-Sterne-Hotels aus- und eingeschenkt wird.

Am besten schmeckt Chai nicht an solchen exklusiven Orten, sondern da, wo er gebraut und gebraucht wird: auf der Straße, vor dem Busbahnhof, im Zugabteil. Ins Glas zelebriert aus dem **Kessel des Chaiwallas**, des Tee-Manns. Den Chaiwalla gibt es in verschiedenen Ausführungen: Überall dort, wo es schnell gehen muss und nicht viel Platz ist, in Kricketstadien oder in den Sleeper-Cars der Überlandzüge, trägt er seinen Kessel wie einen Tornister auf dem Rücken, jeweils einen Stapel Plastikbecher rechts und links befestigt. Der fertig zubereitete Chai wird mit einem Schlauch aus dem Tee-Tank in den Becher gegossen. Heiß ist auch dieser Tee, doch das echte Chai-Erlebnis bieten die festen Stände, wie sie am Straßenrand einer Stadt oder einer Autobahn stehen. Kocht nicht sowieso schon ein Topf voller Tee auf der Feuerstelle, wird er frisch aufgebrüht. Meist geschieht dies heute mit einem Gaskocher, es gibt aber auch Herde mit Holz- oder Kohlebefeuerung, die der Chaiwalla mit einem handbetriebenen Gebläse anfacht. Hat das Gebräu lang genug gekocht, lässt er es mit unglaublichem Geschick im meterlangen Strahl von einem Glas ins andere stürzen, um es auf trinkbare Temperatur zu kühlen.

Indischer Chai ist Lebensmittel, keine Kunstform und kein Statussymbol. Allerdings gibt es auch hier eine verfeinerte Variante: **Masala Chai**, Gewürztee. In den Sud aus mit Wasser vermengter Milch schüttet der Chaiwalla Kardamon und Ingwer, vielleicht Nelken, Koriandersamen, Zimt – die Varianten sind zahllos, das Ergebnis ist besonders erfrischend und kräftigend. Doch ähnelt weder der normale Chai noch die Masala-Version dem, was deutsche Teegeschäfte als „indischen Chai" verkaufen: Es fehlt die Hitze der Straße, der Ruf des Chaiwallas. Trinken Sie Ihren Chai also in Indien, und dort am besten täglich.

49 Indische Essgewohnheiten und moderne Logistik: die Dabbawallas von Mumbai

Mumbai ist **Indiens Finanzzentrum**, wichtiger Verkehrsknoten und Wirtschaftsmotor. 14 Millionen Menschen leben in den Stadtgrenzen, im Großraum der Metropole sind es noch einmal acht bis neun Millionen mehr. Viele davon arbeiten in der Stadt: Der indische Fiskus bezieht ein Drittel aller Einkommensteuer-Einnahmen aus Maharashtras Hauptstadt. Nur die wenigsten können es sich leisten, auch in der Nähe ihres Arbeitsplatzes zu wohnen, denn die Immobilienpreise im Zentrum der Stadt erreichen astronomische Höhen. Dass Mumbai auf einer langgestreckten Halbinsel liegt, verlängert die Wege vieler Pendler. Mumbais S-Bahn, die Suburban Railway, transportiert jeden Tag sechs Millionen Pendler.

Historische Dabba: Die Büchsen (Tiffins) werden von einem Bügel zusammengehalten, der zugleich Tragegriff ist

Um zu verstehen, wie diese **alltägliche Völkerwanderung** funktioniert, hilft es, die Essensträger von Mumbai kennenzulernen. Sie sorgen dafür, dass ein Teil des Heers der Arbeitenden pünktlich zur Mittagspause etwas zu essen erhält. Nicht irgendein Essen, sondern eines, das am heimischen Herd zubereitet wurde – oft, nachdem Mann oder Frau zur Arbeit aufbrach.

Inder lieben **gutes Essen**. Und Inder lieben es, zu wissen, wie, von wem und womit ihr Essen zubereitet wurde – ganz abgesehen davon, dass es immer günstiger kommt, selbst Zubereitetes zu essen als an einem Straßenstand oder in einem Hotel (wie eine bestimmte Art Restaurant in Indien heißt). Für Angehörige höherer Kasten ist zudem die Vorstellung, eine Mahlzeit aus einer „unreinen" Küche zu essen, in der Kastenlose arbeiten, oder in der Fleisch und Alkohol verwendet werden, ein Problem. Für strenggläubige Brahmanen ist der Verzehr von Zwiebeln tabu, ein Muslim isst kein Schweinefleisch. Wirklich kompliziert wird es für Jains – die orthodoxen Angehörigen dieser Religionsgruppe vermeiden den Konsum jeder Nahrung, deren Herstellung den Tod eines Lebewesens bewirkt haben könnte.

Die Lösung all dieser Probleme ist das **Netz der Dabbawallas**. 5.000 von ihnen sorgen dafür, dass rund 200.000 Geschäftsleute, Angestellte und Schüler jeden Tag

Essen auf Trägern: Dabbawallas kommen mit solchen Gestellen schnell durch engste Gassen

ihr Essen von zu Hause erhalten. Namensgebend für den Service ist der **Transportbehälter, die Dabba**. In diesen aus mehreren aufeinander gestapelten Büchsen bestehenden Blechzylinder füllen Mutter, Frau oder Schwester des Empfängers Reis, Dal und Currys getrennt voneinander ein und klemmen das Ganze mit einem Bügel zusammen. Die gefüllte Dabba übergibt die Köchin an ihrer Haustür einem Träger, ein ausgeklügeltes Verteilernetz und eine Farbkodierung auf ihrem Deckel bringt die silberne Dose zu ihrem Empfänger. Immer.

Auffällige Erscheinung

Wie erkennt man einen Dabbawalla auf Mumbais Straßen? Er trägt eine große, mit Dabbas vollgestapelte Palette auf dem Kopf oder hat einzelne Dosen an seinem Fahrrad befestigt, trägt weiße Kleidung – und hat es sehr eilig.

Trotz der hohen Zahl der Lieferungen ist die **Zuverlässigkeit** der Dabbawallas legendär: Das Forbes Global Magazine kürte ihre Interessenvertretung, den Nutan Mumbai Tiffin Box Suppliers Charity Trust (NMTBSC), zu einem Unternehmen mit dem Rating „Six Sigma". Solche Unternehmen erfüllen das, was sie ihren Kunden versprechen, fast absolut zuverlässig, ihre Arbeitsabläufe lassen sich kaum noch optimieren. Angeblich geht den Dabbawallas nur eine der rund 16 Millionen „Tiffin Boxes" – so nannten die Briten die Behälter für kleine Mahlzeiten, als das System vor 120 Jahren eingeführt wurde – verloren. Alle anderen kommen pünktlich an.

Als Prinz Charles im Jahr 2003 die Dabbawallas besuchte, bestand die NMTBSC darauf, dass sich der Monarch nach dem Terminplan der Träger richte: Schon eine kleine Veränderung des Ablaufs hätte die Versorgung von Mumbais Angestellten mit Essen aus dem Takt bringen können.

50 Indische Küche: „Not too spicy, please!"

In Indien fühlen sich Vegetarier gut aufgehoben. Überall werden fleischlose Gerichte angeboten, da die Mehrheit der Hindus aus religiösen Gründen vegetarisch lebt. Außerdem ist Fleisch teuer, **Gemüse** dagegen reichlich und preiswert im Angebot. Die Sorten unterscheiden sich kaum von den in Europa gebräuchlichen: Karotten (sehr kräftig rot), Tomaten, Gurken, Zucchinis, Rettiche, Auberginen (auch im Kleinformat), Blumenkohl, Weißkohl, außerdem sind Hülsenfrüchte (Linsen und Bohnen verschiedener Farbe und Größe, Erbsen und Kichererbsen) sehr wichtig. Eine fast immer angebotene sämige Linsensauce, *dhal*, ist Eiweißlieferant. Zusammen mit Getreideprodukten (gekochter Reis, im Norden Flachbrote aus Vollkorn-Weizenmehl: *chapattis*) ergeben Hülsenfrüchte und Frischgemüse eine vollwertige Ernährung.

Das angebotene Gemüse ist frisch und stammt aus regionalem Anbau, denn das Klima erlaubt wegen fehlender Kühlwagen keine Transporte. Auch **tropische Früchte** gibt es in Hülle und Fülle. Ein besonderer Genuss ist die Ananas. Eine südindische Spezialität ist, sie herrlich saftig und faserfrei im Mixer ohne Zucker- und Wasserzusatz zu einem köstlichen Getränk zu bereiten. Wohltuend und geradezu heilsam für Magen und Darm ist die Papaya, deren große Scheiben man mit etwas Zitronensaft isst, nachdem die schwarzen Kerne entfernt wurden. Mangos gibt es in vielen Sorten mit unterschiedlichen Aromen, alle sind sehr saftig, ihre Hauptsaison ist aber leider in den heißen Monaten, für westliche Touristen nicht die beste Reisezeit. Die Jackfruit – größer als ein Fußball – ist ein ein Gemeinschaftserlebnis, da eine ganze Tischrunde sich zugleich an ihren vielen saftigen Kernhüllen laben kann.

Indische Snacks gibt es für jeden Geschmack, von pappsüß bis brennend scharf

Das besondere an der indischen Küche ist der **Umgang mit Gewürzen**. Die Gerichte sind meist von einer reichhaltigen Soße umgeben, deren Grundlage in den besseren Lokalen geklärte Butter, genannt Ghee ist, dazu kommen dann Gewürze verschiedener Art. Sie sorgen häufig für Überraschungen. Meist werden die Curry-Soßen aus verschiedenen frischen Gewürzen gekocht, jede Region, jeder Koch hat da eigene Rezepte. Es kommt vor, dass man Zimt, Nelken und Kardamom als Aroma im Blumenkohl findet. Außerdem zu beachten: die landesübliche **Schärfe von Chili und Ingwer**! Am besten, man bittet bei der Bestellung: „Not too hot, please." Was dann serviert wird, ist für den europäischen Gaumen immer noch recht kräftig bis scharf. Rote Chili-Schoten gehören eben dazu, zum Gemüse wie zum Fleisch.

Kandierte Anissamen werden oft am Ende eines Mahls angeboten

Die Grundlage für **Fleischgerichte** bilden meist Geflügel und Schaffleisch, in Goa auch Schweinefleisch. Rindfleisch wird aus religiösen Gründen (Heilige Kühe!) nicht angeboten. Eine sehr angenehme Art der Zubereitung ist das Braten an der Wand des Tonofens, des **Tandors**. Die Zutaten dazu werden vorher gewürzreich mariniert.

An den Küsten gibt es sehr wohlschmeckenden **frischen Fisch**. Dafür ist die bengalische Küche berühmt. In Kerala wird Fisch in Kokosmilch geschmort – eine Delikatesse.

Zum Abschluss sei noch der **Thali** erwähnt. Dies ist ein Tablett mit vielen Schüsseln, in jeder wird ein anderes Gericht angeboten, ein Querschnitt der Kuche der jeweiligen Region! Übrigens einschließlich des süßen Nachtischs, darin ist man in Indien Meister. Zutaten sind Milch, Zuckersirup, Nüsse, Früchte, Gewürze – immer wieder ein besonderes Geschmackserlebnis.

Information: Einige Regeln sind beim Verzehr von **Obst und Gemüse** zu beachten, um Magen- und Darmerkrankungen zu vermeiden: Sorgsam geschältes Gemüse kann unbedenklich auch roh gegessen werden, grüner Salat aber nicht! Früchte werden aus hygienischen Gründen vor dem Verzehr ebenfalls geschält, Weintrauben können meist gefahrlos gegessen werden, wenn man sie mehrmals gründlich wäscht. **Fleisch** ist nur in sehr guten Restaurants zu empfehlen, anderswo ist es oft zäh und knochenreich.

INFO

Strand & Wasser

51 Auf ein Eis in Diu

Hinter Diu kommt nur noch das Meer. Die kleine Insel an Gujarats Südküste war lange einer der Vorposten des portugiesischen Kolonialreichs, heute locken die Strände und das kleine Städtchen westliche Touristen mit Palmenhainen und dem Charme einer **immer wieder verlängerten Siesta**. Abends allerdings kann der Klang zersplitternder Rumflaschen aus der Zuckerrohr-Destillerie der Insel die Ruhe stören – oft begleitet von den Gesängen stark angeheiterter Gujaratis. Auf Diu gilt, anders als im benachbarten Bundesstaat Gujarat, keine Prohibition.

Tagsüber wirkt das Städtchen mit etwas mehr als 20.000 Einwohnern wunderbar verschlafen. Die **dicken Mauern des Forts**, das die Landspitze im Osten der Insel besetzt, tragen noch immer einige schwere Kanonen und laden zu Tagträumereien über Piratenüberfälle und Seeschlachten ein. Die letzte kriegerische Auseinandersetzung Dius jährte sich 2011 zum 50. Mal: Am 19. Dezember 1961 beendete die indische Armee im Handstreich mit der Operation „Vijay" die Herrschaft der Portugiesen.

Erbe der Kolonialherrschaft: Kreuz in Diu

Die Altstadt eignet sich gut für Spaziergänge. Außer dem Fort erinnern vor allem die **drei großen Kirchen** an die Vergangenheit. Man kann allerdings nur noch erahnen, wie strahlend weiß die Tünche der Riesen früher gewesen sein muss, und nur noch eine, die 1610 geweihte St. Paul's-Kirche, wird für regelmäßige Gottesdienste genutzt. Der Besuch von St. Tho-

Fort Diu

mas und des dazugehörigen Museums löst bei vielen Besuchern Gänsehaut aus – nicht nur wegen der kühlen Kirchenmauern: Die Sammlung von angestaubten katholischen Heiligenfiguren und wurmstichigem Kircheninventar hat etwas Gespenstisches. Die nahe gelegene ehemalige Kirche St. Francis von Assisi beherbergt heute ein Krankenhaus. Nur wenige Einwohner Dius sind noch Christen.

Raus aus den Kirchen – rein in die Badesachen: An Dius Südküste reihen sich **fünf Badestrände.** Vom Stadtzentrum aus schnell zu erreichen ist der palmengesäumte, aber sehr belebte Nagoa-Strand – vor allem für Frauen kann die Aufmerksamkeit indischer Ausflügler lästig werden. Ruhiger geht es an den Stränden von Gomptimata, Jallandhar oder Chakratirth zu. Vergleichsweise ungestört bleibt man auch am langgestreckten Strand von Goghla, der die Südseite einer auf die Insel führenden Landzunge des Festlandes bildet. Ein perfekter Tag in Diu endet mit einem Bad am Sunset Point, dessen kleine Bucht atemberaubende Blicke nach Westen erlaubt – und einlädt, auf die untergehende Sonne zuzuschwimmen.

Leckeres Mangoeis!

Das Erbe der Kolonialherren ist bis heute in der Altstadt nicht zu übersehen – und manchmal auch zu schmecken. Die **Eisdiele** Dew – Shri Ram Vijay am Town Square wirkt klein, doch der kühle Genuss ist hier ganz groß. Probieren Sie Mangoeis aus frischen Früchten! Die Rezepte, versprechen die Eisverkäufer, stammen noch aus kolonialen Zeiten.

Lage & Anfahrt: südlich der Küste von Gujarat; tägliche Flüge (außer Sa) von Mumbai zum Flughafen Nagoa; zahlreiche Busverbindungen; nächste Bahnstation im 90 km entfernten Veraval.
Information: www.diutourism.co.in, http://diu-info.blogspot.com
Übernachten: Magico do Mar (www.magicodomar.com), Resort mit Cottages und Restaurant direkt am Strand, 3 km von der Stadt entfernt.

Touren: Der Tempel von Somnath und die Jain-Tempelstadt Palitana (s. S. 76) lassen sich in Tagesausflügen besichtigen (ca. 90 bzw. 170 km von Diu).
Mobilität: Am besten per Auto-Rikscha. Wer in Indien einen Motorroller fahren will, kann das in Diu verhältnismäßig gefahrlos ausprobieren – die Straßen sind ruhig und die Tagesmieten günstig.

INFO

52 Palolem und Patnem: Backpacker-Refugium im Süden

Ein weißer, sanft geschwungener **Sandstrand**, eingerahmt von zwei Landspitzen aus schroffem Fels: Palolems Bucht sieht aus wie ein Traum von der Karibik. Durch die Lage im äußersten Süden Goas gehören der Ort und das benachbarte Patnem nicht zu den klassischen Zielen der Pauschalreiseveranstalter. Dafür ist Palolem mittlerweile ein beliebtes Ziel für Individualreisende geworden. Vor allem in der Hauptsaison von Mitte Dezember bis Januar muss man damit rechnen, die paradiesische Bucht mit vielen anderen zu teilen – wird es zu voll, kann man aber in die Nachbarbucht ausweichen. Doch auch in der Hochsaison zeichnen Palolem im Vergleich zu vielen anderen Stränden Goas sein ursprüngliches Aussehen und die ruhige Atmosphäre aus.

Party ohne Verstärker

Das Verbot von Musikverstärkern an Goas Stränden nach 22 Uhr bedeutete das Ende für *Full-Moon-Partys* und für die Szene des *Goa Trance*. In Palolem war es die Grundlage für etwas Neues: Im Club Neptune Point legen samstagnachts DJs aus Großbritannien auf den **Silent-Noise-Partys** auf. Zwischen 22 und 23 Uhr werden Funkkopfhörer verteilt – und danach ist für den kopfhörerlosen Betrachter von den Tracks kaum noch etwas zu hören. Die Tänzer haben die Wahl zwischen verschiedenen Musikrichtungen, je nach Funkkanal.

Der intensive Bau neuer Gebäude setzte hier erst ein, als Goas Gesetz gegen Neubauten bereits zuverlässig griff. Seitdem dürfen erst deutlich hinter der ersten Palmenreihe an den Stränden von Goas Küstenlinie neue Gebäude mit Steinfundament errichtet werden. Für Palolem kam die Regelung noch rechtzeitig, um Bausünden in Sichtweite des Wassers zu verhindern. Übernachtet wird hier nor-

Die Bucht von Palolem im Süden Goas

Palolem

malerweise in **einfachen Hütten**, deren Ausstattung sich nur geringfügig unterscheidet: Entscheidend bei der Auswahl sollte sein, ob sie ein eigenes Bad besitzen oder wie gut man gegen Moskitos geschützt ist.

Es mag auch am kosmopolitisch orientierten Publikum des Ortes liegen, dass viele Anbieter von Unterkünften und Lokalen umweltverträgliches Wirtschaften als Verkaufsargument vorbringen. Tatsächlich sorgen sich viele Einheimischen darum, wie Müll und Abwässer vor allem während der Hochsaison entsorgt werden können. Konsequent angewendet wird der ökologische Gedanke in der **Ferienanlage Bhakti-Kutir**, etwa 200 m vom Strand entfernt. Das goanisch-deutsche Paar, das den Komplex leitet, hat „Eco-Huts" errichtet. Diese sind zwar nicht komfortabler als die anderer Anlagen, aber mit Komposttoiletten ausgestattet und liebevoll mit vielen natürlichen Materialien gestaltet. Die Hütten liegen inmitten von Bäumen, keine gleicht der anderen. Auf dem Gelände befindet sich auch ein Zentrum für Yoga und ayurvedische Massagen. Auch im angeschlossenen Restaurant ist alles „bio" – und die Salate sind eine Empfehlung wert.

Palolems Bucht verfügt über einen der sichersten Strände Goas, bedingt durch seine Sichelform und das flach abfallende Ufer – auch deshalb wählen viele Familien mit Kindern den Ort als Reiseziel. Zu den möglichen Unternehmungen von Palolem aus zählen Bootsausflüge, bei denen man nach Delfinen Ausschau halten kann – nach dem Motto: „No dolphin, no pay".

INFO

Lage: im Süden von Goa.
Übernachten: Bhakti-Kutir (http://bhaktikutir.com), 22 individuelle Cabanas, s. Text. In der südlich gelegenen Bucht von Patnem empfehlen sich die komfortablen **Goyam Bungalows** durch ihre Lage direkt am Strand und ihre farbenfrohe Gestaltung. Die Inhaber führen am Nordende des Strands von Palolem das **Dropadi Bar & Restaurant**, der beste Platz für kühle Drinks und opulente Fischessen (Tel. 9822685138, www.goyam.net).
Nightlife: www.silentnoise.in; Eintritt zu den Silent-Noise-Partys: 500 Rs. (inklusive Leihgebühr für Funkkopfhörer).

53 Und Abflug! Reise-Ausklang in Bogmalo

Man sollte sich nichts vormachen: ganz Indien zu sehen, dafür reicht ein Urlaub nicht. Allerdings hat die Verbesserung des Straßennetzes und die Vereinfachung von innerindischen Flugreisen es sehr viel einfacher gemacht, wenigstens von Teilen des Landes viel zu sehen – und dabei erholsame Zeiten zu erleben. Besonders gut geht das in **Goa**, schon wegen der geringen Entfernungen. Hier kann man in einer Woche viel erleben. Je kürzer allerdings die Aufenthaltsdauer, umso mehr schmerzt jeder Tag, der für das Reisen verloren geht. Goas Flughafen Dabolim liegt am Westende einer Landspitze südlich Panjims, und vor allem für Urlauber, die ihre Unterkunft in Nordgoa haben, kann eine Fahrt zum Terminal am Abend vor dem Abflug nötig sein – nicht unbedingt ein schöner Urlaubsausklang.

Die Lösung des Problems heißt Bogmalo. Das kleine Dörfchen liegt nur vier Kilometer vom Flugplatz entfernt. Jenseits davon befindet sich die Industrie- und Hafenstadt Vasco da Gama und auch die Straße nach Bogmalo führt durch Gewerbegebiet. Doch Bogmalo selbst ist ein verschlafenes Nest mit Palmenwald und einer hübschen kleinen Buch mit Sandstrand, die leider durch einen Hotelklotz an ihrem Südende verschandelt wird. Der ist als Zugeständnis an Geschäftsreisende zu verstehen, die die Mischung aus **guter Flughafenanbindung und schönem Meerblick** zu schätzen wissen.

Bogmalo ist auch bei einheimischen Tagesausflüglern beliebt

Als Badeort für den Abreise-
tag oder etwas länger ist Bogmalo allemal geeignet. Auch eine **Tauchschule**, die zertifi-
zierte PADI-Kurse anbietet,
hat hier ihre Basis. Sonst ist
Bogmalo, vor allem im Vergleich mit den großen Stränden, ein entspannend ruhiger
Ort, gerne besucht auch von
einheimischen Tagesauflüglern.
Kein unwichtiges Detail: Die
Einflugschneise des Flughafens
liegt über der offenen See,
nicht über Bogmalo Beach.

Die Auswahl der **Unterkünfte** ist gering, so sehr haben
Goas Touristenströme den
Flecken bisher übersehen. Die
Schottin Lynn D'Cruz und ihr
goanischer Mann führen mit
umtriebiger Energie zwei Hotels: Joet's Guest House, direkt
am Strand und mit einer Terrasse, von der sich ein letzter
Blick auf die im Meer versinkende Abendsonne bei einem
kühlen Drink genießen lässt.
Außerdem führen sie das zur
etwas gehobeneren Preisklasse zählende Coconut Creek,
mit tatsächlich von Palmen
umgebenen Cottages, die sich
um einen türkisfarbenen Pool
gruppieren. Der richtige Ausgangspunkt für den entspan-
nenden Ausklang eines Goa-
Trips.

Nur 15 Minuten vom Flughafen entfernt: Bogmalo Beach

INFO

Lage: an der Küste Goas.
Übernachten: Coconut-Creek
(www.coconutcreekgoa.com),
20 Zimmer, Swimmingpool, Spa mit
Kosmetik- und Wellnessangebot, Internationale Küche.
Joet's Guest House (Tel. 0832-
2538090, joets@sancharnet.in).

Aktivitäten: Tauchschule **Goa Diving**
(www.goadiving.com), Anfängerkurse
(Üben im Pool und kurzer Tauchgang
unter Aufsicht) und Exkursionen für
Fortgeschrittene. Schiffswracks und
Korallenriffs können besichtigt werden.

54 Pizza in Arambol, Pumpernickel in Baga

Goas Strände sind wunderschön, selbst in der Hauptsaison, wenn auch die letzte Hütte belegt ist. Eine ganze Palette an Vergnügungen wird geboten: Man kann sich von Speed-Booten auf Wasserskiern oder an Steigdrachen ziehen lassen, Beachvolleyball spielen oder einfach nach der perfekten Muschel suchen. Nur die Größe des Geldbeutels setzt gewisse Grenzen. Doch irgendwann werden auch Strand- und Badefreuden eintönig, und selbst der in der Strandbude gegrillte Fisch hat seine Exotik verloren. Dann ist der richtige Zeitpunkt für die Suche nach außergewöhnlichen Adressen gekommen.

Arambol hat schöne Strände und ist ein guter Ausgangspunkt für Ausflüge. Den Ort zeichnet unter den nördlich von Panjim gelegenen Stränden eine etwas entspanntere, nicht ganz so umtriebige Atmosphäre aus. Das mag daran liegen, dass Arambol ein Stammpublikum von Individualreisenden hat, von denen viele schon seit Jahren hierher kommen – um dann mehrere Wochen zu bleiben.

Drachensteigen, Fuß- oder Beachvolleyball:
An Goas Stränden ist immer etwas los

Vielleicht liegt es an diesen Stammgästen, dass es hier schon seit Jahren eine ganze Reihe guter Lokale gibt, die auch *continental kitchen* anbieten? Oder kommen die Stammgäste auch wegen des guten Essens immer wieder? Jedenfalls sollte man sich einen Besuch im **Fellini's** nicht entgehen lassen. Die Pizza kommt aus dem Holzofen und schmeckt so mediterran wie selten auf dem Subkontinent. Auch die Pasta *alla matriciana* ist hervorragend. Ebenfalls ein Muss ist das **Double Dutch**: Frühstücksparadies, Steakhouse und Kommunikationszentrum der alternativen Szene Arambols in einem. Die hausgemachten Apfelkuchen sind fantastisch, der Palmengarten ist gemütlich. Traditionelle Mughlai-Küche bietet der Ableger **Double Trouble**.

Wenn von außergewöhnlichen Lokalen in Nordgoa die Rede ist, darf das **Lila Café**

So romantisch kann Fußball sein: Abendkick in Arambol

am Ufer des Flusses Baga, von Arambol aus auf halbem Wege nach Mapusa, nicht fehlen. Die Eigentümer Ingo und Elizabeth kommen aus Deutschland, haben aber schon vor Jahrzehnten in Goa ihre Wahlheimat gefunden und sich, wie sie es ausdrücken, dem „Backwahn" verschrieben: In ihrem Haus haben die beiden eine komplette Bäckerei eingerichtet, die es ihnen erlaubt, auch im subtropischen Klima Teig gehen zu lassen. Das Resultat sind köstliche Brote, leckere Brötchen und knusprige Croissants. Einer der besten Orte für ein deutsches Frühstück in Indien.

Flohmarkt in Anjuna

Mittwoch ist Flohmarkttag! Der Markt von Anjuna ist längst zum Markenzeichen von Goa geworden. Schon lange ist er kein Ort für billige Schnäppchen mehr, aber er bietet eine **Fundgrube für Souvenirs** und allerlei Kunsthandwerk aus ganz Indien und Tibet. Handeln ist hier Pflicht, das Preisniveau ist hoch. Von Arambol kann man den Flohmarkt mit Boot-Shuttles erreichen.

Lage: im Norden Goas.
Übernachten: Die Unterkünfte in Arambol sind meist schlichte Hütten oder einfache Zimmer. Gute Adressen sind das **Om Ganesh** (Tel. 0832-2292488) an den Felsen am nördlichen Strandende und das südlich am Strand gelegene **Vailankanni Guest House**.

Essen & Trinken: Lila Café (http://lilacafegoa.com), am Baga-River, Arpora-Baga, Bardez, geöffnet Mi–Mo von 8.30–18 Uhr.
Lokale in Arambol, Pernem-Goa (keine Straßenangaben – der Ort ist klein):
Double Dutch: Tel. 0832-6525973,
Fellini: Tel. 0988-14661224.

INFO

55 Varkala: Strandleben und Tempelfeste

Ein Strandurlaub in Indien, aber nicht in Goa? Einen der **schönsten Strände** des Landes bietet Varkala im südindischen Kerala. Überdies ist der Ort ein wichtiges Pilgerziel, vielleicht auch ein Grund dafür, dass die Badefreuden an den Klippen den Ort noch nicht so kommerzialisiert haben wie Kovalam.

Das Strandleben Varkalas findet auf drei Ebenen statt: Auf Meereshöhe liegt der Sandstrand am blauen Wasser, dahinter steigen steil die **roten Klippen** auf, die für den Ort so charakteristisch sind. Von hier oben blickt man weit über die Arabische See, und hier liegen die Restaurants unter Dächern aus Palmenwedeln sowie die zahlreichen Guest Houses und einfachen Hotels. Die dritte, etwas höher gelegene Ebene bilden das Dorf Varkala und die Tempel, die Ziel der Pilger sind.

Wer Varkala besucht, profitiert auf vielfache Weise von der günstigen Lage der Stadt: Die Nähe zu den Wallfahrtsstätten eröffnet die Möglichkeit, **beeindruckende Tempelfeste** zu erleben. Der Sandstreifen unten am Meer wird immer unbebaut bleiben, denn die Wellen erobern ihn regelmäßig bei Sturm und Monsun zurück. Den Bau trutziger Hotelungetüme und einer lärmenden Straße lässt die bröckelnde Erde des oberen Rands der Klippe nicht zu, sodass die Hütten dort klein

Auf der nördlichen Klippe befinden sich viele Unterkünfte

und ungestört von Abgasgestank bleiben. Eine weitere Eigenschaft, die vielen Besuchern den Eindruck vermittelt, ein Stückchen Paradies unter Palmen entdeckt zu haben, ist die Ausrichtung der Felsen nach Westen. Wer in einer der Bars die **rote Abendsonne** im Meer versinken sieht, bis die Fischerboote an der Küste nur noch als Blinken am Horizont zu erkennen sind, dem schmeckt das eisgekühlte Bier oder der frischgepresste Limonensaft wie Himmelsmanna. Mit etwas Glück erspäht man im Mondschein die Silhouetten von Delfinen, die nahe der Küste aus dem Wasser springen.

Wellness in Varkala

Varkala Beach ist seit Jahren Touristenziel, und so locken zahlreiche Angebote zu Yoga und Ayurveda im oberen Bereich der North Cliff. Darunter sind gute und preiswerte, doch nicht alle sind ihr Geld wert. Die Häuschen, in denen die Behandlungen und Kurse angeboten werden, wechseln von Saison zu Saison die Betreiber. Es hilft, sich von anderen Gästen deren Erfahrungen schildern zu lassen, um die für einen selbst passenden Anbieter herauszufinden.

Die Lokale und Unterkünfte für westliche Touristen finden sich an der nördlichen Klippe und auch der zum Baden genutzte Teil des Strands liegt im Norden. Der südliche Teil ist den *Pujas* vorbehalten, den **Reinigungszeremonien** der Hindu-Gläubigen, die hierher kommen, um ihrer Verstorbenen zu gedenken und sie von ihren Sünden zu befreien.

Der Strand heißt auf Malayalam „Papanasham", was „Erlösung von Sünden" bedeutet. Verehrt wird hier **Guru Narada**, der dem Ort der Legende nach seinen Namen gab: Auf der Suche nach dem Gott Brahma wurde der Weise von Vishnu begleitet. Bei Brahma angekommen, verschwand Vishnu in einem Blitz – nicht ohne von dem anderen Gott respektvoll mit einer Verbeugung gegrüßt zu werden. Mönche, die um Brahma herum versammelt waren, lachten darüber – dachten sie doch, der Gott verneige sich vor dem deutlich unter ihm stehenden Guru. Brahma strafte die Lachenden mit der Verbannung aus dem Götterhimmel auf die Erde. Die Verstoßenen baten Narada, ihnen zu helfen. Der Guru warf sein *Valakam*, ein als Kleidung getragenes Stück Rinde, auf die Erde: Der Ort, wo es niederfalle, sei der richtige, um Buße zu tun. Das Rindenstück fiel auf den Strand, aus „Valakam" wurde „Varkala". Was für die Mönche in epischer Vorzeit richtig war, kann für die Verstorbenen von heute nicht falsch sein: Im **Tempel Janardhanaswamy**, wohl aus dem 12. Jahrhundert, im Südosten des Strandes, verbrennen die Gläubigen ihre Toten, in der Hoffnung, sie so von ihren Sünden zu reinigen. Die Puja am Strand ist die Fortsetzung dieser Zeremonie.

Es gehört zu den Eigenheiten des Ortes, dass sich die beiden Welten Varkalas – die des Pilgerziels und die des Badeorts – kaum berühren, obwohl sie nur wenige Meter voneinander entfernt liegen. Natürlich kann man sich darauf beschränken, nur Varkalas Vorzüge als Strandparadies zu genießen. Tauscht man aber für ein paar Stunden die Badehose gegen einem Tempel angemessene Kleidung ein, hat man die Chance auf unvergessliche Einblicke in den Glaubensalltag Indiens.

Lage: an der Malabar-Küste, in Kerala.
Übernachten: Akhil Beach Resort (www.akhilbeachresort.com), Bungalows mit viel Grün und gepflasterten Wegen, die vor dem einstöckigen Hauptgebäude liegen. Nicht direkt an den Klippen, dafür ruhiger und mit eigenem Pool.

INFO

56 Kerala und Chowara Beach: das andere Indien

„There is Kerala and there is India", kann man in Indiens Süden hören, und sich aufzählen lassen, was das Leben in dem kleinen Bundesstaat an der Arabischen See so deutlich unterscheidet von dem in allen anderen. Die Unterschiede beginnen mit den Besonderheiten der Geografie: Kerala verfügt über hunderte Kilometer

Deutsche in Kerala

Hermann Gundert (1814–1893), Missionar und Sprachkundiger, erforschte in Thalassery das Malayalam und erarbeitete ein Wörterbuch: Malayalam – Englisch. Ein Jahrhundert später baute **Jörg Drechsel** das Malabarhouse (www.malabarhouse.com) in Kochi, in dem er historische Architektur und Werke indischer Künstler zusammenführt. **Dr. Klaus Schleusener** eröffnete an der Chowara Beach das Heritage-Hotel Surya Samudra (www.suryasamudra.com). Im Thapovan (www.thapovan.com) des Kielers **Andreas Heitmann** hat man die Wahl: weiter Ausblick oder unter Palmwipfeln die Nähe zur Badebucht, Häuser im Kerala-Stil oder Beach Cottages.

sandstrandfeiner Küste mit einer grünen Borte scheinbar unendlicher Kokospalmenwälder. Dahinter breiten sich die **Backwaters** (s. S. 212) aus, Flussbetten, Kanäle und Seen, auch sie grün umrahmt, ein traumhaftes Gebiet für tagelange Bootsfahrten. Das Hinterland türmt sich zu Hügeln und Bergen, Land genug für Teeplantagen und für die schon seit Jahrtausenden hier heimischen Gewürze, für die Kerala berühmt ist. Raum genug auch für **Nationalparks**, in denen man Elefanten, Bisonbullen und manchmal auch Tigern begegnet. Dazu Wasserfälle, Vogelscharen und Übernachtungen in Baumhäusern – noch kann man in Kerala nah an der Natur wohnen, im „Garten der Götter".

Aufbruch zum Fischfang

Pool mit Meerblick im Surya Samudra-Hotel

Kommt noch hinzu, wie freundlich einem **die Menschen** begegnen. 800 wohnen im Durchschnitt auf einem Quadratkilometer, mehr als dreimal soviele wie in Deutschland. Der Bildungsstand ist gut, die Alphabetisierungsrate ebenso hoch wie in Deutschland. Gleichberechtigung der Frauen? Weit besser verwirklicht als in den meisten anderen indischen Staaten. Gleiches gilt auch für die wechselseitige Toleranz von Hindus, Muslimen und Christen.

Unter den vielen Stränden Keralas ist **Chowara Beach**, rund 20 Kilometer von der Hauptstadt Thiruvananthapuram entfernt, einer der schönsten und abwechslungsreichsten. Mal breitet er sich opulent aus, mal lässt er die Höhen des Hinterlandes nah ans Meer. Touristen und seit Jahrhunderten ansässige Dörfler kommen gut miteinander aus.

An Chowara Beach findet man keine Luxushotels. Hier präsentiert sich die **Hotel-Architektur** zumeist mit nur zwei Stockwerken, strandnah, aber von Baumgrün umgeben und vom Strand aus kaum sichtbar. Einige Hotels, wie Nikki's Nest, bieten ihren Gästen am Hang zum Meer stabile und geräumige Rundhütten an, andere haben im Kerala-Stil mit Giebeldächern und gemütlichen Terrassen gebaut, oder auch historische Kerala-Bauten aus entfernten Dörfern an den Chowara-Strand versetzt. Mehrere Häuser bieten Ayurveda mit seriöser ärztlicher Behandlung. Bis zur Insel Poovar ist das Ufer zehn Kilometer weit fast naturbelassen.

Lage: an Südindiens Westküste.
Information: Tourist Reception Center in Trivandrum/Thiruvananthapuram, Park View, gegenüber dem Napier-Museum (www.tourindiakerala.com).

Übernachten: Zu **Nikki's Nest** (www.nikkisnest.com) gehört in den Waldbergen des Hinterlands auch **Duke's Forest Lodge**, 1.000 m hoch bei Ponmudi gelegen.

INFO

57 Bedrohtes Inselparadies: Strandurlaub auf den Andamanen

Kristallklares Wasser, einsame weiße Strände und Hütten unter Palmen: Viele Inseln der Andamanen könnten auch Kulissen für Piratenfilme herhalten. Tatsächlich dienten die Inseln wohl als Freibeuterversteck, bevor die Briten sie im 18. Jahrhundert zur **Sträflingskolonie** machten. 1.000 km entfernt von der Ostküste des Subkontinents im Golf von Bengalen liegt die Inselgruppe. Von den über 500 Inseln sind immer noch einige unbewohnt.

Die indische Regierung fördert seit einigen Jahren den Tourismus auf den Andamanen: Die Flugverbindungen vom indischen Festland sind zahlreicher geworden, einige bisher für Ausländer nicht zugängliche Inseln wurden an private Unternehmen verpachtet, die dort Ferienanlagen unterhalten. Zudem ist durch Zuwanderung die Gesamtbevölkerung der Andamanen auf mehr als 350.000 angestiegen, **Umweltprobleme** wie Abholzung und Wasserknappheit werden immer mehr zum Thema.

Wurzelwerk umschlingt eine Ruine aus britischen Zeiten

Die Inselgruppe ist Heimat für Angehörige der indigenen **Urbevölkerung**, insgesamt wohl nur noch etwas mehr als 500 Menschen, die auf abgelegenen Inseln oder in Reservaten leben. Ihr Überleben ist durch die fortschreitende Besiedlung der Andamanen bedroht. Die Behörden beteuern, sich um das labile Gleichgewicht des Ökosystems der Inseln und die Lebensgrundlagen der Ureinwohner zu kümmern, doch offensichtlich gerät dieses Bemühen regelmäßig in Konflikt mit der wirtschaftlichen Entwicklungspolitik der Verantwortlichen. Als Reisender sollte man durch bewussten und schonenden Umgang mit den Ressourcen der Inseln helfen, die Schönheit der Andamanen zu bewahren.

Port Blair, die Hauptstadt der zu einem Bundesstaat zusammengefassten Andamanen und Nicobaren, liegt auf South Andaman, der südlichen Hauptinsel, die am stärksten besiedelt ist. Die Stadt ist für viele Reisende nur Durchgangsstation nach oder vor der Landung des Fliegers. Hauptattraktionen sind die Hinterlassenschaften der Briten, darunter das **Cellular Jail**, ein über 100 Jahre alter Gefängnisbau, benannt nach seinen gerade einmal zehn Quadratmeter kleinen Einzelzellen. Von Port Blair aus lassen sich auch kleine Ausflüge unternehmen, wie eine Hafenrundfahrt zu den ehemaligen Strafkolonien auf Viper Island und Ross Island. Etwas wei-

Wer einsame Strände sucht, sollte seinen Aufenthalt sorgfältig planen

ter entfernt befindet sich das Schnorchelparadies **Wandoor** (35 km), von wo aus die Inseln Red Skin Island und Jolly Buoy im Mahatma Gandhi Marine National Park zu erreichen sind.

Die schönsten Seiten der Andamanen sind jedoch fernab von Port Blair zu entdecken. Die beliebtesten Touristenziele sind die Inseln **Havelock** und **Neill** – sie sind von Port Blair aus leicht mit der Fähre zu erreichen und weisen zahlreiche Unterkünfte und andere touristische Infrastruktur vor. Tauchschulen und Strandpartys findet man auf diesen Inseln besonders leicht. Wer auf Entdeckungsreise gehen möchte und wirklich einsame Strände sucht, sollte seinen Aufenthalt auf den Andamanen gründlich planen und sich vorab informieren, welche der zahlreichen kleinen Inseln der eigenen Vorstellung eines Strandurlaubs am ehesten entspricht. Will man auch einmal an einem Strand ohne Ferienhütten übernachten, sollte man eine Campingausrüstung im Gepäck haben – und sich frühzeitig informieren, ob der Platz der Wahl fürs Zelten freigegeben ist. Als Kompromiss zwischen vorhandener Infrastruktur und weniger Trubel gilt **Long Island**, östlich von Middle Andaman.

Lage: vor der Küste von Myanmar.
Information:
http://tourism.andaman.nic.in; Webseite des indischen **Tourismusministeriums** mit Informationen zu Inseln, Anreise und Stränden sowie dem für Touristen nötigen Permit.
Die **Umweltschutzorganisation** The Andaman and Nicobar Islands Environmental Team (ANET) informiert über Flora und Fauna der Inseln; auf ihrer Webseite stellt sie Angebote für Gastwissenschaftler und Volunteering im Rahmen ihrer Ökologie-Forschungsprojekte vor: www.anetindia.com.

INFO

58 Mamallapuram: Tempel am Meeresstrand und monumentales Felsrelief

Kein Leben ist lang genug, um alle Tempel und Heiligtümer Indiens auch nur einmal zu sehen, geschweige denn ihre Bedeutung zu erkunden. Was für Meisterwerke schufen die Architekten und die Bildhauer! Im Bewusstsein der Hindus sind die Tempel Wohnungen der Götter. Dem Hindu-Glauben nach entstand der Kosmos aus dem mütterlichen Schoß der Natur, sein frühes Abbild fanden die Hindus in den Berghöhlen. Schoßkammer, *Garbagriha*, nannte man die heilige Höhle. Kern des Hindu-Tempels wurde die **höhlenartige, dunkle Cella** mit dem Götterbild im Hintergrund. Darüber aber baut man seit anderthalb, bald zwei Jahrtausenden die Tempel und Tempeltürme, die bis heute ins indische Licht aufragen.

Der Tempel nahe dem Strand ist Teil des Weltkulturerbes

Mamallapuram – manche sagen noch „Mahabalipuram" – ist auch eine der **ältesten Handels- und Königsstädte Südindiens**. Hier wurden, nahe der Küste des Indischen Ozeans, monolithische Höhlentempel aus dem Granit steinerner Hügel gemeißelt, die Schoßkammern. In ihrer Umgebung fand man römische Münzen. Der griechische Geograph Claudios Ptolemäus – ein Multi-Genie als Astronom, Mathematiker, Optiker – schrieb im 2. Jahrhundert n. Chr. in seiner Länderkunde der damals von Europa aus erreichbaren Welt auch schon über Mamallapuram.

Aus einer Felswand unter freiem Himmel Mamallapurams wurde eines der meistbestaunten **Reliefs der Hindu-Kultur** geschaffen. Seine Künstler gaben den indischen Schöpfungs- und Götterlegenden auf der rund 32 Meter langen, an die zwölf Meter hohen Felswand eine großartig reiche, lebensvolle Gestalt. In einem tiefen Spalt im Zentrum des Bildwerks erscheint der Ganges, der heiligste Fluss Indiens, der auf die dürstende Erde herunterstürzt. Wer in dieser Szenerie mit ihren Hunderten von Götter- und Menschenwesen um die Flussgöttin Ganga immer noch anderes, immer noch mehr entdeckt, wird am Ende vielleicht meinen, den Fluss tatsächlich strömend wahrgenommen zu haben. Der Name des Monumentalwerks, „Arjunas Buße", ist erklärungsbedürftig: Vom Pandava-Prinzen Arjuna wird im „Mahabaratra" erzählt, er habe mit seiner Askese den Gott Shiva dazu bewegen wollen, ihm eine Waffe der Götter zu geben.

Auch Badefreuden gehören zum Besuch von Mamallapuram dazu

Zu einem Mamallapuram-Besuch gehört aber noch mehr. Im Zentrum locken die bunten Ladenstraßen die Gästescharen an, draußen am nahen Meer genießt man lange Strandspaziergänge. Überlebensgroß, golden glänzend überblickt die Büste des Poeten und Sozialphilosophen Thiruvallovar den feinen Sand und die oft sehr heftig anrollenden Wogen des Indischen Ozeans. Diese sollten Schwimmer nicht unterschätzen.

Wer sich auch für die jüngere Geschichte Indiens und das Design aus der britischen Kolonialzeit interessiert, bezieht sein Ferienzimmer am besten direkt im INDeco Leisure Hotel, einem neuen Museum, das zugleich ein komfortables Resort-Hotel

Gunst der Götter

Indiens Götter halfen: Von der Tsunami-Katastrophe des Jahres 2004, die auch in Mamallapuram Bauten weit hinter der Brandungslinie fortriss, blieb das Heritage Museum samt Park und Hotel verschont.

ist. Den modischen Tropenhelm und die wuchtige Albion-Handpresse von 1636, Schellackplatten, Art Déco-Leuchter, aber auch ein Eisentor des Madras Central Prison, in dem die Briten aufmüpfige Inder einsperrten – für sein **Steve Borgia Indian Heritage Museum** hat der unermüdliche Sammler Steve hunderte von Gegenständen zusammengetragen, Alltagsgerät und Kunstobjekte vor Vergessen und Vernichtung bewahrt.

Lage: an der Küste Tamil Nadus, südlich von Chennai.
Übernachten: INDeco Leisure Hotel Mahabalipuram (www.indecohotels.com). Wie in Swamimalai (s. S. 106) ist **The Steve Borgia Indian Heritage**

Museum in die gartengrüne Hotellandschaft eingebettet. Ihre Bungalows muten wie Privathäuser an, man badet im Pool, hat aber auch nur einen kurzen autofreien Fußweg zum Strand.

INFO

Heritage Hotels

59 Wohnen im Maharaja-Palast: Heritage Hotels in Indien

Indien ist derzeit mit knapp 30 UNESCO-Welterbe-Stätten einer der meist ausgezeichneten Staaten weltweit – der reinen Zahl nach. Gemessen am Reichtum indischer Kultur und Natur, gemessen an der Größe des indischen Staatsgebietes steht Indien gegenüber vielen europäischen Staaten mit UNESCO-Welterbe-Stätten weit zurück – alleine **Rajasthan**, einer von 22 indischen Bundesstaaten, ist so groß wie ganz Deutschland. Und Deutschland hat bereits mehr als 30 Welterbe-Stätten. Italien steht mit über 40, bald wohl 50 Welterbe-Zertifikaten an der Spitze der Liste.

Umso erfreulicher für Indienreisende ist, dass es zwischen Himalaya und dem indischen Südkap Kanyakumari (s. S. 98) eine Vielzahl von Heritage-Bauten gibt, die Übernachtungsgästen offen stehen. Es sind **Paläste**, in denen einst Maharajas und ihre fürstlichen Verwandten residierten. Es sind auch **Forts**, mit denen sie einerseits Karawanen schützten – und sich den Schutz gut bezahlen ließen – und die andererseits feindliche Heere abhalten sollten. Andere Bauten stammen von reichen Händlerdynastien, die seither längst in die Wirtschaftszentren wie Kolkata oder Mumbai umgezogen sind.

Als Indien sich 1947 aus einem britischen Kolonialreich in einen demokratischen Staat verwandelte, erkannten fast alle Maharajas, dass sie die Uhr der Geschichte nicht zurückdrehen konnten. Sie gaben ihre jahrhundertelang ausgeübten Herrschaftsansprüche auf, und der Staat zahlte ihnen eine Apanage, zu Deutsch: den Unterhalt für nicht regierende Herrscherfamilien. Als einer der ersten entschloss sich der Herrscher von Jaipur 1957, seine Sommerresidenz zu einem Hotel umzugestalten. Damals verübelten ihm viele seiner Standesgenossen diesen scheinbar so gar nicht feudalen Schritt. Jaipurs **Rambagh Palace** ist heute eines der

Zauberhaft: der Pool von Rohet Garh

Die drei Häuser Panjim Inn, Panjim Pousada und Panjim Peoples bieten in Goas Hauptstadt Heritage-Unterkünfte verschiedener Standards

schönsten Hotels Indiens. Und Jaipur bietet so viele Heritage-Hotels wie kaum eine andere indische Stadt vergleichbarer Größe. Die Ursache: Die Kleinkönige der Fürstentümer im weiten Umkreis von Jaipur samt ihrem familiären Anhang legten Wert auf eigene Stadtresidenzen. Als in den 1970er-Jahren Indira Gandhi, damalige Ministerpräsidentin, den Fürsten rigoros die Apanagen strich, begann der Gründungsboom der Heritage-Hotels. Heute zählt die **Indian Heritage Hotels Association** (IHHA) über 140 Mitglieder.

Bei der **WelcomHeritage Group** in New Delhi findet der Gast die Heritage-Palastarchitektur und darüber hinaus noch vieles mehr, auch „Natur-Heritage", historische Bauten in Teeplantagen, Nationalparks und in den Hill Stations. Dort fanden die britischen Kolonialherren ihre Zuflucht vor der indischen Sommerhitze und pflegten eine indisch-europäisch geprägte Architektur.

Ein Beispiel einer bravourösen Rettung ist das **Karni Fort Bambora**, unweit von Udaipur, es wurde von Nachfahren der einstigen Bewohner wieder hergerichtet. Wieder ein anderes Heritage-Erlebnis sind die Privatpaläste großer indischer Kaufmannsfamilien. Viele sind zu Hotels geworden, in Rajasthan voran in Bikaner und in der Shekhawati-Region sowie in Südindien in der Chettinath-Region Tamil Nadus. Auch den Spuren der Franzosen in Pondicherry und der Holländer in Kochi lohnt es zu folgen. Ein Beispiel ist die binnen weniger Jahre von einem Deutschen wiederhergestellte Ruine eines einstigen holländischen Hauses, die zu einer der weltweit begehrtesten Adressen in Kerala avancierte: **The Malabar House**.

Information: IHHA Indian Heritage Hotel Association (www.ihha.com); WelcomHeritage, New Delhi, (www.welcomheritagehotels.com);

Neemrana Hotels (www.neemrana hotels.com); **Taj Hotels, Resorts and Palaces** (www.tajhotels.com)

INFO

60 Mool Sagar: ein Garten in der Wüste

Steine, Sand, dazwischen immer wieder stacheliges Buschwerk – das ist die Landschaft um Jaisalmer. In dieser **Felswüste** namens Thar trifft man westlich von Jaisalmer auf Sanddünen und weiter östlich im Desert National Park auf versteinerte Bäume, 180 Millionen Jahre alt, im Akal Wood Fossils Park. Aber wer traut sich, hier einen Garten anzulegen?

Wie ein kleines **Oasenwunder** erscheint da wenige Kilometer südwestlich, außerhalb von Jaisalmer, der Mool Sagar. Wenn man auf der sandigen Piste nicht zu rasches Tempo vorlegt und das bescheidene Hinweisschild übersieht, ist hinter einer Mauer und Baumgrün dieser Garten zu entdecken. Immerhin war es ein Maharaja, mit genauem Titel: der Maharawal, der schon 1780 einen Brunnen graben und dazu von einem stilsicheren Architekten Pavillons mit reichem Sandstein-Dekor erbauen ließ. Doch bis vor wenigen Jahren war das alles vernachlässigt, überwuchert, unbewohnbar und es schien keine Chance für die Restaurierung des Gartenglücks zu geben, keinen zahlungskräftigen Interessenten.

Die schlummernden Werte Mool Sagars weckte Maharaja Gaj Singh II. von Jodhpur, langjähriger Präsident der Indian Heritage Hotel Association und selbst Eigner hervorragender Heritage-Hotels – darunter auch der opulente Umaid Bhawan Palace in Jodhpur (s. S. 16) mit seinen 347 Räumen. Gleichsam das Gegenstück dazu ist lieblich und zart der Mool Sagar. Bewässerung macht es möglich: Während im Umkreis der Sand unter der Sonne erhitzt und nur robuste Wüstengewächse sich behaupten, glänzt das ummauerte Gartenareal in **reichen Blütenfarben**. Die offenen Pavillonbauten kommen ohne Fensterscheiben aus, geben Erfrischung und freien Ausblick, grazile Säulen tragen Arkaden und Kuppeln. Weiter hinten im Gartengrün schließt ein Wohnhaus das Areal ab. Eine Freude ist es, in diesem Ambiente zu speisen, zu lesen, zu scherzen, zu diskutieren.

Grünes Paradies in der Felswüste: Mool Sagar

In den Zelten für die Gäste ist für jeglichen Komfort gesorgt

Aber nicht dort, sondern seitlich vom Blumengarten finden Gäste ihr Quartier. Nämlich in **komfortablen Zelten**, die in Rajasthans Wüstenregion so gern benutzt werden. Leicht sind sie zu einem Fest aufgestellt, leicht wieder abgebaut und anderswo, bei einem anderen Fest zu verwenden. Im Mool Sagar sind sie extra für die Bedürfnisse der Gäste konstruiert, praktisch, luftig, mit lichten Textilien als Wände und als breite Dachgiebel, in gelbgoldener Farbe und mit kräftigen blauen Streifen. Breit sind die Doppelbetten mit fein gearbeiteten Mustern auf der Bettwäsche. An einem solchen Maharaja-Bettüberwurf wird länger gearbeitet worden sein als ein ganzer Indien-Urlaub dauert … Ein Badezimmer mit Dusche und Heißwasser, mehrere Sessel, ein Schreibtisch, Kaffee und Tee zur Selbstzubereitung und nicht zuletzt eine Klima-Anlage, es ist für alles gesorgt. Übrigens auch für ein Schwimmbad zur Abkühlung und eine Wasseraufbereitungsanlage.

Wie man früher mit steigenden Temperaturen umgegangen ist, zeigt der Blick in die Vergangenheit: Einen **Stufenbrunnen** hatte man, einen von den vielen, die in Rajasthan und in Gujarat und auch anderswo in Indien aufzufinden sind. Im Mool Sagar führen die Stufen nicht sehr tief hinab, keine vier Stockwerke mit Kammern und Säulen, keine Öllämpchen, wie wir sie zum Beispiel in Ahmedabad noch vorfanden. Den Abstieg in die dämmrige Tiefe, den Blick aufs glitzernde Wasser erlaubt aber auch der Mool-Sagar-Stufenbrunnen.

Lage: Rajasthan, westlich von Jaisalmer
Übernachten: Mool Sagar (www.mool sagar.com), 18 Luxuszelte, Kamelritte, Lagerfeuer, Tanz und Musik. Morgens erscheint ein lächelnder Turbanträger am Zelt und bietet Tee an.

Touren: Im Desert National Park locken nicht nur die Sam Dunes mit Kamelritten über Sanddünen, sondern auch die Reste der einstigen Hauptstadt Lodurva, der Dörfer Kuldhera, Kabha und Khuri – spannend!

INFO

🌀 Neemrana Fort Palace: schönster Auftakt zur Rajasthan-Tour

Das Geheimnis heißt Ausdauer. Zwei Indien-Kenner, Aman Nath, geboren in Delhi, und Francis Wacziarg, weitgereister Europäer mit indischem Pass, geboren in Frankreich, entdeckten nahe dem Highway von Delhi nach Jaipur und nahe dem Dorf gleichen Namens die Mauerreste der mittelalterlichen Burg Neemrana. Sie beschlossen, sie zu neuem Leben zu erwecken, und sie wussten: Bis dahin würde es ein langer Weg sein. Das alles ist jetzt rund ein Vierteljahrhundert her. Was damals Ruine war, heißt jetzt **Neemrana Fort Palace** und präsentiert sich über einen steilen Hang hinweg mit spektakulären Torbauten, langen Mauern, mit Hallen, Bastionen und vielgestaltig arrangierten Gästezimmern.

Rajputen-Wacht am Tor

Treppauf, treppab, geht es vom Speisesaal zum Café, von den Zimmern zum Innenhof mit kleiner Bühne, zum Swimmingpool mit weitem Landschaftsausblick, zum Ayurveda-Zentrum, zu Yoga-Kursen und Meditationsangeboten. Auch gepflegte Läden fehlen nicht: Kleine kunsthandwerkliche Objekte, feiner Silberschmuck und Seiden stehen zur Auswahl, und die Preise für die Souvenirs sind ebenso verschieden wie auch – je nach Lage und Größe – die Zimmer für die Übernachtungen.

Im Irrtum, wer da meint, es ginge dort wohl ein wenig unübersichtlich zu und darum auch hektisch. Immer findet sich **ein ruhiger Platz**. Von „Non-hotels" sprechen Francis und Aman gerne, auch wenn die Neemrana Group inzwischen 15 Häuser zählt und sich unter den indischen Heritage-Hotels wenn nicht nach Gästezahl, so doch nach Originalität neben jeder Konkurrenz behauptet. Dazu gehört neben der besonders guten Küche auch das **kulturelle Angebot**. Sitar-Meister, Sänger und Sängerinnen bieten indische Musik. Für klassische europäische Musik öffnet das *New Delhi String Quartet* indischen Neemrana-Gästen die Ohren, auch die europäischen Gäste hören die vertrauten Akkorde unter dem indischen Himmel gerne.

Heritage-Hotels haben in ganz Indien ihre Liebhaber. Doch so viele wie Rajasthan hat kein anderer indischer Bundesstaat vorzuweisen. Schon in den 1950er-Jahren,

Einst Ruine, heute Luxusherberge: Neemrana Fort Palace

bald nach der Gründung des demokratischen indischen Staates (*Bharat India*) und nach dem Abzug der Briten begannen erste Maharajas und andere Rajputen-Fürsten, ihre **Schlösser und Herrenhäuser zu Hotels umzubauen**. Wie auch die Dynastien in anderen Bundesstaaten hatten sie zugestimmt, ihre jahrhundertelange Herrschaft aufzugeben – und damit auch ihre Steuereinnahmen. Indiens Regierung zahlte zum Ausgleich Apanagen, jedoch nur bis Ministerpräsidentin Indira Gandhi 1970 befand, die Nation benötige diese Gelder dringend für andere Zwecke. Indien wurde ein Land der Heritage-Hotels wie kaum ein anderes. Ihre Zahl wächst weiter.

Übernachten auf der Baustelle

Trotz knappem Startkapital: Als die ersten zwolf Zimmer bewohnbar waren, er öffneten Wacziarg und Nath – beide Architektur- und Kunstexperten – das Burg-Hotel noch innerhalb der ersten Restaurier- und Aufbauphase. Sie verdankten das Gelingen des Vorhabens ihren Gästen: „Niemand hat uns Kapital vorgestreckt, die Gäste selber wurden Teil der Restaurierungsphase, sie wussten, dass ihre Buchungen uns das Weitermachen ermöglichten." Inzwischen bietet Neemrana Fort Palace 46 individuell eingerichtete Zimmer.

Lage: in Rajasthan, am Highway zwischen Delhi und Jaipur. **Tipp**: Augen auf unterwegs von Delhi nach Neemrana: Binnen weniger Jahre ist ein Großteil der Autobahn Delhi-Jaipur mit Neubauten, Hochbauten, industriellen Zentren gerahmt worden – Indien im Aufbruch!
Information:
www.neemranahotels.com

INFO

62 Von der Ruine zum Traumhotel: Fort Bambora im Süden Rajasthans

Die Landschaft im Süden von Udaipur wurde lange von den Touristen, die von Jaipur aus in den grünen Teil Rajasthans reisen im Wortsinne links liegen gelassen. Dabei finden sich nur eine Stunde südöstlich von Udaipur entfernt drei schöne Plätze relativ nah beieinander, die zudem längst nicht so überlaufen sind wie die bekannteren Reiseziele: Der Jaisamand-See, der alte Jagat-Tempel sowie **Karni Fort Bambora**, das sich auf einem Hügel hoch über seine Umgebung erhebt.

Sollte man in den Abendstunden ankommen, wenn die Sonne tief steht, leuchten die Sandsteinmauern des Forts goldgelb. Das Gebäude ist mächtig und breit, es hat ein flaches Dach mit zierlichen Pavillons darauf und einen mächtigen Rundturm an der Seite.

Es ist kaum zu glauben, dass diese festungsartige Burg vor wenigen Jahrzehnten fast nur noch eine **Ruine** war, in ihrer Substanz zwar aufrecht stehend, aber mit eingebrochenen Mauerecken, beschädigten Arkaden, abrutschenden Treppen, wassertriefenden Dächern.

Dann kam Thakur Sunder Singh und ging mit seiner ganzen Leidenschaft an den Wiederaufbau, fing an, aus der Ruine ein Traumhotel zu machen. Es ist ihm gelungen, mit der ideenreichen Hilfe seiner Frau, Thakurani Chanda Kanwar. Es wurde ein Schlossfort, so exotisch, so glanzvoll wie man es sich nur vorstellen kann. **Spiegel** sind reichlich in den Räumen verteilt, auch als glänzende kleine Verzierungen in den Stuck der Säulen gedrückt. Im Angebot sind auch einige kreisrun-

Das Fort thront imposant auf einem Hügel

de Betten mit Satindecken, sie können zu fürstlichen Fantasien anregen. Am schönsten ist der Aufenthalt, wenn die Frühlingswärme den kühlen Winter verdrängt hat und man in der Nachmittagshitze auf der von luftigem Wind durchströmten Terrasse im Zwischengeschoss aromatischen Tee trinken kann. Immer wieder lädt der **Marmorpool** zu Füßen des Forthügels zu sportlicher Abkühlung ein. Genüsslich lässt man den Wasserstrahl aus den Rüsseln der Marmorelefanten auf sich niederrieseln.

Tagesausflüge ins sehenswerte **Udaipur** sind möglich, allerdings lohnt die Unternehmung nur für Frühaufsteher – die Fahrt kostet Zeit. Ansonsten bietet es sich an, nach einigen Tagen intensiver Stadt- und Bildungstour in Bambora auszuspannen und abzuschalten, eventuell kurz unterbrochen durch das Erlebnis idyllischen Dorflebens oder Kunststudien am Jagat-Tempel.

Der Tempel, auch **Jagdir Mandir** genannt, ist einer weiblichen Gottheit, Ambika Mata, gewidmet. Von Bambora aus ist es eine 30 Kilometer lange Fahrt über schmale Landstraßen, an Ziegenherden und kleinen Dörfern vorbei, und wer an Tempelfiguren und formenreicher alter Hindu-Baukunst interessiert ist, sollte den Weg nicht scheuen.

Eine runde Sache: Suite im Fort Bambora

Unversehrt ist die Vielzahl der Reliefbänder und Giebeldreiecke, der Charme der schlanken und schwellenden Formen der Tänzer und Tänzerinnen in den Nischen der Außenwand. Auch einige **erotische Gruppen** sind zu sehen, ein kleines Stück „Khajurahu" im Süden Rajasthans.

Der **Jaisamand-See**, angelegt im 17. Jahrhundert, ist ein Zeugnis davon, wie besorgt Landesherren und wohl auch das Volk um ausreichende Wasserversorgung waren. Mit 150 km² war der See zur Zeit der Aufstauung der zweitgrößte Asiens, und der umgebende Wald (auch Teakholzbestand) bietet allerhand Wildtieren (keinen Tigern, aber Pantern!) Zuflucht. Die Inseln im See dienen Vögeln als Schutzgebiet. Die Rajas nutzten die Gegend auch, um in den nahe gelegenen Palästen Hawa Mahal und Ruti Rani Palace vor der Hitze der Städte zu fliehen.

INFO

Lage: Rajasthan, im Südosten von Udaipur.
Übernachten: Karni Fort Bambora (www.karnihotels.com), 32 Suiten und Doppelzimmer, Pool, Restaurant. Auf der Baba-Insel ist das **Jaisamand Island Resort** (www.jaisamand.com) mit dem Boot in 20 Minuten zu erreichen. Die Unterkunft zeigt zu viel Beton, Naturschönheit und Inselruhe machen aber den Schönheitsfehler wett. 40 Zimmer, Pool, Restaurant. Im Wildschutzgebiet gibt es noch ein **Forest Guest House**, wer dort wohnen möchte, muss beim Deputy Chief Wildlife Warden in Udaipur reservieren.

63 Ahilya Fort: idyllische Abgeschiedenheit am Ufer des großen Stroms

Ein mächtiger Strom ist die Narmada, die südlich des Vindhya-Gebirges von Osten nach Westen in Indiens Mitte fließt, eine Linie zwischen Süd- und Nordindien markierend. Eine Fußwanderung den verehrten Strom entlang, mit eindrucksvollen Burgen, heiligen Tempeln sowie Pilgerwegen an seinen Ufern, ganz eingeschlossen in indischer Wirklichkeit von Menschen, Sonne und Regengüssen, hat der Schriftsteller Christian Krug vor Jahren beschrieben. Seltsam ist, dass die Touristenströme die **Ufer der Narmada** bisher wenig berührt haben. Je mehr der Reisende das unberührte Indien liebt, desto mehr seien ihm die Ufer der Narmada empfohlen.

Das Narmada-Projekt

Eine umstrittene Planung sieht ca. 200(!) Staudämme flussabwärts in der Narmada vor, um mehr Wasser vorzuhalten. Das würde Enteignung von zahlreichen Siedlungen bedeuten und eine tiefgreifende Veränderung der Landschaft, vergleichbar mit ähnlichen Projekten an chinesischen Flüssen.

30 Meter hoch über dem Nordufer, rund 80 Kilometer südwestlich von Indore, thront das **Ahilya Fort**, von dessen Terrasse man auf den Fluss und auf ruhiges Leben am Ufer hinuntersieht. Kinder spielen und rufen, tauchen in den Fluss. Kähne legen an den vielstufigen Ghats an, Fischer raffen die bräunlichen Segel und tragen Körbe an Land. Angenehmer Wind streicht hinauf zum Fort.

Hier ist ein Ort des ruhigen Atmens, des Genießens mitten in einem **großen blühenden Garten**. Insgesamt elf Zimmer, eine Suite und zwei Zelte sind in den trutzigen Mauern des Forts für die Gäste bereitet. In romantischer Abgeschiedenheit liegt das geräumige, blau schimmernde Schwimmbecken. Altes wurde bewahrt, wo immer es ging, Neues kaum hinzugebaut.

Dinner im Garten des Forts

Einzigartiger Blick auf den Narmada-Fluss

Der Besitzer des Forts, Richard Holkar aus der königlichen Familie der Maharajas von Indore, ist erfüllt von dem Wunsch, das ererbte Fort zu erhalten und zu restaurieren. Soweit dies möglich ist, wird dabei mit den alten Bautechniken gearbeitet. Wieder eingerichtet und neu eröffnet wurde auch eine der **ältesten Webereien** weit und breit. Im 18. Jahrhundert wurde sie von Ahilya Bai gegründet, der klugen Witwe eines Thronfolgers der Holkars.

Der damalige Herrscher, ihr Schwiegervater, hatte nach dem Tod seines Sohnes nicht, wie damals üblich, die Witwenverbrennung (*Sati*) angeordnet, sondern seiner Schwiegertochter die Gründung der Weberei ermöglicht. Die Fürstin Ahilya Bai wird heute noch wie eine Heilige verehrt. Ihre Weberei am Weg zu den Ghats, die sehr gute Seiden- und Baumwollstoffe herstellt, ist beliebt bei den Gästen des Forts – und eine Arbeitsmöglichkeit, besonders für Witwen und verlassene Frauen.

Die Gäste im Fort versammeln sich vor dem gemeinsamen Abendessen zum Aperitiv im Garten, diese **persönliche Atmosphäre** unterscheidet sich sehr von der Anonymität moderner Luxusherbergen. Abwechslung ist durch die Vielzahl der möglichen **Aktivitäten und Ausflüge** geboten: Romantische Flussfahrten, Baden im Fluss, Exkursionen zu den malerischen Mandu-Palästen (27 Kilometer entfernt) und zu der Tempel-Insel Omkareshwar bieten sich an.

Lage: in Madhya Pradesh, ca. 75 km südwestlich von Indore.
Übernachten: Ahilya Fort (www.ahilyafort.com), zehn Zimmer und zwei Zelte.

Buchtipp: Christian Krug: Auf heiligen Spuren. 1.700 Kilometer zu Fuß durch Indien, Reise Know-How Verlag 2006.

INFO

64 Nächtigen wie ein Maharaja im Raj Niwas-Palast in Dholpur

Menschen, die ihr Speisezimmer kacheln, werden heutzutage als etwas eigen eingestuft. Eigenartig im schönsten Sinne ist der Palast von Dholpur: Ende des 19. Jahrhunderts gebaut, ist der Raj Niwas seit wenigen Jahren ein Luxushotel, und aufgrund seiner Einrichtung mit **historischen europäischen Kacheln** besitzt er ein wohl einzigartiges Ambiente. Dholpur bietet abgesehen vom Raj Niwas keine Unterkünfte westlichen Standards. So kann man den Aufenthalt für Tage fürstlicher Entspannung nutzen und die Sehenswürdigkeiten der Gegend vielleicht sogar ganz allein genießen.

Vorausgesetzt, man will sich überhaupt vom Palastgelände fortbewegen, denn der Raj Niwas ist Attraktion genug: Die meisten der Zimmer und Hallen sind immer noch nach dem letzten Schrei der **Innenarchitektur von vor über 100 Jahren** eingerichtet. Die besondere Schwäche des damaligen Maharajas von Dholpur für kunstvolle Kacheln aus Europa hat unübersehbare Folgen: Mehrere Räume sind bis unter die bis zu acht Meter hohen Decken mit den glasierten Kunstwerken ausgekleidet. Wer dem Charme der Original-Einrichtung, inklusive Badezimmer-Armaturen aus den 1920er-Jahren, nicht traut, kann in einem der neuen Luxus-Bungalows im Schlosspark unterkommen. Hausherr ist der Sohn des früheren Maharajas von Dholpur; seiner Mutter, ehemals Ministerpräsidentin von Rajasthan, gehört das Anwesen gleich nebenan.

Dholpur ist die Kreisstadt des gleichnamigen Distrikts, der den östlichsten Zipfel des Staatsgebietes Rajasthans ausmacht. Die Lebensader für das hauptsächlich landwirtschaftlich genutzte Gebiet ist der **Fluss Chambal**. Südlich der Stadt haben Wasser und Wind über Jahrtausende hinweg eine einzigartige Landschaft geformt: Sandige Schluchten durchziehen die Ebene wie ein tausendfach verästeltes Labyrinth. Legenden von blutrünstigen Wegelagerern, die in dieser **romantisch-**

Der Palast von Dholpur. Im Park warten moderne Bungalows auf die Gäste

Viele der Zimmer sind mit Kacheln ausgekleidet

wilden Kulisse zuschlugen und zuletzt den britischen Kolonialherren auflauerten, werden erzählt, und man braucht nicht viel Fantasie, um sich den Ablauf eines Überfalls aus dem Hinterhalt in dieser Landschaft vorzustellen.

Zu Zeiten der Sultane und Moguln stand Dholpur unter direktem Einfluss der muslimischen Herrscher, und einige ihrer Spuren sind noch heute in der Umgebung zu finden, wie die **Fluchtburg Sher Garh**, mit der der Sultan von Delhi in der ersten Hälfte des 16. Jahrhunderts sein Reich schützte. Im 18. Jahrhundert stritten die Maharajas von Bharatpur und Gwalior (s. S. 40 bzw. 24) um die Herrschaft. Lachender Dritter war die East India Company: Die Briten richteten seit Anfang des 19. Jahrhunderts das Fürstentum als Pufferstaat gegen die Marathen und vor allem gegen den ungeliebten Nachbarn Gwalior ein. Während der sogenannten *Mutiny* 1857/58 erhielten die Kolonialherren sogar Unterstützung gegen die Aufständischen durch den Rana von Dholpur. Das gute Verhältnis zwischen den Europäern und ihrem Protegé spiegelt sich auch in dem später erbauten Raj Niwas-Palast sowie dem **Uhrenturm** im Ortszentrum wider. Dholpur trat 1949 der Indischen Union bei und wurde Teil Rajasthans, 1956 wurde sein Status als Fürstenstaat aufgehoben.

Die Spezialität des Ortes eignet sich leider nur bedingt als Mitbringsel: Der nach dem Ort benannte **Sandstein**, für seine Farbe berühmt, wird hier gewonnen, die Steinmetzereien an den Straßen verkaufen ihn lastwagenweise.

Lage & Anfahrt: Dholpur liegt auf halben Wege zwischen Agra und Gwalior (jeweils etwa 60 km entfernt, NH 3). Nahe dieser Straße liegt Sher Garh, ca. 4 km südlich von Dolphur – nach der besten Straße durch die Sandschluchten im Raj Niwas fragen!

Mehrere Zug- und Busverbindungen täglich von und nach Agra (ca 1,5 Std.); die direkte Busroute nach Jaipur führt über Karauli (90km).
Übernachten: Raj Niwas Palace (www.dholpurpalace.com), 18 Zimmer, 12 Suiten, auch Luxus-Zelte.

INFO

65 Taj Mahal Palace: wiedererstanden

Seinen 100. Geburtstag konnte Indiens berühmtestes Hotel schon 2003 feiern. Die markanten Kuppeln über der imposanten historischen Fassade, gleich gegenüber dem Gateway of India an Mumbais langgestreckter Colaba-Halbinsel sind überall auf der Welt bekannt. Vor allem in Großbritannien vergisst man außerdem nicht, warum der **Stahlmagnat Jamsetji Tata**, ein Parse, hier 1903 ein Hotel eröffnete. Es galt, eine damals alltägliche Provokation zu beantworten. Mit einem ausländischen Freund wollte Jamsetji in einem britisch geführten Hotel zum Dinner einkehren. Der Portier aber verweigerte ihm den Eintritt, nur sein europäischer Gast sei willkommen.

Jamsetji Tata sah die Chance, dem verächtlichen Umgang der Kolonialmacht mit Indern Kontra zu geben – und gab das Luxushotel in Auftrag. Der Taj Mahal Palace, heißt es, ist ein Zeichen der Liebe des Bauherrn zu Indiens größter Hafenstadt – und zugleich ein Signal indischen Freiheitswillens. Die Londoner „Times" bezeichnete das neu eröffnete Hotel als **„die schönste Karawanserei Asiens"**. Und mit freiem Zutritt für Inder, hätte der Redakteur noch hinzusetzen können.

Im modernen Indien bekam der Heritage-Prunkbau einen Nachbarn: das Hochhaus, den *Tower*, eine Rechteck-Architektur mit einer Vielzahl gleichmäßiger Bö-

Das historische Hauptgebäude

gen über den Fenstern. Dieser **Neubau** aus dem Jahr 1972 war mit der steigenden Zahl betuchter Gäste notwendig geworden. Die beiden so verschiedenen Architekturen – hier eine Neorenaissance, dort die Kühle der Bauhaus-Moderne – sind miteinander verbunden, ohne dass die eine die andere beeinträchtigt, dank stimmiger Proportionen. Mehrere Spitzenrestaurants, Fitness-Räume für die Pflege der Figur, ein Spa und ein geräumiger Swimmingpool unter freiem Himmel, dazu noch Läden vom Feinsten gehören zur Ausstattung. Sollte man darauf verzichten, einen der 134

Luxus pur: Wohnzimmer der Tata-Suite im Taj Mahal

Grande Luxury Rooms, der neun Grande Luxury Suites oder eine der beiden Presidential Suites zu buchen und mit einem der rund 500 „normalen" Zimmer vorlieb nehmen, findet man sich dennoch in ein **indisches Wunderland** versetzt.

Unvergesslich wird bleiben, wie sich im Winter des Jahres 2008 der Wunderpalast in eine **Horror-Szene** verwandelte. Eine schwer bewaffnete Bande hatte vom offenen Meer her den Apollo Bunder erreicht und mehrere Gebäude gestürmt, als prominentestes den Taj Mahal Palace. Um sich schießend, Feuer legend, Gäste als Geiseln nehmend waren sie erst nach 60 Stunden zu überwältigen. Der Terror kostete 172 Menschenleben, darunter zehn der pakistanischen Terroristen.

Die ausgebrannten Bereiche des historischen Flügels zu restaurieren war eine schwierige und langwierige Arbeit, die erst 2010 beendet werden konnte. Mindestens ebenso schwierig war, das angeschlagene Vertrauen der Taj-Mahal-Gäste und anderer Indienbesucher aus aller Welt wieder aufzubauen. Der indische Staat kannte Aufstände in fern gelegenen Bundesstaaten wie Bihar und Orissa, hatte in Mumbai aber offensichtlich versäumt, was rund um die Erde leider notwendig geworden ist: **Schutzmaßnahmen** und Kontrollen an besonders gefährdeten Bauten. Im Taj Mahal Palace & Tower scheint man sich nunmehr darauf so gut verlassen zu können wie an den vielen anderen staatlichen und privaten Einrichtungen, die nicht mehr auf Kontrollen von Handtaschen und anderem Gepäck sowie Durchleuchtung von Personen verzichten können.

Lage: Mumbai
Information: www.tajhotels.com
Zum 100. Jahrestag der Eröffnung erschien eine zwei Kilo schwere Festschrift: „Das Taj in Agra, als Liebeszeichen gebaut, ist das Wunder des Mogulreichs. Das Taj in Mumbai, auch im Namen der Liebe gebaut, doch der Liebe zu Mumbai, ist das kostbarste Zeichen des Tata-Reiches."

INFO

66 Elegant, freundlich und bezahlbar: Siolim House in Goa

Das **Dorf Siolim** mit seinen grün umwachsenen Häusern am Chapora-Fluss ist noch immer ein goanisches Dorf und keine Touristensiedlung. In manchem Reiseführer sucht man selbst den Namen vergeblich, denn zum Meer und zu den schönen Stränden von Morgim, Mandrem und Arabol nördlich des Flusses sind es ein paar Kilometer, ähnlich sind die Entfernungen südwärts nach Anjuna und Calangute. Das Badevergnügen beginnt also nicht direkt vor der Haustür – wenn man einen Tag am Meer verbringen möchte, wird ein Taxi gerufen und für wenige Rupien lässt man sich sieben oder auch zehn Kilometer befördern. Seit einigen Jahren braucht man nicht mehr auf die Fähre warten, inzwischen überspannt eine Brücke den Chapora-Fluss.

Wie es dazu kam, dass hier ein Boutique-Hotel entstand? Nicht ohne Hindernisse jedenfalls. Am kompetentesten erklärt es uns der jugendliche **Bauherr Varun Sood** selbst, ein weitgereister Mittdreißiger mit einem Gespür für Heritage-Qualität: „Während unserer Ferien in Goa pflegte meine Frau an den Strand zu gehen, und während sie dort war, fuhr ich auf dem Land herum und hielt Ausschau nach alten Häusern. Ich habe diese Suchfahrten sehr genossen, weil ich so einige sehr interessante Plätze kennenlernte. Schließlich sah ich im Vorbeifahren das Siolim House. Zwar hatte ich keine Ahnung, wem es gehörte, aber ich beschloss, es zu kaufen. Die **Suche nach dem Eigner** und die Verhandlungen über den Kauf erwiesen sich dann als eine der unglaublichsten Unternehmungen, die ich je erlebt

Siolim folgt mit seinem umfriedeten Innenhof der traditionellen goanischen Architektur

Bei der Restaurierung wurde auf Details geachtet

habe. Sie begann in dem nahen Dorf, in dem der vorletzte Besitzer lebte, und endete in Compton, Kalifornien, mit einem Umweg über Lausanne in der Schweiz. Es stellte sich heraus, dass von der Familie, die das Haus besessen hatte, nur noch ein unverheirateter 75-jähriger Sohn und eine ebenfalls unverheiratete über 90-jährige Tochter übrig waren. Das Haus war vor Jahren an einen schweizerisch-amerikanischen Arzt verkauft worden, der mit einer Frau aus Goa verheiratet war. Dieser Arzt, der als Kurzstreckenläufer einst ein Weltchampion gewesen war, hatte nach Goa umziehen wollen, sich in letzter Minute aber für die USA entschieden. Seither war er nie mehr nach Goa zurückgekehrt und das Haus war in einem Zustand **schrecklicher Verwahrlosung**." Es dauerte dann noch ein halbes Jahr, bis Varun Sood den Eigner in Kalifornien aufgespürt hatte.

Im 18. und auch noch im 19. Jahrhundert, als Portugals Macht bereits schwand, hatten portugiesische Beamte im Siolim House gewohnt. Mit der Begeisterung eines Architekturliebhabers und auch mit Respekt vor der historischen Gestalt einer typisch **portugiesischen Casa de Sobrado** machte sich der neue Hausherr Varun an die Wiederherstellung. Ein eleganter Pool im Garten ist neu, die Raumfolge blieb aber unverändert, und die sieben Suiten haben jede ein großes Badezimmer. Und falls die Zeit in dieser goanischen Palmen-Idylle doch einmal lang werden sollte: Die Auswahl an Büchern und DVDs ist beachtlich!

Lage: im Norden von Goa.
Übernachten: Das **Siolim House**
(www.siolimhouse.com) liegt nahe bei
der **Kirche St. Antonius**. Die
katholische Gemeinde im Dorf ist groß,
anstelle einer viel älteren Kirche baute
sie im Stil von Neorenaissance und
Neogotik 1907 eine neue.

INFO

Architektur &
Geschichte

67 Die Havelis von Jaisalmer

Majestätisch blickt die Festung von Jaisalmer auf die dürre Ebene der Wüste Thar. Die **99 Türme und Bastionen** der Burg-Stadt im äußersten Nordwesten Indiens erheben sich auf einem Tafelberg. Zu Füßen der dicken Mauern liegt die Altstadt mit den Havelis, prächtigen **Kaufmannshäusern** mit feinen Steinornamenten.

Die Mauern erzählen vom vergangenen Wohlstand Jaisalmers. Die Mitte des 12. Jahrhunderts gegründete Stadt profitierte von ihrer günstigen Lage an den **Karawanenrouten** zwischen Indus und der Ganges-Ebene. Was in anderen Gegenden der Thar zu teuer war, leisteten sich die Bauherren der Stadt in der Blütezeit im 18. und 19. Jahrhundert: Anstelle von Holz verwendeten die Handwerker für die Ornamente an Balkons, Erkern und Säulen oft Stein. Als Ende des 19. Jahrhunderts der Karawanenhandel mit dem Seehandel nicht mehr konkurrieren konnte, geriet Jaisalmer in Vergessenheit. Erst als die Stadt wegen ihrer Nähe zur pakistanischen Grenze strategisch wichtig wurde, gewann sie wieder an Bedeutung – und erregte die Aufmerksamkeit von Touristen. **Kamelexkursionen** lassen sich von hier aus besonders gut unternehmen. Auf Tagestouren kann man etwa die – für die Thar ungewöhnlichen – Sanddünen von Sam, den **Desert National Park** und im Sand versunkene Ruinen entdecken. Bei mehrtägigen Ausflügen auf den Wüstenschiffen – Kopfbedeckung, warme Kleidung für die Nacht und gutes Sitzfleisch mitbringen! – kann man sich auf ein Lager unter einem unvergesslich klaren Sternenhimmel freuen.

Es soll die muslimische Gemeinschaft der **Silavat-Steinmetze** gewesen sein, die in Jaisalmer die Bauaufträge der Kaufleute und Fernhändler ausführte. Die Kunsthandwerker schufen die stattlichsten Havelis im Land, oft drei- und mehrstöckig

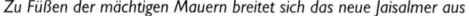

Zu Füßen der mächtigen Mauern breitet sich das neue Jaisalmer aus

Fein gearbeitete Steinarbeiten an einem Balkon der Patwon-ki Havelis

um schöne Innenhöfe herum gebaut. Die meisten Häuser sind in Privatbesitz, doch einige der prächtigsten sind wenigstens zum Teil für Besichtigungen geöffnet. Das **Nathamal-ki Haveli** von 1885 liegt nahe beim Haupttor, dem Amar Sagar Pol. Zwei Sandstein-Elefanten flankieren den Eingang. Sie sind das Zeichen des Erbauers, eines Diwans (Premierministers) des damaligen Herrschers von Jaisalmer. Am ersten Stock, der durch Erker und Fensterbögen akzentuiert wird, gibt es Eisenbahnen, Fahrräder, Soldaten, Elefanten und Pferde zu sehen. Die Säle sind mit Wandmalereien geschmückt. Zwei Steinmetze, Brüder, sollen an diesem Gebäude gearbeitet haben, die beiden Hälften gleichen sich bis auf kleinste Details, zum Beispiel zwei kleine Fenster an den Seiten der Haustür.

Im nordöstlichen Teil der ummauerten Unterstadt, nahe dem Zentrum, liegen die **Patwon-ki Havelis**, erbaut von dem Kaufmanns-Clan der Patvas, der 300 Niederlassungen in Indien, Afghanistan und China besaß. Die Patvas handelten mit Opium, Seide und Brokat und waren auch Bankiers. Die Havelis, wohl die an **Schnitzwerk**, Erkern, Fassadenornamenten reichsten in Jaisalmer, wurden fur fünf Brüder gebaut. Fünf Wohnhäuser sind innen miteinander verbunden, haben aber je einen eigenen Eingang. Viel Gold ist an Wänden und Decken verarbeitet worden. Von den flachen Dächern ist der Ausblick wunderbar: Wenn man Glück hat und den Besuch auf den frühen Abend legt, leuchten die Mauern Jaisalmers im Sonnenlicht rotgolden – ein Bild wie aus einer alten Legende.

Lage: im Westen von Rajasthan.
Information: www.jaisalmer.org.uk
Die Patwon-ki Havelis sind zum Teil in Staatsbesitz (geöffnet 9.30–17 Uhr), eines ist ein Basar-Kaufhaus mit hochwertiger Handwerkskunst.

Reisezeit: Oktober bis März. Im April/Mai sehr heiß!
Übernachten: Fort Rajwada (www.fortrajwada.com), mit imposantem Torbau, innen von deutscher Bühnenkünstlerin gestaltet.

INFO

68 Kumbalgarh: Festung in der Bergwildnis

Es gibt Orte, an denen sich Natur und von Menschenhand Geschaffenes wunderbar ergänzen. Mächtig erhebt sich das Fort Kumbalgarh aus der Berglandschaft des nach ihm benannten Nationalparks Kumbalgarh Wildlife Sanctuary, als würden hier in den **Aravalli-Bergen** Rajasthans Steinmauern aus der Erde wachsen. Egal, ob man zu Fuß, mit dem täglich nur selten verkehrenden Linienbus, mit einem Touristenbus oder im Mietwagen anreist – diese Burg hinter ihren sieben Toren und ihrem mächtigen Steinwall samt Bastionen prägt sich ein. Schon darum, weil bis auf einige andere Gebäude – viele kleine Tempel, ein zweites kleineres Fort – innerhalb vom Mauerschutz die raue Bergnatur um die Burg dominiert.

Wie es sich für eine alte Festung gehört, ranken sich **Sagen und Geschichten** um die Steine und ihre Erbauer. Den indischen Schulklassen, die nach Kumbalgarh kommen, ist der Name des Erbauers und ersten Herren des Forts, **Rana Kumbha**, so geläufig wie Mitteleuropäern König Artus oder Kaiser Barbarossa. Der Rajput aus der Sisodia-Dynastie erneuerte im 15. Jahrhundert das Mewar-Reich von Chittorgarh, besiegte die Heere Mahmud Khiljis, ließ 32 neue Forts bauen, darunter auch Kumbalgarh, das nach Chittorgarh (s. S. 162) größte weit und breit. Seine Geschichte ist Teil rajasthanischen Selbstverständnisses, vieles ist verklärt und zum Mythos erhoben worden. Dass es auch ein von Gewalt und Grausamkeit geprägtes Leben war, das er führte, zeigt sein Ende: Er wurde von seinem Sohn Uday Singh I. ermordet (der bald darauf, heißt es, von einem Blitz getötet wurde). Während Rana Kumbhas Herrschaft entstanden die kostbaren **Jain-Tempel** bei Ranakpur (s. S. 66), Kumbalgarh wurde erst nach seinem Tod (1468 oder 1469) fertiggestellt. Mehrmals wurde die Festung zur rettenden Zuflucht. Nur einmal, heißt es, konnte Kumbhalgarh erobert werden, weil die Wasserreservoire von den Truppen des Moguls vergiftet worden waren.

Nur einmal überwunden: die Mauern Kumbhalgarhs

Mit Brunnen wie diesem werden seit Jahrhunderten die Felder bewässert

Seit den 1990er-Jahren hat der *Indian Archaeological Service* die Burg intensiv restauriert, den Aufgang mit vielen Stufen erneuert und bröckelnde Wände und schwindende Malerei wiederhergestellt. Auch für die Außenanlagen ist viel getan worden. Vom Hauptgebäude des Palasts ist der **Zenana-Bereich** der Frauen deutlich getrennt, dazu gehört auch ein anmutiger Innenhof – und viele Stufen sind zu ersteigen. Großartig ist der Rundblick von der Dachterrasse auf die Rajasthan-Landschaft!

Wer gern eine **Wanderung** einlegt, kann sich bergab und dann durch ebenes Gelände nach Ranakpur zu den Jain- Tempeln aufmachen, am besten mit Führer. Auf dem streckenweise steilen Abstieg trifft man auf ein Heiligtum mit Götterbildern in einer Felsnische. An der Straße sind immer wieder archaisch anmutende Brunnen zu sehen: Ochsen werden stundenlang im Kreis um einen Brunnen geführt und schöpfen so Wasser an Eimerketten aus der Tiefe, das zur Bewässerung der Felder genutzt wird.

Im **Kumbhalgarh Wildlife Sanctuary** kreuzen Jeep-Safaris durch das 610 km² weite Gelände, gelegentlich werden auch Safaris im Sattel arrangiert (vom Hotel Kumbhal Castle). Mit einem Führer sind auch ein- oder mehrtägige Trekking-Touren möglich, letztere mit Übernachtung in schlichten Forest Rest Houses. Das Wild macht sich im dichten Unterholz in den Waldungen freilich leicht unsichtbar. Nur mit Glück bekommt man Sambar-Hirsche, Wölfe, Hyänen, Panther oder gar Bären zu Gesicht, die alle hier ihre Reviere haben.

Lage: in Rajasthan, nördlich von Udaipur.
Information: Kumbhalgarh Fort ist täglich 8–18 Uhr geöffnet.
Übernachten: Mehrere Hotels, voran das **Aodhi** (www.hrhhotels.com, dort unter „Royal Retreats"), bieten Unterkunft in Sichtweite des Forts. Die großzügige Anlage mit Pool und vielen Bäumen fügt sich in die Landschaft ein.

INFO

69 Chittorgarh: Hauptsitz der Rajputen

„Wie ein von Titanenhand aus der Gebirgskette herausgerissener Riesenblock", so beschrieb ihn vor bald 100 Jahren der Indienreisende Joseph Dahlmann, und wer es melodramatisch mag, kann den **Tafelberg** von Chittorgarh, seine felsige Wucht und seine Steilwände auch heute so beschreiben. Der Hang zur Melodramatik ergibt sich fast von selbst, wenn man die Geschichte der riesigen Burg im grünen Osten Rajasthans betrachtet. Bis heute hat der Ort, dessen früheste Siedlungsspuren mehr als 500.000 Jahre alt sein sollen, im Bewusstsein vieler Bewohner Rajasthans einen mythischen Stellenwert. Dabei steht Chittorgarh nicht für die Siege seiner Erbauer. Die Palastruinen, Tempel und Siegestürme, die über das Hochplateau verteilt sind, werden mit Überlieferungen zahlreicher und blutiger **Niederlagen der Rajputen** verbunden.

Vijay Stambha, der Siegesturm, ist das Wahrzeichen von Chittorgarh

Dreimal mussten sich die Mewar-Herrscher in ihrem starken Fort, das 728 oder 734 gegründet worden sein soll, gegen eine Übermacht geschlagen geben. Der turk-afghanische Sultan Ala-ud-Din Khilji besiegte sie 1303, über 200 Jahre später, 1535, gelang Bahadur Schah, dem Sultan des benachbarten Gujarat (heute ein indischer Bundesstaat) ebenfalls ein Sieg, und 1568 war es der Mogulkaiser Akbar, der die Verteidiger Chittorgarhs überwältigte. Dreimal kam es am Ende zu den **grausamsten Szenen** der Rajputenkämpfe mit den muslimischen Herrschern. Nach der Überlieferung zogen die Rajputen-Krieger der Gefangenschaft den Tod vor: Sie stürmten den Belagerern in orangegelben Kleidern entgegen, um im Kampf zu sterben. Ihre Frauen vollzogen den **Jauhar** und stürzten sich in die Flammen riesiger Feuer, um sich nicht den Eroberern auszuliefern. Ob es tatsächlich, wie berichtet, 30.000 bis 50.000 Tote waren oder doch deutlich weniger, ist für die symbolische Bedeutung der Ereignisse unbedeutend – sie prägten den Ruf der Rajputen, die Ehre über das eigene Leben zu stellen.

Nach der letzten Niederlage gründeten die Mewar-Könige ihre neue Hauptstadt, Udaipur (s. S. 18), Chittorgarh verfiel. Heute leben am Fuß des Bergs im modernen Chittorgarh rund 100.000 Men-

Brahma, Shiva und Vishnu als Trimurti-Skulptur, Heiligtum beim Siegesturm

schen, die Ruinen im Mauerring sind fast unbewohnt. Der *Archaeological Survey of India* sorgt für den Erhalt des Ortes. Zehn Kilometer lang ist der Rundgang über das Gelände und er führt an unzähligen Baudenkmälern vorbei, wieder und wieder öffnen sich neue Ausblicke, klettert man über Trümmer. Noch immer imposant ragt **Rana Kumbhas Palastruine** auf, dreistöckig, aber ohne Fußböden oder Decken in den oberen Stockwerken. Dorthin führen Stufen ins Leere. Eine Treppe in die Tiefe führt dagegen zu einem unterirdischen Gang, durch den die königlichen Herrschaften ein Badebecken erreichten.

Der Namensgeber, Rana Kumbha (reg. 1433–68), der so viele Forts zur Verteidigung gegen die Muslime bauen ließ (s. S. 160), war allerdings nicht der Bauherr dieses Palastes, der etwas früher entstand. Seine Architekten und Steinmetze errichteten jedoch ein anderes Denkmal, das bis heute das Wahrzeichen von Chittorgarh ist: den **Vijay Stambha**, den Siegesturm, 37 Meter hoch und 1468 vollendet. Der begehbare Schmuckpfeiler erinnert an den Sieg, den Rana Kumbhas Heer um 1440 gegen den Sultan Mehmud Khilji von Malva erstritten hatte. Die Stufen sind steil und schmal, das Mauerwerk öffnet sich vielfach zu Durch- und Ausblicken – und die figürlichen Szenen im Inneren zeigen die friedliche Seite des Lebens im spätmittelalterlichen Mewar-Reich.

Lage: im Süden Rajasthans.
Übernachten: Die Hotels in Chittorgarh sind meist für innerindischen Tourismus ausgelegt. Empfehlenswert ist das **Hotel Meera** (Tel. 01472-240266), Neemuch Road, nahe beim Bahnhof. 20 km von Chittorgarh entfernt liegt **Bassi Fort Palace** (www.bassifortpalace.com), ein charmantes Heritage Hotel in einer Wohnburg aus dem 16. Jahrhundert, am Dorfrand von Bassi, 16 Zimmer.

INFO

70 **Daulatabad: ganz schön gruselig!**

Eine massiv gemauerte Festung ist zu ersteigen, ein enger stockdunkler Gang, kurvenreich, verwinkelt, sehr dürftig von der Taschenlampe des munter plaudernden Führers erhellt. Dank ihm wird es uns besser ergehen als den Eroberern in vergangenen Tagen, die es schwer hatten, bis hierher zu kommen. Eisengespickte Durchlässe, **Fallen**, Eisenplatten, die zum Glühen gebracht werden konnten, Wassergräben, in denen Krokodile lauerten, Luken, denen giftige Dämpfe entwichen – mit alledem war diese Burg ausgestattet, die wir gerade zwar außer Atem, doch in friedlichster Schaulust besteigen. „Und hier", weist der Führer mit eleganter Wendung auf einen neuen überraschenden Hinterhalt, „wieder ein Kopf war ab!"

Die Verteidiger hatten beste Gelegenheiten, von oben die durch die engen Gänge steigenden Feinde einen Kopf kürzer zu machen.

Wo ist diese Burg mit ihren Schreckenskammern? 13 Kilometer nordwestlich von Aurangabad im Bundesstaat Maharashtra liegt sie am Weg zu den berühmten **Ellora-Höhlen**. Sie heißt „Daulatabad", wurde aber ursprünglich „Devagiri", „Götterberg" genannt, nach einem einzeln in der Ebene aufragenden Granitfelsen. Dieser war der ideale Ort für eine Festung. Die unteren Partien des Felsens sind sichtlich abgeschliffen worden, um einen steilen Sockel herzustellen.

Im 13. Jahrhundert geriet die Festung in den Besitz der Sultane von Delhi, oft umkämpft, immer weiter ausgebaut, bis schließlich der Herrscher von Tuglu-

Ruinen am Fuße des Festungsbergs Devagiri

qabad in Delhi, **Mohammed bin Tugluq** (1325–51), sich entschloss, den Felsen, die Festung und die daneben liegende Stadt „Daulatabad" („Stadt des Reichtums") zu nennen und zu seiner Hauptstadt zu machen. Er hatte gerade begonnen, sich auch den Süden Indiens zu unterwerfen und fand den zentral gelegenen Platz besonders geeignet. Um seine Stadt mit geeigneten Untertanen zu bevölkern, befahl

Überreste der einstigen „Stadt des Reichtums"

er 1338 der Bevölkerung von Delhi, sich auf den über 1.000 Kilometer langen Fußweg dorthin zu machen. Es wurde eine Tragödie, Tausende starben, dem Hunger,
Seuchen und dem unbarmherzigem Wetter ausgesetzt – das Projekt „neue Hauptstadt" scheiterte, nach 17 Jahren wurde den bedauernswerten Menschen der
Rückmarsch befohlen.

Bevor man den dunklen steilen Weg zur Oberburg antritt, kommt man an einem
hohen Turm vorbei, dem **Chand Minar** („Siegesturm") von 1435. Er wurde gebaut, als die Festung trotz ihrer Fallen erobert worden war – wie es heißt, durch
Verrat. Dicht daneben steht die interessante **Freitagsmoschee**, die aus Steinen
älterer Tempel (Jain oder Hindu) erbaut wurde, was man den Steinmetzarbeiten
noch deutlich ansehen kann. Einige Gräben und Burgmauern weiter sieht man die
Ruine des **Chini Mahal**. Dieser sogenannte chinesische Palast ist seines
Schmucks fast ganz entledigt. Eine Kanone aus fünferlei Metall ist noch zu bewundern, dann geht es durch die schon beschriebenen Gänge hinauf – festes Schuhwerk und Trittsicherheit sind dabei sehr nützlich. Ganz oben die Belohnung: ein
herrlicher Ausblick vom Dach eines Säulenpavillons auf zentralindisches Bergland.

Lage: in Maharashtra, bei Aurangabad.
Information: Die Festung ist täglich
von 8–18 Uhr geöffnet, ein Führer wird
empfohlen. Am besten ein Ausflug von
Aurangabad (keine Unterkunft bei Daulatabad), ein Besuch im Anschluss an
Besichtigungen von Ajanta und Ellora
empfiehlt sich aus Zeitgründen nicht.

Übernachten: Nur 13 km ist
Daulatabad von **Aurangabad** und
seiner Hotelszene entfernt. Günstig
zum Flughafen: das **Lemon Tree Hotel**
(Tel.069-945192074), Mittelklasse-
Komfort, Swimmingpool unter Palmen.

INFO

71 Alwar: industriell im Kommen, touristisch fast noch Geheimtipp

Seit in den 1990er-Jahren eine der ersten Autobahnen Indiens gebaut und die Strecke Delhi-Jaipur immer rascher zu befahren war, geriet die alte Königsstadt nordöstlich von Jaipur immer mehr ins touristische Abseits. Dabei lohnt sich der Weg dorthin, doch sollte man bald nach Alwar reisen, in das **breite Bergtal** am Fuße des Aravalli-Gebirges. Schon kündigt sich ein Industriepark an. Noch ist Natur zu erleben, schon am steilen Hang hinauf zum 300 Meter über der Stadt gelegenen Fort Bala Qila, in fast grenzenloser Weite auch in der Gebirgswelt am und um den zehn Quadratkilometer großen Siliserh-Stausee im Süden der Stadt.

Alwars Geschichte reicht bis in die Zeit der Pandawa-Könige zurück, jener untereinander so streitbaren Brüder, deren Schicksale das „Mahabharata" (entstanden etwa 5. Jahrhundert v. Chr. bis 4. Jahrhundert n. Chr.) erzählt. Wenn Alwar den Pandawas als Zuflucht diente, könnte es die **älteste Königsstadt Rajasthans** gewesen sein. Als Einfallstor nach Rajasthan vom Osten wie vom Norden her war Alwar Zankapfel der Herrscher von Amber wie von Bharatpur. Auch die muslimischen Sultane in Delhi waren an der Stadt sehr interessiert.

Der Ausblick vom Fort Bala Qila ist wunderschön, der Zugang durch die fünf Kilometer lange Ummauerung ins innere Fort und zum Karni-Mata-Tempel ist frei. Beim letzten Besuch war in der Durbar-Halle freilich nur eine Polizeistelle anzutreffen. Ganz anders der **City Palace**: Am Rande der Stadt, fast unmittelbar am Fuße der steilen Felswand errichtet, bietet er in seinem obersten Stockwerk neben dem Ausblick auf Stadt und Felshöhen auch noch eines der kuriosesten Museen Rajasthans. Nicht gerade übersichtlich präsentiert, aber extrem vielfältig sind die Exponate: Gewänder, verstaubte Gefäße, eine traurige Büste der Queen Victoria, ausgestopfte Jagdtrophäen, Dolche und Schwerter, dazu Schmuck, Elfenbein und Jade, kostbare Miniaturmalereien. Übrigens verstauben in den unteren Stockwerken Büros voller Aktenberge, Schilder oder Hinweise auf das Museum gab es zuletzt noch nicht.

Blick auf den Palast von Alwar

Die alte Fürstenkapitale liegt inmitten einer spektakulären Landschaft

Doch in Alwar ist noch mehr zu entdecken, besonders in den Schmalgassen des **Basars**. Der ist zentral am Hope Circus zu finden und ein labyrinthisches Abenteuer. Eine Spezialität der Stadt sind *Bangles*, die bunten Armreifen, die hier nicht aus Glas oder gängigem Kunststoff produziert werden, sondern aus Schellack. Ein Stück weiter westlich am Tripolia-Tor kommt man zum Sarafa- und zum Bajaja-Basar: Dort funkelt und glänzt ein Goldladen neben dem nächsten.

Eine alte Stadt hat ihre historischen Sehenswürdigkeiten, Alwar hat zumindest eine hervorragende für Architektur-Bewunderer: das dreistöckige Humayun-Grabmonument **Fateh Jung-ka-Gumbad**. Es wird von Kennern als einer der imposantesten Grabbauten Indiens geschätzt, ebenbürtig denen in Delhi, Agra oder Orchha. Die Anlage ist ab 9 Uhr zugänglich, auf der Ostseite des Bahnkörpers und etwa einen Kilometer nördlich vom Bahnhof.

Zehn Kilometer östlich der Stadt befindet sich das **Fort Kesroli** auf einer Anhöhe, im Kern ein Bau des 14. Jahrhunderts, heute ein Heritage-Hotel, das auch Kamelsafaris anbietet. Ein anderes, staatliches Heritage-Hotel ist im **Siliserh-Palast** zu finden, direkt am See gleichen Namens. Erzählt wird dazu eine romantische Geschichte: Maharaja Vinay Singh wollte die Liebe einer ländlichen Schönheit gewinnen, doch diese machte zur Bedingung, dass er ihr dieses Schloss bauen sollte – damit sie nicht ihre in der Nähe wohnende Familie aus dem Augen verliere. Der Wunsch wurde, wie nicht zu übersehen ist, erfüllt.

Lage: im Osten Rajasthans, rund 50 km von der NH 8 bei Behror.
Information: Tourist Reception Centre (Tel. 0144-2347348), gegenüber dem Bahnhof, Gratis-Stadtplan, Auskünfte auch über Orte im Umkreis, zum Beispiel den Sariska-Nationalpark. Außerdem: www.alwar.nic.in
Übernachten: Seit 2005 ist das **Burja Haveli** (Tel. 0144-5131288) ein Hotel; mit Swimmingpool und Restaurant, an der Straße nach Rajgarh.

INFO

72 Shimla und seine Waldberge

Wenn ein Ort dafür steht, dass die Briten besser nie ein Kolonialreich in Indien hätten gründen sollen, dann ist es Shimla. „Seit 1864 ständige Hauptstadt des britisch-indischen Kaiserreichs, auf einem schön bewaldeten Bergrücken des zentralen Himalaya, im europäischen Stil gebaute Häuser, ein schöner Palast des Vizekönigs, ein Stadthaus etc., mehrere Kirchen, ein Kloster, höhere Schulen für Knaben und Mädchen, Hospital, ein magnetisch-meteorologisches Observatorium, zwei Brauereien, drei Banken und 13.836 Einwohner (8.484 Hindu, 2.489 Mohammedaner und 1.587 Christen), im Sommer 30.000." Dieser Auszug aus einem Lexikon aus der Zeit der Wende zum 20. Jahrhundert lässt erahnen, wie fremd den Briten Indien gewesen sein muss und wie groß ihre Sehnsucht nach der Heimat, dass sie sich eine **Kleinstadt nach englischem Vorbild** mitten auf dem Subkontinent erbauten. Inzwischen ist Shimla, dieses hauptstädtische Dorf von einst, ein Provinzstädtchen mit rund 150.000 Einwohnern, an dessen Rändern die Slums wuchern und in dessen neuen Vierteln sich der Verkehr staut. Doch immer noch führt das Zentrum des Orts so anschaulich wie wenige die Zeit der britischen Kolonialherrschaft vor Augen – und, kommt man zwischen April und Oktober, so angenehm temperiert wie kein zweiter.

Das Klima war es, das in der Zeit vor der Erfindung von Kälteaggregaten die Europäer auf die Idee brachte, auf 2.455 Metern Höhe eine Stadt zu gründen. Um 1815 kamen die ersten Briten hierher, schon 15 Jahre später wurde am Stadthügel **Mount Jako** die Straße erbaut, die zum Gipfel (hervorragender Panorama-

Rashrapati Niwas, zeitweise Regierungsgebäude des Britischen Raj

blick!) und zum **Hanuman-Tempel** führt. Ab 1840 diente Shimla bereits jeden Sommer etwa 100 Europäern, die der Hitze der tiefer gelegenen Gebiete entkommen wollten, als Luftkurort. Von 1864 an flüchtete die gesamte Kolonialregierung für die Dauer des Sommers aus der drückenden Schwüle Kalkuttas auf die kühlen Waldhänge. Der Tross soll zehn Meilen lang gewesen sein, die Entfernung von der Winter- zur Sommerkapitale beläuft sich auf 2.000 Kilometer, und die Regierung arbeitete in dem Dorf dermaßen ineffizient, dass die zeitgenössische Presse immer wieder über den Wahnsinn des Umzugs spottete. Den Spitznamen „Queen oft he Hill Stations" verdiente sich Shimla durch eine andere Eigenschaft: Die Stadt war berüchtigt für **Feiern und Flirts**, die weiblichen Angehörigen von Offizieren, die in der Ebene ihrem Dienst nachgehen mussten, sorgten auf Bällen und Picknicks für Frauenüberschuss – kein Wunder, dass niemand zum Regieren kam.

Wolken hängen im Tal von Shimla

Von der kolonialen Herrlichkeit blieben nur noch vage Ahnungen, diese sind um so eindrücklicher: Etwa die sechsstündige Anreise von Kalka aus mit dem Toy-Train, einer Schmalspurbahn, oder die so gar nicht indisch anmutenden Schilder im Stadtzentrum, die zur Sauberkeit mahnen; auch, dass die **Mall**, Shimlas koloniale Flanier- und Einkaufsstraße, wie ehedem Fußgängerzone ist (nur der Vizekönig, der Gouverneur des Punjab und der oberste Militärchef hatten das Recht, hier mit dem Wagen zu fahren). Pittoresk wirkt die abblätternde Farbe an den **Häusern im viktorianischen Stil**, besonders schön sind die alte Feuerwache, die Christ Church (1844) und das Gaiety Theatre (1887).

Die **Viceregal Lodge** (Rashtrapati Niwas), etwa eine Dreiviertelstunde Fußweg vom Stadtzentrum entfernt, war die Residenz des Vizekönigs während seiner Aufenthalte in Shimla. Das viktorianische Gebäude von 1877, heute das imposanteste Relikt der Glanzzeit Shimlas, erlebte viele wichtige politische Diskussionen und Entscheidungen – eingeschlossen die, die das Ende der Herrschaft der Briten in Indien begleiteten. In den Räumen, die heute **ein Museum**, eine Bibliothek und ein Universitätsseminar beherbergen, fanden 1945/46 die Shimla-Konferenzen statt, in denen Vizekönig Lord Wavell, Gandhi, Nehru und der Führer der Muslims, Jinnah, über die Gründung des Staates Indien verhandelten. So wurde in der Stadt, die England in Indien nachahmen sollte, das Ende der Herrschaft der Briten auf dem Subkontinent vorbereitet.

Lage: im Süden von Himachal Pradesh.
Übernachten: The Clarke's Hotel (www.clarkesshimla.com), hier arbeitete Mohan Singh Oberoi, später Gründer der zweitgrößten Hotelkette Indiens, als junger Mann. 1934 kaufte er dem Besitzer Mr. Clarke das Hotel ab.

INFO

73 Hochmut kommt vor dem Fall: britische Residenz in Lucknow

Schreie von Verwundeten, Kanonendonner und das Sirren von Musketenkugeln, halb verhungerte Gestalten, in feuchten Kellerräumen eng gedrängt: Um die *Residency* von Lucknow wogte eine der längsten und heftigsten Schlachten des **indischen Unabhängigkeitskampfes** von 1857/58. Heute stehen die Ruinen des ehemals repräsentativen Gebäudekomplexes in einer idyllischen Parkanlage. Die Einschusslöcher in den alten Mauern und eine Ausstellung in den Räumen mit alten Stichen, Augenzeugenberichten und Überbleibseln der Kämpfe geben einen lebendigen Eindruck von der Belagerung, die eine der bedeutendsten Kraftproben des Aufstandes war.

Die Briten konnten erst nach über vier Monaten die 2.996 aus Europa stammenden Zivilisten, darunter etwa 500 Kinder, befreien. Den Gebäudekomplex erhielten die Sieger in dem Zustand, in dem sie ihn nach dem Entsatz vorgefunden hatten. Schon während der Kämpfe entwickelten sich die Ereignisse in der Residenz für die britische Öffentlichkeit zum Symbol der Grausamkeit der „Meuterei", zu der sie die Erhebung in weiten Teilen ihres indischen Kolonialreichs, des *Raj*, abschätzig erklärte. Auch der indische Staat bewahrte den Platz nach der Unabhängigkeit als **Ort nationalen Gedenkens**, denn im Gegensatz zur Interpretation der Kolonialherren sieht man hier den Aufstand nicht als Meuterei indischstämmiger Soldaten der Kolonialtruppen, sondern als frühes Zeichen nationalen Freiheitsstrebens.

Die Ruinen der Residenz sind in einem friedlichen Park gelegen

Lucknow war Ende des 18. und in der ersten Hälfte des 19. Jahrhunderts einer der bedeutendsten Orte Nordindiens – in kultureller Hinsicht, nicht in politischer, denn hier trafen die Briten längst alle wesentlichen Entscheidungen. In das durch den Niedergang des Mogulreichs entstehende Machtvakuum waren die **Nawabs von Avadh** („Oudh" in zeitgenössischer englischer Schreibweise) getreten. Ursprünglich verwalteten die Nawabs als Gouverneure der Moguln von Delhi aus das Gebiet in Nordindien, emanzipierten sich aber immer mehr von ihren Herrschern.

1775 verlegten sie ihren Hauptsitz nach Lucknow und regierten hier auf so selbstherrliche und dekadente Weise, dass „Nawab" bis heute synonym für „Verschwender" verwendet wird, ähnlich wie in unseren Breiten der „Nabob" den neureichen Emporkömmling meint.

Der letzte Nawab, Wazid Ali Shah, trieb es so weit, dass die Briten ihn 1856 für schwachsinnig erklärten und verbannten – nicht ohne die Gelegenheit zu nutzen, **Oudh** zu annektieren. In den 80 Jahren der Nawab-Herrschaft war Lucknow ein

Die Grabsteine erzählen von den Ereignissen 1857/58

Paradies für Künstler, Architekten und Baumeister. Scheinbar unerschöpflich flossen die Mittel in den Bau fast schon zu prächtiger Paläste, Mausoleen und Tempel. Diese vereinen auf einzigartige Weise europäische Architekurelemente mit indischen. Ihren Hang zu neureicher Angeberei können viele der Gebäude auch nach über 200 Jahren nicht verleugnen. Besucher Lucknows sollten sich mindestens einen Tag Zeit für die Stadtrundfahrt nehmen. Auch die später belagerten Gebäude hatte ein Nawab im Jahr 1800 dem britischen *Resident*, dem Vertreter der Briten am Hofe, als kleine Aufmerksamkeit vermacht.

„Er versuchte, seine Pflicht zu tun", mahnt der **Grabstein** von Chief Commissioner Sir Henry Lawrence, dem Statthalter der Briten zur Zeit der Belagerung. Zwischen dem Fluss Gomti und der Residency erinnert ein weiteres Denkmal an die indischen Opfer der britischen Kolonialherrschaft. Auch wenn die Briten 1858 schließlich die Kontrolle über das Raj zurückerlangten, veränderte die „Mutiny" das Verhältnis von Kolonisierten und Kolonialherren nachhaltig. Fast unglaublich erscheint es beim Spaziergang von einem Gedenkstein zum anderen, dass es bei der Unabhängigkeitserklärung Indiens 89 Jahre später kein landesweites Gemetzel zwischen Kolonisierten und ehemaligen Kolonialherren gab – und um so tragischer erscheint, dass im Zuge der Staatsgründungen auf dem Subkontinent Millionen Menschen starben.

Lage: in Uttar Pradesh.
Information: Mahatma Gandhi Road, Eintritt von Sonnenauf- bis -untergang, Museum tgl. 10-17 Uhr; Eintritt 105 Rs; Sound & Light Show, ab 19.30 Uhr, Eintritt 50 Rs.

Übernachten: Preisgünstig, zentral, mit Restaurant und Bar beweist das **Hotel Gomti**: Staatliche Hotels können guten Service leisten. 80 Zimmer, teils AC (6, Sapru Marg, Tel. 0522-2212291, hotelgomti@up-tourism.com).

INFO

74 Shivpuri: Ruhepunkt zwischen Marmorkunst und Dschungel

Es ist immer noch wenig bekannt und wird seiner Ruhe und Schönheit wegen gelobt. 120 Kilometer südwestlich von Gwalior und 100 Kilometer westlich von Jhansi – beides Städte mit stattlichen Forts und ruhmvoller Geschichte – liegt es, fast auf dem Weg für Reisende, die von Rajasthan aus nach Khajuraho fahren. Wie entfernt ist man in Shivpuri von dem dauernden Gedröhn der Autobahnen, wie klar ist der Nachthimmel mit Sternen, groß und leuchtend und ohne störenden Lichtsmog! Wie einladend ist die Landschaft am von Wald umgebenen **Sakhya-See**.

Wie friedlich die Szenerie am Bhadiya Kund, der Quelle, zu der die Bewohner der kleinen nahen Stadt gerne gehen. Die meisten Besucher Shivpuris unternehmen in Begleitung eines Führers eine Erkundungsfahrt in den **Madhav National Park**, der sich dem See anschließt, um Vögel, Gazellen, Antilopen und kleinere Raubtiere aufzuspüren.

Wer nicht weiß, dass Shivpuri **Sommerresidenz** der Scindia, der Maharajas von Gwalior war (ihr Palast dient einer Behörde und ist für Besucher nicht zugänglich), könnte sich beim ersten Anblick der zierlichen Marmorpracht überall an den Gedenkstätten der Fürstenfamilie in ein Märchen versetzt fühlen. Sie liegen außerhalb des Städtchens, in dörflicher Umgebung und inmitten symmetrisch angelegter Gärten.

Der Palast war die Sommerresidenz der Maharajas von Gwalior

Man staunt, wie hier das **Totengedenken** in so festlicher, beinahe heiterer Art gestaltet ist. Die Pavillons sind an ihren makellos weißen Marmorwänden mit Blumen und Ornamenten aus Halbedelsteinen geschmückt. Diese sind in der Pietra-Dura-Technik gestaltet, wie am Taj Mahal, nur zierlicher, verspielter. Die Gebäude dienen der Erinnerung an die Maharani Sakhya Raja Scindia, die im 18. Jahrhundert lebte, und an ihren Sohn Madho Rao Scindia; sie liegen an rechteckigen künstlichen Wasserbecken mit grazilen steinernen Stegen. Allerdings erlebt man die stimmungsvolle Spiegelung der Pavillons im Wasser am besten in der Monsunzeit, wegen des stark gesunkenen Grundwasserspiegels seit den 1990er-Jahren.

Sonnenuntergang bei Shivpuri

Man kann die Hallen auch betreten und den verehrten Toten Reverenz erweisen. Priester bringen abends Blumen und Räucherwerk, manchmal spielen bei beginnender Dunkelheit Musiker klassische Ragas, Gärten und Gebäude werden dann illuminiert. Eine bezaubernde Abendstimmung.

Einige der Gedenkstätten sind nicht sehr alt, sie stammen aus dem **20. Jahrhundert**. Die alten Bauformen und Intarsientechniken dauern bis in noch junge Vergangenheit fort.

Nur etwa eine Viertelstunde Fußweg entfernt und idyllisch mit Blick auf den Sakhya-See gelegen, kann der Reisende eine Unterkunft finden. Es handelt sich um ein **Tourist Village** mit angeschlossenem Restaurant, das sich angenehm in die Landschaft einfügt. Dieses Government-Unternehmen bietet, wie Gäste immer wieder berichten, überdurchschnittlich guten Service. Ein wunderbares Erlebnis ist es, aufzuwachen und gleich in die Natur hinauszutreten!

Lage: im Norden von Madhya Pradesh.
Übernachten: Tourist Village Shivpuri (www.nivalink.com/touristvillage), 19 Bungalow-Zimmer, Swimmingpool, Restaurant, Organisation von Safaris in den Nationalpark.
Touren: Von Shivpuri aus kann man Ausflüge nach Gwalior unternehmen (auch Bus-Verbindungen), um dort das gewaltige Fort zu besuchen, oder nach Jansi, der Stadt der heldenhaften Rani Lakshmi Bai, die ihr Fürstentum gegen die Briten verteidigte. Näher gelegen (56 km) ist Narwar, wo auch eine große mittelalterliche Burg zu besichtigen ist.

INFO

75 Entspanntes Stadtleben in Panaji

Panaji – oder **Panjim**, wie viele Goaner den Namen ihrer Stadt politisch unkorrekt, aber gewohnheitsmäßig aussprechen – ist das Richtige für alle, die sich nicht entscheiden können. Mit immerhin mit 100.000 Einwohnern ist es die größte Stadt von Indiens kleinstem Bundesstaat. Trotz seiner Größe ist Panjim geprägt vom gemächlichen Rhythmus des goanischen *Way of Life*, sodass man hier sowohl umtriebiges Stadtleben als auch die entspannten Goaner erleben kann.

Bollywood-Stars hautnah erleben

Das **International Film Festival of India** (IFFI), Indiens ältestes Filmfestival, wird jedes Jahr Ende November/Anfang Dezember in Goa veranstaltet, mit Panjim als Veranstaltungszentrum. Neben Beispielen des internationalen und indischen Arthouse-Kinos stehen auch Mainstream-Filme auf dem Programm. Leider ist es schwierig, ohne Anmeldung in die Kinosäle eingelassen zu werden. Allerdings lohnt für Bollywood-Fans auch das Warten am roten Teppich davor: Dort kann man oft einen Blick auf Stars und Sternchen erhaschen.

Dank seiner stolzen Bewohner hebt sich Panjim von anderen indischen Städten ab: So viele **selbstbewusste Frauen** wie hier sieht man selten auf den Straßen Indiens, und auch sonst ist den Menschen anzumerken, dass sie sich der Vergangenheit ihrer Stadt bewusst sind. Vor zweieinhalb Jahrhunderten verlegte der portugiesische Vizekönig seine Residenz von Velha Goa (s. S. 94) flussabwärts an die

Die Kirche Our Lady of Immaculate Conception überblickt sahneweiß Panajis zentralen Platz

Mündung des Mandovi-Flusses. Hier hatten die Europäer unter Alfonso de Albuquerque bereits 1510 den muslimischen Herrscher Yussuf Adil Shah aus seinem Sommerpalast vertrieben. Zwischen 1843 und 1961 war Panaji **Hauptstadt der wichtigsten portugiesischen Kolonie** auf dem Subkontinent.

Kunstvolle Kachel: Straßenschild in Fontainhas

Das **alte Stadtzentrum** ist immer noch geprägt von den zwei- bis dreigeschossigen Gebäuden aus dieser Zeit, wie dem Haupt-Regierungsgebäude (*Secretariat*), dem Gericht (*High Court*) oder dem Zollhaus (*Customs*). Natürlich leidet auch Panaji unter Bevölkerungswachstum und Verkehrschaos, doch die niedrige Bebauung und viel Grün zwischen den Häusern sorgen für eine entspannte Atmosphäre. Besonders malerisch ist das Stadtviertel **Fontainhas**, wo noch zahlreiche Wohnhäuser mit portugiesischer Architektur stehen. An vielen sorgen Arkaden und von Säulen gestützte Holzbalkons und Galerien für Schatten, die Ziegeldächer ragen weit über die Hauswände hinaus. In Fontainhas sind auch noch an vielen Mauern kunstvolle, blau-weiße Kacheln zu sehen, die die portugiesischen Namen der Straßen nennen.

Panaji war zu seiner Zeit als Kolonialhauptstadt ein Ausgangspunkt der christlichen Mission. Heute sind noch etwa 30 Prozent der Goaner **Christen**. Darunter sind viele Angehörige der alten Familien mit portugiesisch klingenden Nachnamen, die das öffentliche Leben Goas prägen. An vielen Orten hat man den Eindruck, dass der Einfluss der christlichen Eliten im Land überproportional bedeutend ist. So ist das auffälligste Gebäude Panajis eine Kirche: Wie eine Hochzeits-Sahnetorte überblickt **Our Lady of Immaculate Conception** in strahlendem Weiß das Viereck des Municipal Gardens, des Stadtparks. Besonders schön wirkt das Gotteshaus nach Sonnenuntergang, wenn die Konturen der Kirchenfassade und der repräsentativen Freitreppe davor mit Lichtergirlanden hervorgehoben werden. Dies ist die Tageszeit, in der auch die Einheimischen durch die Stadt schlendern – oder die Vergnügungsplätze besuchen, wie das moderne Multiplex-Kino INOX.

INFO

Lage: in Goa, an der Küste.
Information: Staatliches Fremdenverkehrsamt GTDC: www.goa-tourism.com; Filmfestival IFFI: http://iffi.gov.in
Übernachten: Panjim Inn & Pousada & Peoples (E-212, 31st January Road, Fontainhas, www.panjiminn.com). Die Heritage-Hotels liegen nah beieinander, das **Peoples** ist das luxuriöseste der drei. Jedes Zimmer der historischen Häuser ist individuell gestaltet und mit antiken Möbeln eingerichtet.

76 Bijapur:
Größenwahn und Kunstfertigkeit

Mit nicht einmal 300.000 Einwohnern ist Bijapur für indische Verhältnisse eine Kleinstadt, und der Norden Karnatakas gehört zu den provinziellen Gegenden des Landes. Doch ein Besuch, der auch mehr als nur ein Zwischenstopp sein darf, lohnt sich. Die Stadt hat viel an architektonischen Sehenswürdigkeiten zu bieten und wird auch gerne einmal als **„Agra des Südens"** bezeichnet. Der schönste Unterschied zur Heimat des Taj Mahal ist, das Bijapur eine normale indische Stadt geblieben ist – Schlepper und Touristenfänger sind selten und verglichen mit Agra eher harmlos. Abgesehen von dem monumentalsten Bau, dem Golgumbaz, den Touristen auf der Durchreise in großer Zahl ansteuern, hat man die meisten Baudenkmäler in Bijapur für sich allein. Ein wunderbarer **Ort für Entdeckungen** – viele der Sehenswürdigkeiten sind nicht einmal als solche ausgewiesen.

Das **Golgumbaz** ziert viele Titelseiten von Karnataka-Führern, und steht man in dem Mausoleum, begreift man erst seine gewaltigen Dimensionen. Weithin ist seine **riesige Kuppel** sichtbar. Sie soll die zweitgrößte der Welt sein, nur übertroffen von der des Petersdoms, deren Durchmesser sechs Meter mehr misst. Eine rundum laufende Galerie umgibt in sieben Stockwerken Höhe das Innere, die *Whispering Gallery*: Schon ein Flüstern ist durch die außergewöhnlich gute Akustik auch auf der gegenüberliegenden Seite der Kuppel zu verstehen. Mindestens so respekteinflößend ist auch der Blick von der Galerie hinunter.

Die **Glanzeit Bijapurs** fällt zusammen mit der Herrschaft der Dynastie der Adil Shahis, die von 1489 bis 1686 herrschten. Die muslimischen Herrscher gingen im späten 16. Jahrhundert mit vier weiteren muslimischen Fürstenhäusern eine Al-

Das Mausoleum des Ibrahim Rauza

lianz gegen das Hindu-Reich Vijayanagar ein. Der Sieg über den Gegner und die Plünderung seiner Hauptstadt (s. S. 178) bedeutete großen Reichtum. Als das Bündnis zerbrach, erlebte Bijapur einen unaufhaltsamen Niedergang.

Vielleicht wirkt das Golgumbaz deshalb so merkwürdig **fehlproportioniert**. Wer hier baute, hatte etwas zu beweisen: Mohammed Adil Shahi, gestorben 1656, für den das Mausoleum errichtet wurde, war einer der letzten Herrscher der Adil Shahis, und auch seine Nachfolger scheinen Größe der Ästhetik vorgezogen zu haben. Die Kuppeln der vier achteckigen Türme, die an den Ecken der Riesenkuppel stehen, scheinen winzig zu sein, der nahezu quadratische Grundriss des Gebäudes wirkt plump, wie auch die hohen Seitenmauern jene Leichtigkeit nicht zulassen, die vielen anderen islamischen Kuppelbauten mit aufeinander aufbauenden Bogenkonstruktionen eigen ist.

Das Gold der Hindu-Könige wussten die Adil Shahis aber auch anders

Die Ecktürme stützen den mächtigsten indischen Kuppelbau seiner Zeit

einzusetzen, das zeigen Bauwerke wie die *Jama Masjid* (die Hauptmoschee), der *Mithari Mahal* oder die Ruinen der Zitadelle. Besonders hervorzuheben ist aber ein weiteres Mausoleum: die **Grabstätte des Ibrahim Rauza**. Vermutlich wurde es von Ibrahim Adil Shah II. (1580–1626) erbaut, also auf dem Zenit der Macht des Herrscherhauses. Möglicherweise hat auch seine Frau Taj Sultana, für die das Mausoleum ursprünglich gedacht war, den Bau geleitet. Sicher ist immerhin, dass der Herrscher, der vor ihr starb, als erster hier bestattet wurde. Hier scheint alles in wunderbarem Verhältnis zueinander zu stehen, die 24 Meter hohen Minarette wie auch die Anlage von Wasserspielen zwischen der dazugehörigen Moschee und dem Mausoleum. Ins Innere dringt Licht durch Fenster aus durchbrochenem Stein. Bei genauem Hinsehen entpuppen sich die Gitter als filigran gefasste Koranverse – eines der bemerkenswertesten Werke der Steinmetzkunst in Indien.

Lage: im Norden von Karnataka.
Übernachten: Gute Hotels? In Bijapur rar, Service und Küche enttäuschen oft. Dem Budget-Hotel **Navaratna Interna-** **tional** (Tel. 08352/221222) nah bei Bahnhof und Busstation, sagt man gepflegte Zimmer nach, das Restaurant bietet multicuisine.

INFO

77 Vijayanagar: Zauber einer Ruinenstadt

„Vijayanagar" bedeutet „Stadt des Sieges" – doch der stolze Name bewahrte die prächtige Hauptstadt eines hinduistischen Königreichs nicht vor dem **Untergang**: Nach sechsmonatiger Belagerung durch muslimische Truppen wurde Vijayanagar Mitte des 16. Jahrhunderts völlig zerstört. Heute geht von den Ruinen, die malerisch in einer **atemberaubenden Felslandschaft** zwischen leuchtend grünen Bananenplantagen und Reisfeldern liegen, ein solcher Zauber aus, dass es manchem Reisenden schwer fällt, den Ort wieder zu verlassen.

Matanga Hill: Vijayanagar bei Sonnenaufgang

Südlich von Hampi Bazaar erhebt sich ein felsiger Hügel: Matanga Hill. Ein alter schmaler Pfad windet sich zum Gipfel hinauf, auf dem ein kleiner Tempel thront. Von hier aus hat man einen ausgezeichneten Fernblick über das Ruinen-Gelände der alten Königsstadt. Frühes Aufstehen lohnt sich: Wer von hier oben die Sonne aufgehen sieht, wird diesen **magischen Ort** nie mehr vergessen.

Der Überlieferung nach liegt Vijayanagar an einem Ort, der ursprünglich von den Affenkönigen Bali und Sugriva regiert wurde. Die großen, oft seltsam rund geformten Felsbrocken aus Granitgestein sollen von den Soldaten des Affenreichs zum Beweis ihrer Stärke auf dem Gelände verstreut worden sein. Historisch belegt ist, dass Vijayanagar 1336 als **Hauptstadt eines unabhängigen Hindu-Reichs** gegründet wurde. Innerhalb weniger Jahrzehnte erlangte es so viel Macht, dass es große Landstriche Südindiens von Küste zu Küste beherrschte. Ihre Blütezeit als Handelsmetropole erlebte die Stadt von 1509 bis 1529 unter Krishna Deva Raya. Reisende berichteten von der überwältigenden Ausdehnung und dem unermesslichen Reichtum: Sogar die Kriegselefanten seien mit Seide, Brokat und Diamanten geschmückt, berichtete der portugiesische Kaufmann Domingo Paes. Die „Stadt des Sieges" schützte sich mit massiven Verteidigungsanlagen vor Angreifern – bis sie schließlich 1565 besiegt wurde.

Blick vom Matanga Hill: die Landschaft von Hampi im Morgenlicht

Von der einstigen Pracht der Stadt zeugen heute die Ruinen, die über ein riesiges Gebiet von 26 Quadratkilometern verteilt liegen, und die seit 1986 zum **Weltkulturerbe der UNESCO** gehören. Das Dorf Hampi Bazaar, wo heute die meisten Vijayanagar-Besucher Unterkunft finden, wird beherrscht vom Virupaksha-Tempel, der auch heute noch zahlreiche Pilger anzieht. Auf dem Weg zum Fluss, auf dem die kreisrunden, geflochtenen Coracle-Boote fahren, kommt man an weiteren Tempeln und Heiligtümern vorbei. Besonders beeindruckend ist der Vitthala-Tempel mit seinen **„Musikalischen Säulen"** aus Granit. Diese sind so geformt, dass die Tonleiter erklingt, wenn man sie anstößt.

Im **„Königlichen Bezirk"** befinden sich weitere bedeutende Bauwerke von Vijayanagar: Das Queen's Bath und der Pavillon Lotus Mahal waren beide der königlichen Gemahlin vorbehalten. Die Überreste des Mahanavami-Dibba, „Haus des Sieges" und die King's Audience Hall zeugen von der Macht des Königs von Vijayanagar, ebenso die prächtigen Elefantenställe.

Hampi besticht durch die Mischung aus pittoresker Landschaft und historischen Stätten

Viele der Gebäude sind mit lebendigen Fresken, Medaillons und Friesen reich geschmückt und zeugen von der Bildhauerkunst früherer Jahrhunderte.

Auch abseits der bekanntesten Bauwerke gibt es immer wieder Neues zu entdecken. Manche Ruinen sind nicht touristisch erschlossen, und es kann passieren, dass man Scharen von Fledermäusen aufscheucht, wenn man sie – hoffentlich mit einer Taschenlampe ausgerüstet – betritt. Es sind nicht allein die Überreste der „Siegesstadt", die verzaubern, sondern das Zusammenspiel mit der unwirklich anmutenden, **überwältigenden Landschaft**. Ein Ort, der die Fantasie beflügelt!

Lage: im Bundesstaat Karnataka.
Information: Um einen Überblick über das Ruinen-Areal zu bekommen, empfiehlt sich ein Besuch im **Archäologischen Museum** in Kamalapuram, geöffnet täglich außer Freitags, 10-17 Uhr, Eintritt frei. Das Gelände von **Vijayanagar** ist frei zugänglich, nur für einzelne Bauwerke wird Eintritt verlangt. Wer möglichst viel von den Ruinen sehen möchte, kann ein Auto oder ein Fahrrad mieten.

Übernachten: Für den schmaleren Geldbeutel bietet **Hampi Bazaar** unzählige kleine Unterkünfte und Restaurants. Allerdings wirkt das Örtchen zunehmend touristisch überlaufen, sodass einige Reisende auf das Dorf **Virupapurgaddi** am anderen Flussufer ausweichen. Wer ein Zimmer mit Klimaanlage und westlichem Standard sucht, übernachtet besser in **Hospet**, der nächsten größeren Stadt.

INFO

⑦⑧ Kochi: Queen of the Arabian Sea

Welche Stadt wäre mit Kochi, der „Queen of the Arabian Sea", zu vergleichen? Vielleicht **Venedig**, die Serenissima an der Adria. Zugegeben hat Kochi weder Kanäle noch Brücken in gleicher Zahl wie die Lagunenstadt, auch einen Markusplatz sucht man vergebens. Doch beiden ist die Küstennähe und das mit dem Meer verwobene Schicksal gemeinsam, beide sind Hafen und Heimat für Menschen vieler Völker seit Jahrhunderten. Und in beider Gassen sind Autos die Ausnahme – für eine indische Altstadt noch außergewöhnlicher als für eine italienische.

Synagoge in Kochi

Allerdings ist Kochis **Altstadt** nur verkehrsberuhigt, weil es so unpraktisch ist, sie mit dem Auto zu erreichen. Die Lage an der Spitze einer Halbinsel macht große Umwege notwendig, um auf dem Landweg hierher zu gelangen. Die meisten Touristen erreichen die Viertel um das Fort Kochi mit der **Fähre** von Ernakulam aus, der modernen Schwesterstadt – und erst einmal auf der Halbinsel angekommen, reichen die kleinen Motorrikschas aus, um größere Distanzen zu überwinden. Einfache Wege erledigt man in Kochi zu Fuß, und das gerne: Malerisch sind die Häuser aus der kolonialen Vergangenheit der Stadt, prächtig die Kirchen, wunderschön der Ausblick auf die Arabische See.

Kochi entstand, weil das Wasser ein Stück Land verschlang. Eine Überschwemmung schuf 1341 einen neuen Naturhafen. Die Nähe zur Südspitze Indiens machte Kochi zu einer **Schlüsselstelle des Handels** zwischen der arabischen Halbinsel und Europa im Westen sowie den Gewürzinseln und China im Osten.

Kunst und Kuchen

Anoop Skaria ist Galerist und Umweltschützer – und leitet gemeinsam mit seiner Frau eines der besten Cafés des Subkontinents. Seit über zehn Jahren ist das **Kashi Art Café** (www.kashiartcafe.com) berühmt für seine sündhaften Schokoladenkuchen, seine Vormittage verschönernden Frühstücke und seine Kaffeespezialitäten. Das alles in künstlerischem Ambiente und bei nettem Service.

Als die Europäer im Jahr 1500 die Lagune erreichten, hatten sich hier schon **jüdische, arabische und chinesische Händler** angesiedelt. Drei Jahre später errichtete die portugiesische Krone ihre erste Festung, Fort Immanuel. Vasco da Gamas erste Grablege ist die **St. Francis Church**, die erste von Europäern errichtete Kirche Indiens: hier bestattete man den Entdecker nach seinem Tod 1524. 15 Jahre später überführten die Portugiesen den Leichnam nach Lissabon. Mitte des 17. Jahrhunderts übernahmen die **Niederländer** mit ihrer Ostindien-Kom-

Die chinesischen Fischernetze von Kochi nutzen die besonderen Strömungsverhältnisse der Bucht

panie die Macht in Kochi – und brachten der Stadt weiteren Aufschwung. Einige der von ihnen gebauten Kanäle werden noch genutzt. Ende des 18. Jahrhunderts übernahmen schließlich die **Briten** die Vorherrschaft über Kochi und seine Lagerhäuser. Noch in den 1920er-Jahren vertieften sie das Hafenbecken, um es für moderne Dampfschiffe schiffbar zu machen. Aus dem ausgehobenen Schlamm entstand eine künstliche Insel, **Willingdon Island**, die zwischen der Halbinsel Kochi und Ernakulam liegt.

Die verschiedenen Herren des Hafens und seine Bewohner haben der Stadt ein in Indien in seiner Vielfalt **einzigartiges Erbe an Architekturstilen** hinterlassen: Eine Synagoge, ein portugiesischer Palast (der als „Dutch Palace" bezeichnet wird), Wohnhäuser mit britischen und niederländischen Akzenten machen Kochi zu einem Schatzkästchen der Architektur. Auch das wohl beliebteste Fotomotiv der Stadt, die **chinesischen Fischernetze**, brachten Fremde von weither. Die fest an Land installierten Netze werden mit etwa zehn Meter hohen Auslegern von zwei bis sechs Fischern ins Wasser gesenkt. Die Netze sind an der Nordspitze der Halbinsel aufgebaut, wo die Strömung Fische und Krustentiere vorbei treibt – auch darum gibt es diese Fischereimethode nur Kochi. Der frische Fang aus den Netzen wird direkt am Strand verkauft, gleich nebenan gegrillt und mit Blick aufs Meer verzehrt. Spätestens mit diesem Geschmack auf der Zunge wird jedem klar, dass Wasser und Stadt durch eine besondere Liebe verbunden sind.

Lage: in Kerala.
Information:
www.keralatourism.org/german
Übernachten: Luxuriös im Heritage-Ambiente: **Malabar House** (www.mala

barhouse.com) oder einfach, aber sauber und in historischem Gebäude: **The Spencer Home** (Tel. 0484-2215049, spencerhomestayfc@rediffmail.com).

INFO

⑲ Srirangapatnam: Tipu Sultans Stadt

15 Kilometer nordöstlich vom schönen Mysore (s. S. 28) führt der Weg an die angenehmen Ufer des **Kaveri-Flusses**. Wer mag, kann hier einem besonderen Vergnügen frönen, einer Bootsfahrt in den kreisrunden *Coracles* (s. S. 179). Diese bestehen aus mit wasserdichten Häuten bespannten Holzteilen, und das Fahren im nicht zu raschen Wasser des Flusses ist wegen der Kreisbewegung des Gefährts eine Art Karussellvergnügen.

Doch eigentlich besucht man Srirangapatnam der **martialischen Geschichte** wegen. Hier, auf einer Insel im Kaveri-Fluss, residierte und kämpfte im 18. Jahrhundert **Tipu Sultan**, Fürst, ehrgeiziger Politiker und Kämpfer gegen die immer stärker wachsende Macht der Briten und ihrer Ostindischen Kompanie. Tipu war der Sohn von Haider Ali, der sein Reich von Maisur gegen die innerindischen Marathen (auch sie Feinde der Briten) verteidigt hatte. Tipu erkannte die Briten als die gefährlicheren Feinde und schlug sie in mehreren Schlachten, vergrößerte sein Heer und erstrebte ein Bündnis islamischer Fürstentümer über Indiens Grenzen hinaus.

Obwohl Tipu 1792 den Briten unterlag (er musste seine britischen Gefangenen freigeben und seine Söhne als Geiseln ausliefern), rüstete er wieder auf, diesmal mit **Hilfe der Franzosen**, die ebenfalls mit Machtansprüchen in Indien auftraten. Tipus Wahl war geschickt, da die Franzosen Meister im Festungsbau waren, Srirangapatnam sollte uneinnehmbar werden. Tipu zeigte sich überraschenderweise den Ideen der französischen Revolution aufgeschlossen, was ihn den Briten noch verdächtiger machte. Weil er seine Eroberungspläne in Südindien nicht aufgab, erklärten ihm die Briten den **Krieg**, schlugen ihn in zwei Schlachten und erstürm-

Tipu Sultan gehört zu den wenigen, die den Briten zeitweise militärisch die Stirn bieten konnten

Srirangapatnam liegt auf einer Insel im heiligen Fluss Kaveri

ten 1799 die **Inselfestung Srirangapatnam**. Das Kommando führte Arthur Wellesley, der spätere Lord Wellington und Sieger über Napoleon in Waterloo. Tipu fiel im Kampf, die Festung wurde bis auf die Grundmauern zerstört.

Zwischen diesen Mauern kann der Besucher umher wandern und von oben in das enge Verlies der Gefangenen schauen. Eine Tafel kennzeichnet den Todesort Tipus. Die Stadt in der Festung wurde nach dem Sieg der Briten gnadenlos geplündert, doch der mittelalterliche **Hindutempel Sriranganathaswami** mit dem stattlichen Tempelturm steht noch, ebenso die Freitagsmoschee im Osten der Befestigungen.

Unweit der Festung liegt ein geometrisch angelegter Garten mit Hecken- und Baumreihen, in der Mitte steht ein hübsches zweistöckiges Schloss mit grünen Sonnenblenden: **Daria Daulat Bagh**. Es zeigt die andere Seite von Tipus Charakter: den Liebhaber von farbig geschmückten Räumen, von Vergoldungen und Gemälden, den Gastgeber von fürstlichen Empfängen. Freilich sind die Kostbarkeiten an Gold und Diamanten seit 1799 verschwunden. So manche persönlichen Besitztümer des „Tigers von Mysore", der sich fälschlicherweise für unbesiegbar hielt, sind aber noch zu sehen, so auch ein Modell von Srirangapatnam.

Auf der Insel sollte man auch noch das **Gumbaz-Mausoleum** besuchen, in dem Haider Ali und Tipu Sultan bestattet sind. Es ist wegen seiner harmonischen Form und der weißen Kuppel ein besonders schönes Bauwerk.

Lage: im Süden von Karnataka.
Übernachten: Wohnen am Fluss, nah der Natur: Das verheißt das **Royal Retreat New Amblee Holiday Resort**, nur zwei Kilometer von der Bahnstation Srirangapatnam (Tel. 08236-206166, E-mail: director@ambleeresort.com). Alternative Unterkunft bei Mysore (s. S. 28).

INFO

80 Alt-Kolkata: eine Spurensuche

Ist Kolkata ein Maximum städtischen Elends: Übervölkerung, Armut, Krankheiten? Ist der Titel des Bestsellers von Dominique Lapièrre: „Stadt der Freude" eine sarkastische Provokation? Im heutigen Kolkata hält die Zuwanderung armer Menschen aus Bangladesh an, aber die Stadt befindet sich dennoch im Aufschwung. Mehr denn je ist sie der Ort von **Literatur, Wissenschaft, Wirtschaft und Tourismus**. Es wird aufgeräumt, nicht nur mit den Besen. Es gibt wieder Mittel zur Renovierung der zahlreichen Reste des britischen Kolonialreichs. Im alten Kern „Calcuttas" gibt es viel zu sehen. Sich einem guten Stadtführer anzuvertrauen, lohnt sich. Und die „Freude"? Auch sie ist zu finden: in der Lebensfreude und Vitalität der Stadtbewohner. Sie ist auch im schlimmsten Elend immer wieder zu entdecken, unfassbar oft für den Besucher aus der Fremde.

Da ist im Stadtzentrum zwischen Bäumen in einer Grünanlage die schlichte weiße **Kirche St. John** von 1787, mit vielen Erinnerungstafeln an Bürger Calcuttas, Richter, Militärs, Kaufleute. Auf den Treppen der Kirche sollen ledige Damen, die hier ihr Glück suchten, nach dem ersten Gottesdienst seit ihrer Ankunft aus England von den darbenden britischen Junggesellen mit Heiratsanträgen reichlich bedacht worden sein. Seitlich der Kirche steht ein schlichtes überkuppeltes **Mausoleum**, hier ruht Job Charnock, der im Auftrag der britischen East India Company um 1690 am Ufer des Stroms Hooghly eine Handelsniederlassung einrichtete. Der kleine Park, ein ehemaliger Friedhof, ist einer der freundlichsten Orte in Alt-Kolkata.

Klassizismus mit weißen Säulen und Dreiecksgiebeln wie bei einem griechischen Tempel – das ist **Raj Bhawan**, um 1800 entstanden als Palast des Generalgouverneurs der East India Company, Lord Wellesly. Er war der ältere Bruder des Napoleon-Bezwingers Lord Wellington. Heute residiert hier der Gouverneur von West-Bengal. Später, im Laufe des 19. Jahrhunderts, baute man imperia-

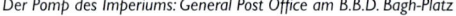

Der Pomp des Imperiums: General Post Office am B.B.D. Bagh-Platz

Reger Straßenverkehr am Rande Alt-Kolkatas

ler, üppiger und in verschiedenen europäischen Architekturstilen. Ein Beispiel ist das **Writers' Building** an der Nordseite des zentralen B.B.D. Bagh-Platzes. Der mit allegorischen Figuren reich geschmückte, rote Ziegelbau war ein Verwaltungsgebäude der Briten, das 1889 einen ganz schlichten Bau aus den Gründerzeit der Stadt ablöste.

An der Westseite des Platzes prangt ein besonders pompöses Beispiel überladener Architektur des 19. Jahrhunderts: das **General Post Office** mit großer Kuppel und Marmorböden. An seiner Stelle stand einst das erste Fort William, 1756 vorübergehend erobert vom bengalischen Nawab und Schauplatz des schrecklichen Erstickungstodes von dessen Gefangenen, die in einem engen Raum weggesperrt und über Nacht vergessen wurden: das berüchtigte „Black Hole". Dieses Ereignis trug zum schlechten Ruf Calcuttas als grausamer Stadt bei.

Die britische Niederlassung an der Flussbiegung des Hoogly war ein günstiger Handelsplatz. Sie lag auf dem Gelände dreier Dörfer. Eins davon, es hieß Kalikata, stand stand auf dem Gelände des heutigen B.B.D. Bagh. Das zweite Dorf verschwand beim Wiederaufbau nach 1757, es machte dem heutigen Fort William an der großen Stadtwiese, dem *Maidan*, Platz. Die alte Verbindungsstraße Chowringhee führt von Süden in den Stadtkern, leider ist sie durch einen Hochstraßenbau verschandelt. Südlich liegt das feine Parkstraßen-Viertel, südwestlich am Maidan das übergroße **Marmor-Victoria-Memorial**, heute ein Museum – ein aufwendiges Machtsymbol, heute wirkt es ein bisschen rührend und ein bisschen komisch.

Lage: in Westbengalen.
Übernachten: Wie die Wohnung einer großen Familie, die seit Jahrzehnten nichts mehr weggeworfen hat, präsentiert das **Fairlawn** (www.fairlawn hotel.com) an Wänden und in Schränken lauter Erinnerungen – und ist darum und dank seines Gartengrüns zu einer Kult-Adresse in der Sudder Street geworden.

INFO

81 Pondicherry: ein Hauch von Frankreich

Wer sich auf seiner Indientour für ein paar Tage in eine kleine Stadt mit französischem Wohlfühl-Ambiente wünscht, ist hier und nur hier richtig. Am Indischen Ozean liegt Pondicherry, heute wieder „Puducherry" genannt, südlich von Chennai (der Hauptstadt von Tamil Nadu, die bei vielen noch als Madras bekannt ist, s. S. 54). Am Meer lockt eine **breite Promenade**, direkt über heftig heranrollenden Wogen lädt ein Café namens „Le Café" ein, das mit seiner Terrasse und seinen Kellnern auch ans Mittelmeer passen könnte.

Die ideale Stadt

Auroville, acht Kilometer von Pondicherry entfernt, ist laut eigenem Anspruch eine Stadt, in der sich „Leben in Frieden und wachsender Harmonie" verwirklicht – „in ständiger Lernbereitschaft und ständigem Fortschritt". 1966 gegründet, zählt die Stadt heute rund 2.200 Bewohner aus 45 Ländern, unter dem Schirm der indischen Regierung und der UNESCO. Auroville ist Kommune, utopische Stadt und Zukunftsexperiment in einem. Besucher sind willkommen, alle wollen die goldfunkelnde Rundkuppel des Matrimandir, des „Tempels der Mutter" sehen.

Aber wir sind noch in Indien, drei Personen, bzw. ihre steinernen Abbilder, erinnern uns daran: **Mahatma Gandhi**, Nehru und ein seinerzeit mächtiger Franzose: Monsieur Dupleix. Zweifellos ist Gandhis vier Meter hohes Denkmal am Meeresstrand das markanteste: Mit Wanderstock und großen Brillengläsern steht der Mahatma inmitten von Schülerscharen. Vis-à-vis, von der Stadtseite der Prome-

Den Polizeiuniformen Pondicherrys sieht man die koloniale Vergangenheit des Ortes an

nade blickt streng **Pandit Nehru**, des freien Indiens erster Premierminister, zu Gandhi herüber.

Derzeit ins Abseits verbannt ist die Statue des Franzosen **Joseph Francois Dupleix** (1697–1763), der einst langjähriger Generalgouverneur der Französisch-Ostindischen Kompanie war. Man findet ihn in Siegerpose auf einem provisorischen Podest am Südende der Promenade abgestellt, einige pralle Säcke häufen sich hinter ihm. Unser Führer kommentiert: „All das Geld, das er an sich gerafft hat!"

Pompös überdauerte der Amtssitz, den Dupleix sich erbauen ließ, in Pondicherries „Weißer Stadt". Vom späten 17. Jahrhundert an regierte hier Frankreich, mit Unterbrechungen während des Siebenjährigen Krieges in Europa und noch bis zum Ende der napoleonischen Kriege. 1954 handelte Jawaharlal Nehru den **Abzug der Franzosen** aus, die im gleichen Jahr auch Indochina aufgaben.

Matrimandir, zentraler Ort der Meditation in Auroville

Unverändert blieb der Kanal, der die Kernstadt parallel zur Küste teilt. Und noch immer spricht man von **der „Weißen" und der „Schwarzen Stadt"**, auch wenn man sich hier wie dort vor allem am reichen Grün der Bäume in den Straßen und Parks freut. Längst sind Europäer wie Tamilen in beiden Stadtteilen zu Hause. Nur die bunt ausgestatteten Ladenreihen – die findet man nicht in der Weißen Stadt. Dafür die christlichen **Kirchen**, auch sie in kräftigen Farben und mit viel Gold, ob *Notre Dame de la Conception immaculée* (von 1791) oder *Sacré Coeur* (1907). Viel tut INTACH, der *Indian national Trust for Art and Culture Heritage*, für den historischen Stadtkern, so erfolgreich, dass Pondicherry damit auf der Weltausstellung in Shanghai auftreten konnte. Ein umtriebiges Kulturzentrum ist das *Institut Francais*. Und unentbehrlich ist der *Sri Aurobindo Ashram*, gegründet 1926 von dem Philosophen Aurobindo aus West-Bengalen. Dem Ashram gehören Krankenhäuser, Schulen und auch Läden mit feinem Kunsthandwerk an.

INFO

Lage: Enklave im Gebiet von Tamil Nadu.
Übernachten: In und um die Kernstadt gibt es eine Reihe von empfehlenswerten Hotels: nah der Promenade das **Hotel de l'Orient** der Neemrana-Gruppe (www.neemranahotels.com), jenseits des Kanals das jüngst restaurierte **Heritage-Hotel Calve** (www.calve.in).

Direkt am Meer, 15 km in Richtung Chennai befindet sich auf einem elf Hektar großen Grundstück das **Dune Hotel** (www.thedunehotel.com), ökologisch und mit vielseitigem Angebot: Tennis, Yoga und Massagen, dazu Artists in Residence-Programme und andere kulturelle Veranstaltungen. Gelobte Küche.

82 Abglanz früherer Herrlichkeit: in den Ruinen Golcondas

Golconda ist die Heimat des berühmten Diamanten **Koh-i-Noor**, der heute zu den britischen Kronjuwelen gehört. Die Diamantenminen machten das Sultanat und seine Hauptstadt, elf Kilometer von Hyderabad in Andhra Pradesh, ab dem 16. Jahrhundert zu einem der reichsten Südindiens.

Fürstlich wirkt die **Festungs- und Ruinenstadt** der früheren Kapitale noch heute. Trutzig liegt die Burg auf einem 150 Meter hohen Granitberg, geschützt von einem dreifachen Befestigungsring. Die Mauern Golcondas gehörten nach dem Ausbau der Stadt – schon seit dem 12. Jahrhundert existierte auf dem Berg eine Festung – durch Sultan Ibrahim Quli Qutb Shah (1550–1580) zu den wehrhaftesten Indiens. Der äußere Ring läuft elf Kilometer um die Festung, auf einigen der halbkreisförmigen Bastionen stehen noch Kanonen. Von den ehemals acht Toren sind noch vier erhalten.

Durchdachter Bau

Die Baumeister Golcondas haben sich vor allem durch die **exzellente Akustik** der Anlage ein Denkmal gesetzt: Ein Händeklatschen am Balahisar-Tor ist noch am entgegengesetzten Ende der Festung, in der Darbar-Halle, zu hören.

Der eigentliche Charme Golcondas liegt in den zahlreichen Bauten innerhalb der Festungswälle: den königlichen Räumen und Audienzhallen, den Moscheen und Tempeln sowie den zahlreichen Wirtschaftsgebäuden. Obwohl die Anlage – sie erstreckt sich über vier Quadratkilometer – insgesamt gut erhalten ist, liegt vieles in Trümmern, wie der Palast der Königin. Immer noch **strahlen die Ruinen frü-**

Blick vom Inneren des Forts hinunter zum Eingang

heren Glanz aus, Reste von Wasserspielen, Steinschnitzereien und andere Verzierungen beflügeln die Fantasie der Besucher. An manchen der Bögen und Wände sind noch die Mulden und kleinen Auslassungen erkennbar, die früher von Edelsteinen und Diamanten ausgefüllt wurden.

Vom Königinnen-Palast kann man zur höchsten Ebene der Festung gelangen: Hier liegt die **Darbar-Halle** der Sultane. In ihr hielten die Herrscher Audienzen und Ratsversammlungen ab, und von hier aus konnten sie auf ihr Reich und ihre Untertanen blicken.

Außerhalb der Mauern liegen die **Grabmäler** von sechs Sultanen der Qutb-Shahi-Dynastie, ihren Familienmitgliedern, wichtigen Ministern und anderen Angehörigen des Hofes. Insgesamt sind es 82 Gräber. Die Mausoleen der Sultane besitzen jeweils eine

Grabmal der Qutb-Shahi-Dynastie

Kuppel und – mit Ausnahme des achteckigen Grabmals von Jamshid Shah, dem zweiten Sultan der Dynastie – einen nahezu quadratischen Grundriss. Besonders auffällig ist das Mausoleum des kindlichen Sultans **Subhan Shah**, zu erkennen an der mit Steinrippen verzierten Kuppel. Mit nur acht Jahren musste er 1550 das Sultanat antreten, starb aber noch im selben Jahr. Die Fassade seiner Grabstätte ist besonders fein gearbeitet, ihre ausgewogenen Proportionen, die Bogennischen an den Seiten und Verzierungen an der Dachkante zählen zu den kunsthandwerklichen Höhepunkten der Dekkan-Architektur.

Erst die **Macht der Großmoguln** konnte die Eigenständigkeit des Fürstentums brechen, 1687 nahm Aurangzeb die Festung ein. Von 1724 bis zur Übernahme durch den indischen Staat 1948 gehörte Golconda zum Reich des Nizams von Hyderabad, einem Fürstentum, das so groß war, dass sein Monarch bei der Gründung der indischen Republik mit dem Gedanken spielte, eigenständig zu bleiben. Auch sein legendärer Wohlstand entsprang den Diamantenminen Golcondas.

Lage: in Andhra Pradesh, westlich von Hyderabad.
Information: Die Festung ist tgl. 9.30-17 Uhr geöffnet, Eintritt Rs. 100. Grabstätten schließen 30 min. früher, Freitags geschl., Eintritt Rs 10. Eine dramatische Sound- and Light-Show beschreibt die Geschichte Golcondas (März bis Okt. tgl. 19 Uhr, Nov. bis Feb. 18.30 Uhr; ca 1 Stunde, Rs. 40).

Übernachten: Praktisch ist ein Hotel in Hyderabads Mitte, es gibt außer dem Golconda Fort so viel zu entdecken. Das **Hotel Central Court** (www.the centralcourt.com), ausgezeichnet mit dem „Best 3 Star Hotel"-Award, findet sich in der Straße Lak-di-pul, neben der HDFC-Bank.

INFO

83 Tranquebar: Sonnenglanz und Sterne über der Coromandel-Küste

Dies ist einer der besten Strände an der rund 3.000 Kilometer langen Ostküste Indiens. Der Ort mit rund 20.000 Einwohnern heißt heute **Tharangambadi**, zu deutsch etwa „Land der singenden Wellen". Fischerboote in allen Farben reihen sich vor Palmen ein Stück abseits des Neemrana-Hotels. Dieses trägt seinen Namen „Bungalow on the Beach" zu Recht, bietet hohe, lichte Räume, eine umlaufende Veranda mit weißen Pfeilern und Säulen, zum Baden wahlweise ein geräumiges Schwimmbecken und den Indischen Ozean, dazu noch Bootsexkursionen zu den Backwaters, Vogelbeobachtungen am Uppanar-Fluss, herrliche Sonnenaufgänge, **sternenfunkelnde Nächte** – und etliche steinerne Zeugnisse einer fast vergessenen Vergangenheit.

Tranquebar war bis zur Mitte des 19. Jahrhunderts eine kleine, aber als Handelsplatz wichtige Kolonie. Und zwar keine britische, sondern eine dänische. Wer weiß heute noch, dass das kleine und friedliche Dänemark nicht nur die Färöer, Island, Grönland, Norwegen, einen Teil der Herzogtümer Schleswig und Holstein, Gebiete in der Karibik und in Afrika beherrschte, sondern auch als früheste Beute der **Dänischen Ostindien-Kompanie** auch Tranquebar vereinnahmte? Später kamen dann noch die Nikobaren („Neu Dänemark") und die Stadt Serampone in Bengalen dazu.

Spuren der dänischen Herrschaft in Tranquebar sind die geringen Reste des einstigen Mauerrings mit dem Stadttor (dänisch „Landporten"), das 1660 erbaut und nach Zerstörung um 1800 erneuert wurde. Stattlich ist das **Fort Dansborg**: Dieser Bau wurde schnellstens begonnen, nachdem die Dänische Ostindien-Kompanie 1620 angekommen war und mit dem Nayak Raghunatha in Thanjavur die Kon-

Ein Ort zum Träumen: Bungalow on the Beach …

… mit großzügigen, stilvoll eingerichteten Zimmern

ditionen eines langfristigen Aufenthalts vertraglich ausgehandelt hatte. Dem Verfall dieses ersten dänischen Forts auf indischem Boden wurde jüngst Einhalt geboten: Dänische NGOs renovierten es gemeinsam mit indischen Freiwilligen, seither gibt es in Tranquebar ein archäologisches Museum zu sehen.

Am interessantesten sind dort die Zeugnisse eines anderen Erst-Ereignisses: In Tranquebar landeten 1706 die ersten **evangelisch-lutherischen Missionare** in Indien, im Auftrag des dänischen Königs Friedrichs IV. und mit Unterstützung der Halleschen Mission. Der junge **Bartholomäus Ziegenbalg** aus der Oberlausitz reiste mit nur einem Begleiter an, dürftigst vorbereitet und ohne Sprachkenntnisse. Der Empfang in Tranquebar seitens der dänischen Kaufleute war alles andere als freundlich. Diese waren selbst nicht gerade von christlicher Frömmigkeit erfüllt und sahen Schwierigkeiten mit den Tamilen voraus, wenn diese sich künftig auf Christus berufen könnten.

Gegen alle Widerstände gelang es dem erst 24-jährigen Missionar mit dem kuriosen Namen, Tamil zu lernen, nach einem Jahr die ersten Tamilen zu taufen und eine Gemeinde zu gründen. Darüber hinaus setzte er das Neue Testament ins Tamilische und druckte die Übersetzung – es war der erste Buchdruck in Indien. In Tranquebar steht auch die älteste protestantische Kirche Indiens, die Zions-Kirche (geweiht 1701) in der King Street. Sie wurde bald zu eng, 1718 wurde die Neu-Jerusalem-Kirche geweiht. An Ziegenbalg erinnert nah beim Fort ein Denkmal. Deutsche Missionare waren in Tranquebar auch zur späteren britischen Zeit und bis ins späte 20. Jahrhundert tätig.

Lage & Anfahrt: in Tamil Nadu, an der Küste. Von Chennai (Madras) verkehrt die Buslinie Nr. 325 über Pondicherry und Chidambaram bis Nagapattinam, insgesamt 275 km. Von Chennai etwa acht, von Pondicherry vier Stunden.

Übernachten: The Bungalow on the Beach mit Restaurant und acht Zimmern. Benachbart und preisgünstiger ist das **Nayak House** mit vier Zimmern. Beide gehören zur Neemrana Group (http://neemranahotels.com).

INFO

84 Humayuns Grabmal in Delhi: Vorläufer-Architektur des Taj Mahal

Delhi kann sehr anstrengend sein. Die Bedeutung dieser schlichten Worte begreift jeder, der 20 Meter unter den Arkaden des Connaught Place entlang schlendert oder im Chandni Chowk in der Altstadt in Ruhe bummeln möchte. Zum Glück bietet die Stadt eine Reihe von Sehenswürdigkeiten, an denen es möglich ist, kurz aus der Hektik der Delhiwallas, der Einwohner der Stadt, auszubrechen und neue Kräfte zu sammeln. Dass das Protokoll für den Besuch Guido Westerwelles, als dieser 2010 als deutscher Außenminister nach Indien kam, Humayuns Mausoleum im Norden Delhis für einen Foto-Termin vorsah, mag nicht nur mit der **symbolischen Bedeutung** des Ortes für Indien zusammenhängen. Die Anlage mit ihrem **schönen Garten** ist einfach nicht ganz so durchgedreht, wie Delhi sonst vielen Besuchern erscheint.

Aus Sicht der UNESCO zählt „Humayuns Tomb" zu den feinsten Denkmälern Indiens. „Das 1570 erbaute Grabmal ist von besonderer kultureller Bedeutung, da

Die Architektur des Grabmals gilt als Beispiel für ausgewogene Proportionen

Taj Mahal: Indiens berühmtestes Mausoleum

Indien zu bereisen und nur den Taj Mahal in Agra zu besuchen – das wäre wie ein Ausflug zum Pariser Louvre allein der Mona Lisa wegen. Ohne Zweifel zählt das Mausoleum aus der Mitte des 17. Jahrhunderts zu den hervorragendsten Beispielen der Architektur. Doch es lohnt, die Augen offen zu halten, denn im Gegensatz zu dem recht überlaufenen Grab der Moghul-Gattin Mumtaz warten viele Bauten in den ehemaligen Herrschaftszentren Agra, Fatehpur Sikri und Alt-Delhi darauf, entdeckt zu werden.

es das erste Gartengrabmal auf dem indischen Subkontinent war. Es regte mehrere größere architektonische Neuerungen an, die in der Gestalt des Taj Mahal gipfelten", fasst die Organisation im **Welterbe-Katalog** zusammen. Die Angaben über die Entstehungszeit des Grabmals variieren. Humayun starb 1556 und meist ist von einer Bauzeit von acht bis neun Jahren die Rede, das hieße, dass das Mausoleum spätestens 1565 fertig gewesen sein müsste.

Der erste Eindruck vom Grab des Mogulherrschers Nasir-du-Din Muhammad Humayun ist dennoch der eines starken Gegensatzes des vom rötlichen Sandstein geprägten Baus gegenüber dem lichten Marmor des Taj Mahal. Doch in der klaren, **symmetrischen Gliederung**, in den schön proportionierten, gestuften Geschossen und in der dominanten Kuppel deuten sich tatsächlich Ansätze und Entsprechungen zum weltberühmten Taj Mahal an. Die von der UNESCO erwähnten Neuerungen sind der Einsatz **selbsttragender Bögen** und die Ausführung der 43 Meter hohen Kuppel, die mit den bis dahin in Indien bekannten Bautechniken so nicht hätte verwirklicht werden können.

Humayuns Grab ist eines der frühesten Beispiele des **indo-sarrazenischen Stils**. Die Bogenkonstruktionen tragen die Handschrift der persischen Baumeister um den Architekten Mirak Mirza Giyath, die Humayun aus dem persischen Exil mitgebracht hatte. Andere Elemente, wie die feingliederigen **Pavillons** an den Ecken der Hauptkuppel, sind Teil der altindischen Bautradition. Dass der muslimische Herrscher wohl der erste Mogul war, der Indien als Heimat betrachtete, macht den Ort zur Besonderheit für die indische Republik, deren Selbstverständnis das eines Staates für Inder aller Religionen ist.

Die **Gartenlandschaft** mit ihren weiten Blickachsen, gepflegten Rasenflächen und exakt ausgelegten flachen Wasserkanälen war ebenfalls wegbereitend für den Stil der Mogul-Architektur Indiens. Übrigens war es Humayuns Witwe, die aus Persien stammende Hamida Banu Begum, die während der achtjährigen Bauzeit energisch Aufsicht führte und zeitweise ein Quartier in der Nähe bewohnte. Sie wurde neben ihrem Gatten bestattet.

Lage: in Delhi, an der Kreuzung von Lodi- und Matura Road, 500 Meter von der Nizamuddin Railway Station. **Information:** geöffnet täglich von Sonnenauf- bis Sonnenuntergang. **Übernachten:** Am östlichen Ende der Lodi Road findet man Humayuns Grabmal, am westlichen kommt man zu erschwinglichem Preis zur Nachtruhe: im **Guesthouse 27 Jorbagh** (Tel. 011-24698647, www.jorbagh27.com). 18 Zimmer von schlicht bis luxuriös. Angenehme Atmosphäre.

INFO

85 Ruhm und Zerstörung: das Rote Fort

Delhi ist **das Rom Asiens**, zählt man all die Forts und Paläste, Tempel und Grab-
monumente auf, die als Spuren und Zeugnisse einer mehr als 2.000 Jahre umfas-
senden Geschichte überdauern. Teils sind sie malerische Ruinen, teils sind sie in
ihrer architektonischen Substanz erhalten. Auch nur die größeren sämtlich zu beschreiben füllt Bände, sie alle zu besichtigen braucht Wochen. Eine Auswahl ist also nötig – und darin darf das Rote Fort auf keinen Fall fehlen!

Historisches Licht-Spektakel

Jeden Abend wird – seit bald einem halben
Jahrhundert – eine Sound-and-Light-Show im
Fort aufgeführt. Der Kommentar zur Geschich-
te des Forts wirkt selbst historisch, so
blechern schallen die Lautsprecher über das
Gelände. Der Anblicks des Lichts, in dem die
Paläste in schönen Farben aufleuchten, ist
aber die 50 Rs. Eintritt wert.

Schutz wollte **Großmogul Shah
Jahan** seiner neuen Stadt mit dem
Roten Fort geben, mit Mauern von
18 (an der Flussseite) bis zu 34 Metern Höhe auf der Stadtseite. Zehn
Jahre genügten, um das große Werk,
das starke Festung und kunstvolles
Schloss zugleich war, 1648 zu vollenden. Das Rote Fort (= „Lal Qila")
zeigt sich heute hinter seinen hohen
Mauern ganz anders als die mittelal-
terlichen Trutzburgen von Jodhpur, Bikaner oder Bundi: als großräumige Parkland-
schaft mit eher wenigen Gebäuden, die sich in das Grün der Landschaft einfügen.

Seit 1648 war der Komplex freilich mehrmals übermächtigen **Eindringlingen**
ausgeliefert, am folgenschwersten 1739, als der persische Kaiser Nadir Shah das
Fort und die Stadt plündern ließ, und 1857, als die Briten mit indischen Hilfstrup-
pen den Aufstand gegen das Kolonialregime der British East India Company nie-
derwarfen und ganze Bereiche des Forts zerstörten.

Zeugnisse vergangener Pracht: fragiler Marmor und Einlegearbeiten im Roten Fort

Das Lahore-Gate des Roten Forts von Delhi

Doch auch danach blieb das Fort **Symbol für die Größe Indiens**: Der friedliche Freiheitskämpfer Gandhi träumte davon, dass einmal über den Haupttoren der Festung, dem Delhi Gate und dem Lahori Gate, die indische Flagge anstelle des Unions Jacks wehen würde. Dieser Wunsch ging mit der Erklärung von Indiens Unabhängigkeit und dem Abzug der Briten 1947/48 in Erfüllung. Bis heute spricht von hier aus der Premierminister am 15. August, dem Nationalfeiertag, zur Nation. Das Rote Fort blieb nach der Unabhängigkeit in der Hand des Militärs, nun in indischen Uniformen. Erst 1960 bekam die Öffentlichkeit Zugang zum Palast der Moguln, 2003 übertrug die Armee die Verwaltungshoheit dem Fremdenverkehrsministerium. Übrig blieben bis heute die unansehnlichen Baracken der Briten vis-à-vis der marmornen Palastbauten. 2007 erklärte die UNESCO das Rote Fort dennoch zum **Weltkulturerbe**.

Lohnt sich der Besuch? Bringen Sie Fantasie mit, stellen Sie sich all die aus den Wänden heraus gebrochenen Halbedelsteine, die Spiegel und die Seidendächer vor, das Plätschern des Wassers, das in flachen Kanälen kühlend durch die Hallen geleitet wurde, den Farbenglanz der Palastwände und golddurchwirkter Saris! Der märchenhafte Orientzauber, den die Moguln hier einst schufen, steigt dann vielleicht als eine Ahnung auf.

Lage: am östlichen Rand der Altstadt von Delhi.
Information: Fort: täglich außer Montag, von Sonnenauf- bis Sonnenuntergang. Die Museen im Fort sind von 10-17 Uhr geöffnet. Eintritt 100 Rs.

Sound-and-Light-Shows: Die englischsprachigen Shows beginnen von Nov. bis Jan. um 19.30, von Feb. bis April und Sep. bis Okt. um 20.30 Uhr, Mai bis Aug. um 21 Uhr.
Übernachten: s. S. 78 und 204.

INFO

86 Fatehpur Sikri: kurze Karriere als Hauptstadt

Die Ankunft in Fatehpur Sikri scheint die an einer Endstation **mitten im Nirgendwo** zu sein. Kaum ist es vorstellbar, dass ausgerechnet hier, 40 km südwestlich der ursprünglichen Hauptstadt der Moguln, die neue Kapitale für Kaiser Akbars Riesenreich in den Staub gebaut wurde.

Fatehpur Sikri ist keine Geisterstadt, wie oft behauptet wird. Etwa 30.000 Menschen leben um den Palasthügel. Doch das Gelände mit den alten Palästen, Moscheen und Festungsmauern, von denen viele in ihrer Baustruktur so erhalten sind, als seien sie erst vor kurzem und nicht schon vor **mehr als 400 Jahren** verlassen worden, inspiriert zu romantischen Fantastereien, immer neue verzaubernde Blicke öffnen sich bei den Streifzügen durch die alten Mauern. Über 100 Gebäude haben sich von Akbars Residenzstadt erhalten, seit 1986 verzeichnet die UNESCO sie auf ihrer **Welterbe-Liste**.

Bis heute ist umstritten, was **Großmogul Akbar**, einen der mächtigsten Herrscher der indischen Geschichte, bewogen haben mag, 1571 den Befehl zu geben, eine ganz neue Stadt aufzubauen. Noch **rätselhafter** ist, warum der Hof diese bereits 15 Jahre später wieder verließ und nach Lahore im heutigen Pakistan umsiedelte: War es Wasserknappheit, die das Überleben der angeblich 100.000 Bewohner der Stadt unmöglich machte? An den Bewässerungsanlagen, deren lange Dämme noch immer in der Ebene zu erkennen sind, habe es nicht gelegen, meint die Forschung. Vielleicht war die Aufgabe Fatehpur Sikris eine Reaktion auf innenpolitische Zwänge, denen auch Akbar unterworfen war. Ebenso bedeutete die Gründung der Stadt möglicherweise ein **politisches Signal**: Akbar schuf mit der neuen Hauptstadt den Mittelpunkt einer neuen Welt nach seinen Vorstellungen, so eine Theorie. Das hochgesteckte Ziel seiner Lehre *Din Ilahi* soll gewesen sein, Islam, Hinduismus und Christentum, auch Buddhismus, Jains und Parsen miteinander zu versöhnen, die Religionen Indiens in einem Glauben aufgehen zu lassen und damit auch die Grundlage für ein nachhaltig stabiles Reich zu legen – doch auch diese Theorie ist umstritten.

Die Grablege des Propheten Salim Chisti ist ein Schatzkästchen der Marmorschnitzkunst

Romantischer ist es, den **alten Legenden** zu glauben: Schon mit 15 Jahren zum Mogulherrscher avanciert, war Akbar ein Jahrzehnt später Herr eines Harems, aber noch kinderlos. Im Dorf Sikri offenbarte ein Sufi-Heiliger, Scheich Salim Chishti, dem jugendlichen Kaiser, er werde bald drei Nachfahren für die Thron-

Das Wasser um die Plattform des Anup Talao sorgte bei kaiserlichen Beratungen für erfrischende Kühle

folge haben. Kurz darauf wurde eine seiner Frauen schwanger, die Tochter des Rajas von Amber. Akbar wies ihr den Aufenthalt in der Nähe Salim Chishtis zu, der kaiserliche Nachwuchs wurde geboren und nach dem Scheich „Salim" genannt. Erst ein halbes Jahrhundert später wurde Salim Kaiser, er ist als „Jehangir" bekannt. Auch die prophezeiten Geburten zweier weiterer Kinder wurden 1570/72 Wirklichkeit. Akbar schuf sich eine neue Residenz dort, wo ihm die Erfüllung des Nachfolgerwunsches verkündet worden und wo der inzwischen gestorbene Sufi-Heilige bestattet worden war.

Die Fahrt nach Fatehpur Sikri lohnt sich allein schon wegen der **kostbaren Steinschnitzkunst** an der Begräbnisstätte jenes Scheich Salim Chishti (fertiggestellt 1580), der Akbar zu der Stadtgründung inspiriert haben soll.

Lage & Anfahrt: in Rajasthan, südwestlich von Agra. Es fahren Züge von und nach Agra und Sawai Madhopur. Häufiger verkehren Busse, entweder von der Ortsmitte Fatehpur oder von der Abzweigung der Agra Road nahe beim Agra Gate, 1,5 km von Fatehpur entfernt. Dorthin kommt man mit den in Fatehpur Sikri ortsüblichen Tongas, Pferdedroschken, für wenige Rupien.

Busverkehr mit Agra alle halbe Stunde, die Fahrt dauert ein bis anderthalb Stunden. Per Jeep kostet es umgerechnet etwa drei Euro.
Übernachten: Die beste Wahl ist wohl das **Goverdhan Guest House** (www.hotelfatehpursikriviews.com), mit älteren, aber geräumigen und praktischen Zimmern, Gartenrestaurant und Swimmingpool.

INFO

Indien erleben

87 Ein Sonnenuntergang in Mount Abu

Hoch oben im Aravalli-Gebirge wartet eine kleine Stadt auf immer neue Gäste. Die einzige **Hill Station** Rajasthans war einst Zuflucht für die von der Hitze geplagten britischen Kolonialherren. Heute erholen sich in 1.200 Metern Höhe Menschen aus aller Welt in dem milden Klima. Neben den angenehmen Temperaturen locken ganz unterschiedliche Attraktionen die verschiedenen Besuchergruppen in das kleine Örtchen: Nicht wenige Gujaratis freuen sich darüber, dass hier keine Prohibition herrscht – im Gegensatz zu ihrem Heimat-Bundesstaat, dessen Grenze nicht weit ist. Da kann es an den Wochenenden hoch hergehen. Hindu- und Jain-Pilgern dagegen ist der Ort heilig. Touristen aus aller Welt bestaunen die **Jain-Tempel von Dilwara**. Sehenswert sind auch die Bauten, die andere Reisende hier vor meist

Friedhofsromantik

Romantisch auf ganz andere Weise und bedeutend ruhiger ist der christliche Friedhof südlich des Polo-Felds. Unter Schatten spendenden Bäumen verwittern die Grabsteine der ehemaligen Kolonialherren, manche über 150 Jahre alt. Sie erzählen von den „Feinden", vor denen die Briten nach Mount Abu flüchteten: Seuchen und der indischen Hitze.

über 100 Jahren hinterließen: Sommerpaläste und andere architektonische Schmuckstücke verschiedener Rajasthan-Maharajas und der Briten. Einige davon sind heute Hotels, die besseren darunter vermitteln einen guten Eindruck vom spätkolonialen Way of Life.

Für junge Verliebte wiederum ist die Hill Station mit ihren wunderschönen Ausblicken und ihrer gezähmten grünen Wildnis ein reines Paradies – für weniger empfindsam Veranlagte das wahr gewordene Mittelschichtklischee indischer Romantik. Für viele Paare ist die Stadt der Höhepunkt ihrer **Hochzeitsreise**. Tags-

Ein Pärchen versucht den romantischen Moment einzufangen – und den Sonnenball dazu

Abendliche Beleuchtung am Nakki-See

über sieht man Pärchen, endlich ohne die Begleitung von aufmerksamen Tanten durch den Ort spazieren, auf Ponys kleine Runden drehen und in bunten **Tretbooten** über den von Hotels umgebenen **Nakki-See** schippern. Nach Sonnenuntergang werden Scheinwerfer die Fontäne in der Mitte des Sees in immer neue Farben tauchen. Doch vorher, am frühen Abend, zieht es alle an die Westseite des Plateaus, auf dem Mount Abu liegt. An keinem der ausgewiesenen Aussichtspunkte wird man Gelegenheit haben, ungestört und in aller Stille die im Dunst der Ebene Rajasthans versinkende Sonne zu genießen. Das macht das Erlebnis nicht weniger eindrucksvoll, denn die eigentliche Attraktion bieten die Scharen von Ausflüglern, die sich auf der Suche nach **bollywoodgerechter Kitsch-Szenerie** an die Ausblickpunkte begeben. Außer von Flitterwöchnern ist man umgeben von Großfamilien, Schulklassen und Betriebsausflüglern, die sichtlich Spaß daran finden, sich und den Sonnenball mit der Kamera einzufangen, Zuckerwatte zu schlecken und den einen oder anderen Familienkrach auszutragen. Wenn Oma nicht mehr gut zu Fuß oder der Familienvorstand zu dick ist, lässt man sich in klappernden Bollerwagen vom Parkplatz zum Aussichtspunkt ziehen – was nicht immer sehr bequem aussieht. Gut, dass das Abendlicht alles in freundliche Farben taucht.

Lage: im Südwesten von Rajasthan.
Information: www.mountabu.com
Die Ortschaft Mount Abu erstreckt sich über ein Hochplateau, die meisten Strecken lassen sich aber gut mit Fußmärschen bewältigen. Vorsicht vor Überfällen ist bei Spaziergängen auf einsamen Wanderwegen geboten – bitte nur in Begleitung unternehmen.
Übernachten: Eine außergewöhnliche Bleibe bietet das **Palace Hotel** (www.palacebikanerhouse.com). Die ehemalige Somerresidenz des Maharajas von Bikaner von 1893, mit 33 Zimmern, Tennisplatz und Park ist jüngst restauriert worden.

INFO

88 Nach Nawalgarh zu den Marwari-Pferden

Das **Shekhawati-Land** im Norden Rajasthans ist wegen seiner Havelis mit den bunten Fassadenbildern ein vielbesuchtes Reiseziel. Die alte Stadt Nawalgarh ist ein ansehnliches Beispiel für die Kultur bemalter Kaufmannshäuser. An der zum Bowari-Tor führenden Straße entdeckt man über dem turbulenten Basarbetrieb das gesamte Bilderprogramm mit allerhand märchenhaft ausgemalten Transportmitteln, mit Festzügen, Göttern, Blumen und stolzen Turban- oder Uniformträgern.

Tapferes Pferd

Ein Marwari-Pferd steht als lebensgroßes Denkmal auf dem Cetak Circle in Udaipur. Chetak, das Pferd König Prataps, brachte seinen verwundeten Herrn aus der Schlacht in Sicherheit, trotz eigener Wunden. Als der König gerettet war, brach das treue Pferd zusammen.

Doch für Pferdefreunde ist der schöne, außerhalb der Innenstadt gelegene **Roop Niwas Palace** das wichtigste Ziel. Der ländliche Gartenpalast auf großem Gelände mit Auffahrt und stattlicher Freitreppe ist ein angenehmes ruhiges Hotel.

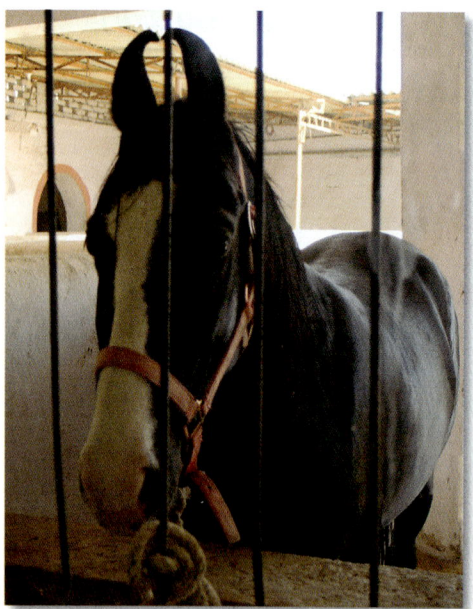

Der Hausherr, Raval Devendra Singh (Nawalgarh), und sein Cousin, Thakur Durga Singh (Mandawa), sind Pferdeliebhaber und -Kenner. Sie bieten **Reitexkursionen** in das wüstenartige Gebiet des Shekhawati an, die sie selbst anführen – mit begleitendem Koch und anderen Helfern sowie mit Zelten für zünftige Wüstenübernachtungen. Ihre Pferde sind **Marwaris**, indische Pferde, die als sehr robust gelten und bekannt für ihre Ausdauer und Schnelligkeit sind. Das heiße Klima und schwieriges Gelände können ihnen nichts anhaben. Die harten schmalen Hufe der Marwaris bleiben meist unbeschlagen. Oft gehen sie in einem Passgang, den man „lateral verschobenen Tölt" nennt und der für den Reiter auch über Stunden sehr bequem sein soll.

Kennzeichen der Mawari-Rasse sind die spitzen, zur Kopfmitte gebogenen Ohren

Marwari-Pferde sind **temperamentvoll** und entwickeln eine enge persönliche Verbindung zu ihrem Reiter. Devendra Singh und sein Team legen daher Wert darauf, dass die Exkursionteilnehmer zwei bis drei Tage vor dem Aufbruch schon vor Ort sind, um Bekanntschaft mit „ihrem" Pferd zu schließen.

Mawaripferde ziehen in Jodhpur Tongas, einspännige Kutschen

Selbst wer nicht reitet, erfreut sich an der **Schönheit dieser Pferde**. Sie haben lange Beine und bewegen sich elegant, ihr seidig schimmerndes Fell kommt in verschiedenen Farben vor: Es gibt prachtvolle Rappen, Füchse und auch Schecken, die in Rajasthan besonders angesehen sind. Die Pferde haben schmale Köpfe in edler Haltung und große Augen. Ein besonderes Kennzeichen sind die sichelförmig gekrümmten Ohren, die um ca. 180 Grad gedreht werden können, was den Pferden ein gutes Hörvermögen verleiht. Bei den Stuten berühren sich die Ohrspitzen manchmal.

Die Marwari-Pferde wurden im Mittelalter im Marwar-Königreich von den Rathore-Herrschern gezüchtet, wohl mit Pferden innerasiatischer Herkunft. In den Fürstentümern Rajasthans waren sie die bevorzugten **Reittiere**, sogar bei den Kämpfen gegen die Armee der Moguln. Man erzählt sich, diese mutigen Tiere hätten Elefanten angegriffen, indem sie auf ihren Hinterbeinen stehend mit den Vorderhufen die mächtigen Gegner verletzten und in die Flucht schlugen.

In der zweiten Hälfte des 20. Jahrhunderts gingen die Bestände der Rasse stark zurück, Reittiere kamen außer Gebrauch. Erst in den letzten Jahrzehnten haben Liebhaber wie Raval Devendra Singh sich um die **Erhaltung** dieser schönen Pferde bemüht. Leider ist die Einfuhr von Marwari-Pferden nach Europa nicht möglich, da Veterinäre fürchten, durch sie könnten Erreger der *African horse sickness* übertragen werden.

Lage: im Nordosten von Rajasthan.
Information: zu Reiterexkursionen: royalridingholidays.com
Übernachten: Einen Kilometer östlich der Stadt lädt inmitten großen Parkareals der **Roop Niwas Palace** ein, 29 Zimmer in gastlicher Atmosphäre, außerdem Ausritte möglich – dank der Marwari-Pferdezucht (www.roopniwaskothi.com).

INFO

89 Abseits der Megacity: Wohnen wie ein Delhiwalla

Die Plätze und Viertel, wo man **Delhi am besten kennenlernt**, sind allgemein bekannt: im frisch geweißelten Säulenrund des Connaught Circle und im Basargedränge und brausenden Verkehrsgewühl von Alt-Delhi; auch im Regierungsviertel um Rajpath und India Gate, wo im Schatten alter Bäume und gepflegter Avenuen Minister und Diplomaten in den elegantesten Villen ihr Luxus-Delhi zu schätzen wissen.

Oder kommen da Zweifel auf? Lernt man Indiens Hauptstadt am besten unter lauter Touristen und Nobelhotels kennen? Oder in den Vierteln der Ärmsten? Wir wollten wissen, wo die **Delhiwallas**, die indischen Bürger, zu Hause sind, und wir hatten Glück. Gerade hatte der Inhaber des „Metropole Tourist Service", seit Jahrzehnten ein bewährter Reiseveranstalter mit gepflegtem Wagenverleih, einen lange gehegten Plan verwirklicht: Abseits vom Stadtzentrum hatte er ein Haus gebaut – zugleich für seine Familie und für Gäste aus aller Welt.

„Tree of Life" heißt das Guest House, und beim Einzug war uns noch nicht einmal der Name des Stadtteils geläufig: **Saket**. Eine Woche später fühlten wir uns dort – südlich vom Stadtzentrum, ein kurze Strecke westlich vom Qutub Minar – heimisch, kannten uns in dem Straßenmuster aus, zwischen den drei bis vier- und fünfstöckigen Häusern und kannten die schmalen Gänge hinten hinaus. Wir wunderten uns nicht mehr, wie man fast ohne Straßennamen auskommen kann und stattdessen Buchstaben und Zahlen für jedes Haus hat. In Sakets Wohnstraßen

Am Connaught Place

tost **kein Verkehr**, man trifft sich, man plaudert, da und dort spenden Bäume ihren Schatten, Kinder spielen und man kommt auch ohne Läden aus. Diese sammeln sich um die größeren Plätze an den Hauptstraßen, wo sich auch der opulente Filmpalast mit 15 Sälen findet, umrahmt von einem Dutzend Cafés und Restaurants. Viele Einheimische ziehen aber die Stehimbisse vor, unter freiem Himmel wird gebrutzelt. Nahebei ein Hindu-Tempel, wartende Taxifahrer. Mit

Häuser im südlichen Vorort Saket

eisernen Torgittern schließen sich manche Wohnviertel nächtens ab.

Nur wenige Kilometer weiter präsentiert sich Saket als ein Beispiel modernsten Indiens: Die Kaufhäuser, die **Shopping Malls**, sind eine Stadt für sich, die Läden darin kaum zu zählen. Die Krankenhäuser sind ebenso modern und fast ebenso riesig. Patienten aus den USA, aus Europa und aus anderen Ländern suchen sie auf, weil sie den hohen medizinischen Standard schätzen und auch, dass die Behandlung nur einen Bruchteil der im Westen üblichen Summe kostet.

Was hat uns noch gefallen, außer unserem Tree of Life-Quartier, das freundlicher, ruhiger und preisgünstiger ist als die Connaught- und Altstadt-Adressen? Eine Entdeckung unter den grünen Parks am Rande der Wohnstraßen ist am Südrand von Saket zu machen: **The Garden of Five Senses**, „der Garten der fünf Sinne"! Dort ist ein Bereich von Moghul-Gärten inspiriert, ein anderer besteht aus naturbewahrtem Fels mit dornigem Bewuchs, Künstler haben für das Areal 25 Skulpturen geschaffen und Techniker ein Parkgelände im Zeichen der Sonnen-Energie, mit Fahrzeugen vom Bus bis zum Fahrrad. Die schattigen Restaurantgärten des „Fünf-Sinne-Gartens" bieten sich zur Erholung an, auch die Küche hier genießt einen guten Ruf.

Bleibt zu sagen: Mit einer jüngst eröffneten Metrolinie ist man binnen einer halben Stunde mitten im Zentrum Delhis, Station Connaught Place. Saket ist für manche noch ein Geheimtipp, doch wohl nicht mehr allzu lange.

INFO

Lage: in Delhi, südlich vom Zentrum.
Übernachten: Am Eingangstor findet man „**The Tree of Life**" (www.tree-of-life.in) nur auf einem Täfelchen, im Inneren des 4-stöckigen Hauses das Bild des Lebensbaums groß wieder. Hier wohnt Ashwani Bazaz („Metropol Tourist Service") mit seiner Familie und lässt Touristen aus aller Welt mitwohnen – in begrenzter Zimmerzahl, das kommt individueller Gastlichkeit zugute. Samt Frühstück, Internet, Fahrstuhl, Dachterrasse.

90 Unser Dorf soll schöner bleiben!
Pragpur: Indiens erstes Heritage-Dorf

Inmitten von Wald- und Wiesengrün glitzern Sonnenstrahlen auf dem breit dahin strömenden Beas-Fluss. Auf den Straßen geht es kurvenreich bergan und bergab durchs Kangra-Tal, einer grünen Verlockung in Indiens Norden, und **Wanderlust** kommt auf. Zu entdecken ist auch eine historische Rarität, ein vergleichsweise winziger, ein wundersamer Ort, abseits der Fernstraße. Die führt von Chandigarh herauf, der Doppel-Hauptstadt von Punjab und Haryana, und führt weiter nach Dharamsala, der Exil-Residenz des Dalai Lama. „Pragpur" heißt der Ort, *prag* (Sanskrit) bedeutet „Pollen" und *pur* heißt soviel wie „Fülle", ein deutlicher Hinweis, wie dankbar die ersten Bewohner vor rund 300 Jahren für die **Fruchtbarkeit** der Landschaft waren. Der frühe Wohlstand ließ im 19. Jahrhundert immer wieder unternehmungsfreudige Dörfler ihr Glück anderswo suchen, als Händler und Bankiers zum Beispiel in Simla. Sie gaben aber ihre Heimatbindung nicht auf, bauten sich im Dorf Pragpur stattliche Havelis und Herrenhäuser.

Auch heute umrahmt üppiges Feldergrün das Dorf, samt Obstgärten mit mächtigen alten Bäumen. Im Dorf selbst trifft man auf gepflegte Häuser mit schrägen Dächern, Steingitter-Dekor der Fenster und farbig gemalte Fassaden, an denen Bambusstäbe der *Digbals*, der Schutzgötter, Gefahren abwenden sollen. Solide Stahlrohre aus England sorgen seit langem für die Wasser-Fernversorgung. Ortszentrum ist der **rechteckige Dorfteich**, der *tank* mit seinen Fischen. Der Besucher genießt den Anblick der Gärten, lässt sich von den Schulbauten in Pragpur erzählen, trifft auf dem Markt Weber und Silberschmiede bei ihrer Arbeit und wer wandern möchte, kann auch geführte Touren vereinbaren.

Wo amtlicher Denkmalschutz eher lässig betrieben, weder bei Abriss noch bei natürlichem Verfall an Altbauten eingegriffen wird, ist die Initiative einzelner engagierter Menschen unersetzlich. Besonders einem Pragpur-Bewohner ist zu verdan-

Panorama von Pragpur

Empfehlenswertes Heritage Hotel: der Judge's Court in Pragpur

ken, dass die Schönheiten des Dorfs **vor dem Verfall gerettet** wurden. Vijai Lal ist ein Enkel jenes Richters, der vor einem Jahrhundert einer der prominentesten Inder am Rande des Himalaya-Gebirges war (s. u.). Er nahm zusammen mit seiner Frau die Chance wahr, in Pragpur die staatliche Aktion „Rural Heritage Tourism" zu starten, sammelte Sponsoren und beriet das Dorfkomitee. 1997 erklärte die Regierung von Himachal Pradesh Pragpur zum Heritage-Dorf. Es ist landesweit das erste und wurde inzwischen zur Pragpur-Garli-Heritage-Zone erweitert.

Karriere unter britischer Kolonialherrschaft

„Our trusty and well beloved Rai Bahadur", so nannte Großbritanniens König Georg V. (reg. 1901-10) den ersten Hausherrn von Judge's Court, eines stattlichen Mansions, das heute Heritage-Hotel ist. Jai Lals unter Glas bewahrte Urkunde fällt den Gästen ins Auge, ein Dokument des britischen Kolonialreichs. Nach britischem Muster wurde auch Recht gesprochen. Richter Jal Lal, Jahrgang 1878, avancierte als erster Inder zum High Court des Punjab. Meist in Shimla und Lahore tätig, genoss er Aufenthalte in Pragpur, seit Jahrhunderten Wohnort seiner Familie .

Lage und Anfahrt: 175 km von Chandigarh entfernt, von Delhi dorthin Bahn- und Flugverbindungen, Abholservice von Chandigarh auf Anfrage.
Übernachten: Sich wohl sein lassen in prächtig grüner Berglandschaft, schon nah dem Himalaya – das bietet **The**

Judge's Court (www.judgescourt.com), ein Landsitz mit angenehm großen Räumen und geräumigem Park. Die Nachkommen des prominenten Richters verwandelten es mit gutem Stilgefühl in ein Heritage-Hotel.

INFO

91 Varanasi: die heiligste Stadt der Hindus

Dies ist ein Ort, um innezuhalten. Von einer kleinen Terrasse aus sieht man die *Doms*, die **Leichenverbrenner**, ihrer Arbeit nachgehen. Glück hat, wer an Tagen mit Westwind das Ghat besucht – dann treiben die Rauchwolken der Scheiterhaufen auf die weite Fläche des Ganges hinaus, der an den Stufen des Manikarnika Ghats vorbeifließt.

Wirkliches Glück ist denen zuteil geworden, die dort unten nach altem Ritus verbrannt werden. Sie sind in Varanasi, auch Benares genannt, gestorben, nicht durch Gewalt, sondern eines natürlichen Todes. Für einen frommen Hindu bedeutet dies, dass er die Gelegenheit hat, den nie endenden Kreislauf von Tod, Leben, Sterben und Wiedergeburt zu durchbrechen.

Vorsicht beim Fotografieren

Wer auf der Terrasse über dem Manikarnika Ghat versucht, zu fotografieren, versäumt nicht nur die besondere Stimmung des Augenblicks, sondern kann auch schnell einige Rupien einbüßen, die selbst ernannte Aufpasser zur Wiedergutmachung einfordern.

Denn Varanasi ist die **heiligste Stadt der Hindus**. Hier studieren Brahmanen seit Jahrtausenden Sanskrit-Schriften, was Varanasi auch den Beinamen „Stadt der Erleuchtung", Kashi, eintrug. Wer hier stirbt und verbrannt wird und wessen Asche dann mit „Mutter Ganga" vereint wird, der geht in das Nirwana ein. Der heiligste der Verbrennungsorte in der **„City of Learning and Burning"** ist das Manikarnika Ghat – über 3.000 Rs kostet das Holz für eine Verbrennung hier, unbezahlbar für viele. Aber geheiligt ist generell jede Kremation Varanasis, also auch die modernen Krematorien wie das am Harishchandra Ghat.

Verbrennungsplatz in Varanasi

Die Saris aus Varanasi sollen vom Himmel der Morgendämmerung ihr besonderes Schimmern erhalten

Das Ghat ist nicht nur ein Verbrennungsplatz, sondern auch eine der wichtigsten Stationen der Pilger auf den *Yatras*, rituellen Wegen. Zwei Fußabdrücke im Marmor sind Spuren des Göttlichen, ein Ganesha-Tempel versinkt fast im Schlamm des Stroms. Das Heiligste hier aber ist das Wasserbecken, das von Shiva persönlich ausgegraben worden sein soll. Der Legende nach hatte seine Gattin Parvati hier einen Ohrring verloren, nach dem der Gott suchte und grub, bis sich das Becken mit seinen Schweißtropfen anfüllte.

Der Tod ist hier keine bittere Angelegenheit. Während die **Scheiterhaufen** wenige Meter weiter schon brennen, verabschieden sich die Angehörigen von ihrem Toten. Mit „Ram Ram shakti hai"-Rufen („Gott ist mächtig") haben sie den in ein Tuch gewickelten Leichnam durch die Gassen der Altstadt hierher getragen, tauchen ihn nun an den Stufen des Ghats ins Wasser und legen ihn auf den Scheiterhaufen. Ein Sohn umkreist den Verstorbenen fünf Mal, bevor er das Holz entzündet. Die Doms, die sämtlich zu den Unberührbaren gehören, sorgen dafür, dass die Flammen so lange züngeln, bis nur noch wenige Knochen und Asche von dem Verstorbenen bleiben. Die Familie betrachtet gefasst die Flammen. Nach etwa drei Stunden ist es soweit, die Doms sammeln die Asche ein – und beginnen bald, einen neuen Scheiterhaufen aufzurichten. Das Nirwana wartet.

Lage: im Süden von Uttar Pradesh.
Übernachten: In einem Guest House in Benares' Altstadt zu wohnen, hat seinen Reiz. Fast alle Unterkünfte beteiligen sich allerdings am **Kommissions-System**: Touristen auf Bettensuche werden vom Rikschawalla oder einer „zufälligen" Straßenbekanntschaft zu einer Herberge gelotst. Die Kommission wird, ohne dass der Gast es mitbekommt, auf die Rechnung aufgeschlagen. Eine Ausnahme ist die **Yogi Lodge** (www.yogilodge.com). Hotels der gehobeneren Preisklasse befinden sich in der Cantonment Area.

INFO

92 Rikscha!

„Rik-sha!" Der Ruf gellt laut über den Platz, der Mann steht neben seinem Fahrgerät, die eine Hand am Lenker, den anderen Arm ausgestreckt, die Handfläche nach unten gerichtet, seine Finger bewegen sich auf und ab. Er zeigt auf einen Mann, der gerade aus einem Hoteleingang kommt, und der sofort weiß, dass er gemeint ist, aber nicht hinsehen will. Bald kommt es zu einer kurzen Verhandlung, der Mann steigt schließlich auf die Bank über der Hinterachse des gebrechlich wirkenden Gefährts, zwängt sich unter den für Europäer zu niedrigen Baldachin, während der andere in die Pedale steigt, um an Fahrt zu gewinnen.

Preise vor der Fahrt aushandeln

Die meisten Rikschawallas sind arm und Analphabeten. Auf den Kopf gefallen sind sie aber nicht, und manche nützen die Unsicherheit von Reisenden im Bezug auf indische Preise aus. Immer wieder ist zu hören, dass Mondpreise für Fahrten verlangt werden, oder dass Rikschawallas ankommende Reisende zu einer Unterkunft bringen, von der sie eine Vermittlungsgebühr, *commission*, erhalten, die dann wieder auf den Zimmerpreis des Reisenden aufgeschlagen wird. Daher sollte man immer vor Fahrtantritt den Preis aushandeln. Eine gute Idee ist es auch, einheimische Passanten nach dem üblichen Tarif für eine Strecke zu fragen. Wer neu in einer Stadt ist und zu seiner Unterkunft möchte, sollte mit dieser vorab einen Abholservice verabreden – oder darauf bestehen, nur zu der bereits gebuchten Adresse gebracht zu werden.

Rikschas sind mit Menschenkraft getriebene Transportfahrzeuge – die Autorikschas, nach ihrem unverkennbaren Zweitakter-Klang auch „Tuktuk" genannt, bilden die moderne Variante. Die Urform der Rikscha, ein einachsiges Gefährt mit einem Sitz, das an zwei langen Stangen von einem Mann geschoben oder gezogen wird, kam einst aus Japan nach Indien. Diese **Ur-Rikschas** findet man heute nur noch in der beschaulichen Hill Station Matheran im Süden Maharashtras, wo der Gebrauch von benzingetriebenen Fahrzeugen aus Umweltgründen beschränkt ist, sowie im nervösen Zentrum Kolkattas, obwohl die von Hand gezogenen Rikschas dort eigentlich seit 2008 verboten sind.

Fahrradrikschas gibt es noch in vielen Städten Indiens, und wer „Rikscha" sagt, meint meist eines dieser Modelle. Gegen die Fahrradrikschas werden die gleichen Argumente angeführt werden wie gegen die handgezogenen: Die Rikschawallas, die die Gefährte ziehen, seien meist nicht deren Besitzer, sondern nur ausgebeutete Lohnarbeiter, ihre Arbeit nicht menschenwürdig, zudem seien Rikschas im modernen Stadtverkehr eine Gefahrenquelle.

Die **Diskussion um das Verbot** der klassischen Rikschas in Kolkatta zeigte aber noch eine weitere Dimension: So schien es den Rikscha-Gegnern, allen voran den Politikern, nicht vornehmlich um humanitäre Überlegungen, sondern um das neue Selbstverständnis des Staates Indien zu gehen. Ihnen schien diese Art der Fortbewegung nicht zu einem Land zu passen, das sich zur Weltmacht entwickeln will. Interessanterweise waren es die Rikscha-Fahrer, die versuchten, das Verbot zu verhindern. Sie trauten den Zusicherungen von Entschädigungen nicht und befürchteten, als ungelernte Arbeiter keinen neuen Broterwerb zu finden.

In der Ruhe liegt die Kraft. Rikscha-Stand in Jaipur

Trotz aller Diskussion ist das Transportwesen in vielen Orten ohne Rikschas kaum denkbar. Kein Transportmittel ist so wendig – wichtig in den nicht auf das Motorenzeitalter vorbereiteten indischen Altstädten. Vor allem aber ist keines so günstig: Fahrradrikschas sind das **Individualverkehrsmittel für die Armen**, häufig benutzt auch für den Transport von Schulkindern oder als Krankenwagen. Allerdings beginnen Fahrradrikschas langsam aus dem Straßenbild zu verschwinden – nicht so sehr als Reaktion auf Verbote, sondern als eine Folge der beunruhigend ansteigenden Autodichte auf Indiens Straßen.

Solange es sie noch gibt, sollte man Rikschas weder kategorisch ablehnen noch grundsätzlich für jede Strecke nutzen. Zunächst sollte man sich fragen, ob man sich überhaupt von jemandem durch die Gegend ziehen lassen möchte – auch vielen Indern ist der Gedanke, jemandem dabei zuzuschauen, wie er sich an dem eigenen Gewicht abarbeitet, unangenehm. Zu bedenken ist auch, dass Fahrradrikschas keine Langstreckenfahrzeuge sind. Dafür sind sie zu unbequem, und einen Geschwindigkeitsvorteil haben sie nur dann, wenn sie Wege nutzen, die für andere Verkehrsmittel nicht befahrbar sind. Keine gute Idee ist es also, sich mit einem schweren Koffer vom Rikschawalla ans andere Ende der Stadt schleppen zu lassen. Eine **Sightseeing-Tour** durch eine Kleinstadt, naturgemäß mit vielen Pausen an den Sehenswürdigkeiten, kann Fahrer und Touristen aber gleichermaßen erfreuen – den einen wegen der guten Einnahme, den anderen wegen eines einzigartigen Erlebnisses.

93 Auf einem Hausboot durch Keralas Backwaters

Wie eine gigantische, umgedrehte Korbschale liegt das Boot im Wasser. Bizarr und futuristisch wirkt seine Form, zugleich fügt sich sein Anblick ganz natürlich in den der Palmen am Ufer ein: Keine stählernen Aufbauten, kein buntes Plastik, kein qualmender Schlot stört den Eindruck eines gewachsenen Ganzen.

Keralas Wasserwelt ist ein unüberschaubares **Netz von Kanälen und Seen**, den Backwaters. Kein anderer Bundesstaat zwischen dem tamilischen Südkap und den

Auf den Kanälen scheint die Zeit mit einem entschleunigten Rhythmus zu verlaufen

Gebirgszügen des Himalaya ist so reich an Wasser. Rund vierzig Flüsse transportieren es von den Gebirgen im Landesinneren an die Küste, jedes Jahr aufs Neue durch den Monsun gespeist. Bevor sich die Ströme in das Arabische Meer ergießen, versorgen sie die Ebene im Hinterland der Malabarküste mit Frischwasser. Ursprünglich war das Gebiet von Feuchtwäldern und Mangroven durchzogen. Auch heute noch ist es ein **einzigartiges Ökosystem**, in dem das Süßwasser mit dem vom Meer eindringenden Salzwasser zusammentrifft. Leider ist die Region stark von Umweltverschmutzung betroffen. Die üppige Vegetation verbirgt, dass die Backwaters heute für die Landwirtschaft eine hohe Bedeutung haben, beispielsweise für den Reisanbau.

Schon seit Jahrhunderten werden die Backwaters auch als Wasserstraßen genutzt. Mit den traditionellen Lastkähnen, den **Kettuvalams**, die früher massenhaft für den Transport von Reis und anderer Fracht verwendet wurden, kann man seit einigen Jahren Rundfahrten durch die Backwaters unternehmen. Die Boote wurden ihrem neuen Zweck entsprechend umgebaut. Routen wie die von Kochi (s. S. 180) nach Allapuzha werden als Tagestouren angeboten, am schönsten sind aber die Fahrten, die bis zu einer Woche dauern. Sinn und Zweck ist es dabei nicht, möglichst viele Sehenswürdigkeiten oder Kilometer zu bewältigen, sondern Ruhe und kulinarische Freuden zu erleben.

Das pittoreske Aussehen der Kettuvalam-Hausboote ergibt sich aus der Lösung eines Problems, vor das die Backwaters die Schiffbauer stellen, seit es Boote gibt: Die brackigen Kanäle erlauben weder starken Tiefgang noch Kiele, die ein Boot mit hohen, schweren Aufbauten hätten stabilisieren können. So erhielten die breiten Gondeln – ein Kettuvalam wurde früher ausschließlich mit einer Stange angetrieben – Dach und Kajüten aus Korbgeflecht, das leichter als Holz ist: **Kokosbast und Bambus** sind seine wichtigsten Bestandteile, kein Nagel wird beim traditionellen Bau verwendet.

2.000 Kettuvalams sollen als Touristen-Hausboote auf den Backwaters unterwegs sein. Die Palette reicht von sehr einfachen Booten bis hin zum **schwimmenden Luxus** mit Aussichtsterrasse oberhalb der Kajüten sowie Schlafzimmer mit Doppelbett und eigenem Bad. Zur Mannschaft gehören mindestens drei Personen: Der Führer und Stewart, der Kapitän und Steuermann, und – ganz wichtig und daher oft nur mit dieser einen Aufgabe betreut – der Koch, der in seiner winzigen Kombüse die Wunder der Küche Keralas zaubert. Diese werden dann auf einem Bananenblatt serviert, begleitet von frisch gepresstem Ananas- oder Mangosaft.

Lage: an der Küste Keralas.
Information: www.keralatourism.org/geman/houseboat
Reisezeit: Hauptsaison ist September bis März, während des Monsuns finden in der Regel keine Touren statt.
Übernachten: Für fast jede Tour und jeden Anspruch scheint es ein eigenes Hausboot zu geben, die Auswahl ist so riesig wie die Preisunterschiede. Die staatliche Fremdenverkehrsorganisation Kerala Tourism stuft auf ihrer Webseite eine Auswahl von Anbietern in „Gold" und „Silver Star"-Klassen ein. Auch viele Hotels in Kochi, Alappuzha und Kollam, den drei wichtigsten Ausgangspunkten, bieten Touren an.

INFO

94 Ambadi Adventure: Radeln in Südindien

Am dörflich geprägten Rand der Hauptstadt wohnen und gleich hinterm Haus in ein hügeliges Waldgelände spazieren können, **das Ambadi Guest House** ist ein guter Ort, um das Leben in Kerala kennenzulernen. Palmengrün, wiesengrün und blumenbunt präsentiert sich die Umgebung und man wird aufgesogen von der Atmosphäre subtropischer Gemächlichkeit. Hausherr Krishna Moorthy und seine Familie verwöhnen ihre Gäste, auf Wunsch schon morgens mit einem Masseur und jederzeit mit einem köstlichen frischgepressten Orangensaft. Bei der Gestaltung des Aufenthalts hat man die freie Wahl: ob Stadtexkursionen, ob Ausflüge ans Meer, ob Begegnungen mit Nachbarn, Ayurveda-Kundigen und Dorfhändlern, oder auch mit dem Priester des kleinen Tempels.

Für wen geeignet?

Die große 14-Tage-Tour „Karnataka und Kerala" ist auf Radler mit Erfahrung abgestimmt, die 90 bis 110 Kilometer Tagesprogramm leisten können, auch einmal im hügeligen Gelände mit bis zu 1.000 Meter Anstieg und bei Temperaturen um 28 bis 30 Grad Celsius (Nachttemperatur bis 20–25 Grad). Ruhetage sind vorgesehen. Eine ähnliche Tour führt durch Kerala und Tamil Nadu.

Krishna Moorthy war maßgeblich am Aufschwung des Kerala-Tourismus in den 1990er-Jahren beteiligt. Gemeinsam mit dem Erfinder Babu Varghese hat er die anfangs wegen ihrer fantastischen Bambusaufbauten so gern belächelten Kerala-Hausboote zur Attraktion Nummer 1 gemacht (s. S. 212).

Aufbruch vom Ambadi-Guesthouse am Stadtrand von Thiruvananthapuram

Auch auf Indiens Straßen unterwegs: Kühe

Heute gehört zu den Spezialitäten des Ambadi Guest House die Organisation und Durchführung von **Radtouren**, und zwar im modernen Stil, immer mit neuen Modellen und mehrgängiger Schaltung (24 und 27 Gänge). Teilnehmer können auch ihre eigenen Räder mitbringen. Wegen möglicher Schwierigkeiten beim Lufttransport empfiehlt Krishna Moorthy aber, Räder aus seinem Bestand von rund 60 Stück zu mieten. Eine zweiwöchige Tour wird immer von einem indischen Mechaniker begleitet, der in seinem Gepäck Werkzeuge und Ersatzteile parat hat. Ein Begleitwagen befördert das Gepäck von Hotel zu Hotel. Der englisch sprechende Guide kennt sich aus mit Tempeln und Palästen, Märkten und Monumenten am Wegesrand, mit Naturparks, Wasserfällen und Gewürzplantagen. Er weiß auch – und das ist in Südindien wichtig – wo die bestmöglichen Straßen zu finden sind, wenn es keine besten gibt.

Während der großen 14-Tage-Tour „Karnataka und Kerala" erlebt man die Landschaftsschönheit und die Lebensintensität in zwei der interessantesten Bundesstaaten Indiens. Und man nimmt viel mehr davon wahr als wenn man im Bus, im Mietwagen, im Zugabteil reiste. Krishna Moorthy formuliert es so: „Dies ist nicht nur eine Radtour, es ist die **Begegnung mit indischen Traditionen**, indischer Kultur, mit den Farben, mit den Aromen Südindiens, mit Musik, Tanz und mit dem Geschmack der Speisen." Auch ein Hausboot-Reisetag in den Backwaters steht auf dem Programm.

Lage: in Kerala.
Information: Programme mit Routen und Hotelbeschreibungen sowie Preisübersichten gibt es bei: Mr. V. Krishna Moorthy, Ambadi Adventures, Ambadi, Poozhikunnu, Industrial Estate, Trivandrum - 695019, Tel. 0471-2493712.
Reisezeit: Gemäß dem südindischen Klima von August bis März, preisgünstiger von August bis November.

INFO

95 Das Fest der Elefanten: Pooram in und um Thrissur

Eines der prächtigsten Elefanten-Feste Indiens ist Pooram, das Frühlingsfest – zugleich Erntedankfest – in Kerala, das in der einstigen Königsstadt Thrissur und rundum in den Dörfern und kleineren Städten gefeiert wird. Kein Zirkus, kein Kinofilm, kein Volksfest käme dieser **Farbenpracht und Begeisterung** in den Festtagen und Festnächten auch nur annähernd gleich! Erst seit 1798 wird hier alljährlich im April oder Mai Shiva und der Göttin Devi zu Ehren gefeiert, bei heißem Klima und doch bis zu 36 Stunden lang. Der Fürst Raja Rama Varma gründete einst das Pooram-Fest, um Tempel-Streitigkeiten zu schlichten.

Prozessions-Elefant mit goldrotem Kopfschmuck Nettipattam

Wir erleben das Fest nicht in Thrissur beim Vadakkunnatham-Haupttempel, unser Gastgeber führt uns zu einem Dorf im Umland, zu einem Festplatz so groß wie zwei Fußballfelder. Und der Andrang füllt das Gelände schon bis an den Rand, wächst aber noch immer. Frauen und Kinder in bunten Gewändern, auch Elefanten sieht man an den Rändern des weiten Platzes. Die Männermenge durchpflügen immer wieder Reihen von jungen Burschen, ein jeder legt die Hände auf die Schultern des nächsten, sie halten nach Bekannten aus den Nachbardörfern Ausschau. **Hörnergellen, Trommelkaskaden** füllen die Luft. Immer noch mehr graue Riesen erscheinen mit ihren prächtigen Stoßzähnen, geschmückt mit goldglänzenden großen Stirnschilden und üppig bunten Textilien!

Das Knallen und Krachen der Hörner und Trommeln, das uns in den Ohren dröhnt, scheint die Elefanten gleichgültig zu lassen. Etliche *Mahouts*, die Elefantenführer, strecken sich knapp neben den Füßen ihrer Elefanten zur Rast aus, keiner von ihnen fürchtet einen Elefantentritt. Mahouts und Elefanten sind miteinander besser vertraut als manches Ehepaar. Ein Blick nach droben: Auf einer Anhöhe noch mehr Fest-Fantasie, dort schweben mannshohe, kugelförmige Papiergebilde.

Mehr als 50 Elefanten sind zum Fest versammelt, und wir scheuen die Mühe nicht, noch näher an die Elefanten heranzukommen, wären fast von unserem Hügel in ein Schlammloch gerutscht, kamen aber doch noch ein Stück voran – und dann sind hoch in ihren hölzernen Sesseln, den *Howrahs*, die Mahouts so nahe, dass wir ihnen in die Augen schauen können. Jeder hat eine lange Stange, mit einem breiten bunten Schirm, jeder auch einen wagenradgroßen Fächer – diese bestehen aus Yakwolle, hören wir, geschmückt mit Pfauenfedern.

Der Thiruvambadi-Tempel in Thrissur, festlich zum Pooram-Fest erleuchtet

Dieser Festnachmittag bei dem Dorf dauert nicht bis zum nächsten Morgen, wie in Thrissur. Den Schluss macht die Prozession der Elefanten in langer, sonnenglitzernder Reihe. Kaum haben die Elefanten den Platz verlassen, folgt beeindruckendes Feuerwerks-Getöse aus lauter himmelwärts abgefeuerten schwarzen, fast fußballgroßen Kugeln.

Indiens Feste

Kraft, Fantasie, Emotion: „Als hätten Tiefenpsychologen verordnet, was notwendig ist, um Aggressionen zu vermeiden, um das Übermaß an Kraft, Fantasie und Emotion in richtige Bahnen zu lenken – umzusetzen in die Feste der Götter, in die Anbetung des Lichtes, der Jahreszeiten, der Berge und Flüsse, in den Dank für gute Ernten und wichtige Ereignisse der Familie, in die magischen Rituale der Stämme, in sakrale Zeremonien, die ekstatisch sein dürfen, da sie religiös bedingt und durch ein metaphysisches Ethos gebunden sind" – so hat Gisela Bonn (1909–1996, Auslandskorrespondentin und Publizistin), damals eine der besten Kennerinnen indischen Lebens und indischer Religionen, vor Jahren über Indiens Feste geschrieben.

Lage: in Kerala.
Übernachten: Eine grüne Idylle, mit Hauselefant, Heritage-Halle, Bootsfahrten, Ayurveda-Kur und Ochsenkarrentour – das ist **Kallapuram** (www.comindia.org), Familiensitz mit Gästequartieren, etwa 30 km östlich von Thrissur. Hausherr in Kalappuram ist V.K.Soman, einer der prominentesten Journalisten Keralas (und mehrere Jahre Direktor des Instituts für Journalismus in Thiruvananthapuram). Von ihm erfuhren wir: Kerala ist ein Land der Zeitungleser und Mediennutzer wie kein anderer Bundesstaat in Indien.

INFO

96 Opiumzeremonie bei Jodhpur

Die Tradition ist uralt, der Name klingt gefährlich: Opium, das ist der Stoff, um den im 19. Jahrhundert **Kriege** geführt wurden, mit dem die Briten das chinesische Kaiserreich betäubten, und heute eine Droge, die Terror finanziert und deren Konsum in Europa wie in Indien gleichermaßen durch Gesetze geregelt ist. Doch die Zeremonien im Distrikt Pali, südlich von Jodhpur, haben nichts mit den Opiumhöhlen im Shanghai des vorletzten Jahrhunderts gemein. Sie sind ein **heiliges Opferritual**, das die ländliche Bevölkerung in dieser Region seit vielen Jahrhunderten vollzieht – und zugleich bieten sie eine nette Gelegenheit für die Herren der Dörfer, gemütlich beisammen zu sitzen und Shiva einen guten Mann sein zu lassen. Frauen ist die Teilnahme nicht erlaubt, weibliche Gäste sind aber eingeladen, zuzuschauen.

Bei einer Opiumzeremonie steht nicht der Genuss des Rauschmittels im Vordergrund. Sie vereint **gesellschaftliches Ritual**, religiöse Handlung und traditionelles Brauchtum der Dorfbevölkerungen. Die Behörden respektieren diese Zusammenkünfte als Teil der Kultur des Landes.

Die Männer des Dorfes versammeln sich in einem Haus, ohne viele Worte setzt man sich im Kreis auf den Boden. Dass es nicht um ein formloses Treffen geht, erkennt man an dem kleinen Altar aus Silber oder edlem Holz in ihrer Mitte. Am Anfang steht das Opfer für den Gott, dem der Altar geweiht ist: Nachdem der Älteste einer **Mohnkapsel** ihre schwarz-braunen Bröckchen entnommen und sie in einem Mörser zerstoßen hat, lässt er sie in ein Filtersäckchen an der Seite des kleinen Altars rieseln und gießt Wasser darüber. Ein paar Tropfen dieses ersten Filterdurchgangs werden über der kleinen Götterskulptur – auf den Bildern ein Nandi (heiliger Stier) mit einem Shiva Lingam (Phallussymbol) – vergossen.

Es folgen noch mehrere **Filtrationen**, bevor auch die Anwesenden von dem Saft kosten. Sie werden begleitet von zeremoniellen Gesängen des Dorfältesten und

Der Dorfälteste beginnt die Zeremonie mit einem Gebet

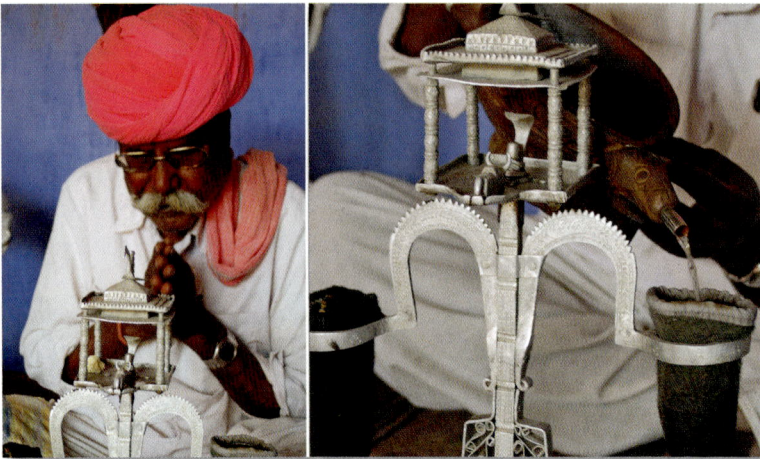

dem gelegentlichen Schlagen eines Glöckchens. Die **Opferschalen**, die bei der Zeremonie verwendet werden, wurden nur für diesen Zweck angefertigt: Sie sind aus einem Stück Holz geschnitzt und fein mit Gravierungen verziert, die Tülle an einem Ende sorgt dafür, dass kein Tropfen der heiligen Flüssigkeit verloren geht.

Ist der Opiumsaft genug gefiltert und verdünnt, wird reihum gekostet. Dafür schüttet jeder mit der Linken ein paar Tropfen aus der Schale in die rechte Handfläche. Aus dieser schlürft der linke Nachbar den Saft. Oft werden männliche Besucher mit in den Kreis aufgenommen – wer nicht mitschlürfen möchte, sollte erst gar nicht an der Zeremonie teilnehmen: Sich dazu zu setzen, den Saft aber dann abzulehnen, gilt als überaus unhöflich! Der **Geschmack** ist bitter, wenn nicht etwas Zucker in den Filter gegeben wurde.

Dass es nicht um einen Drogenexzess geht, ist spätestens jetzt jedem Besucher klar. Die Opiumzeremonie ist ein schöner Brauch, der den Kreis der Dorfgemeinschaft feiert – und es ist ein Geschenk, wenn man, wenn auch nur für kurze Zeit, in diese Runde aufgenommen wird.

Anschließend werden Samen einer Mohnkapsel gefiltert und, nach dem Opfer, als mehrfach verdünnter Saft aus der Hand des Nachbarn geschlürft

Lage: in Zentral-Rajasthan.
Information: Opiumzeremonien sind im Rahmen von Touren im Gebiet zu besuchen. Beispielsweise die Unterkunft in Rohet Garh (s. S. 36) bietet solche Besuche im Zuge ihrer Safaris an.

Übernachtung: Ein Abstecher zum **Sardar Samand Palace** (www.welcomheritage.com) lohnt sich für Art déco-Liebhaber und Vogelbeobachter: dank dem See gleichen Namens und dem Baudatum (um 1933).

INFO

97 Holi: das Fest der Farben

Die Stände mit den hohen **Kegeln aus Farbpulver** auf den Märkten sind nicht
zu übersehen. Spätestens im Januar nehmen die knallbunten Berge imposante Aus-
maße an. Im Angebot sind leuchtendes Blau, schrilles Gelb, saftiges Grün – und vor
allem Rot, von Pink bis zu dunklen Tönen in allen Schattierungen.

Hautreizungen vorbeugen

Leider werden die Holi-Farben heute nur noch selten unter Berücksichtigung
ayurvedischer Prinzipien hergestellt. Viele der verwendeten Farbpulver haben
eine synthetische Basis. Sie können zu Hautreizungen führen und sind sehr
mühsam von der Haut zu entfernen. In den Holi-Tagen ist es daher ratsam,
lange Kleidung und Kopfbedeckungen zu tragen, um die Haut und die Haare
zu schützen, sowie Feuchtigkeitscreme zu verwenden, um Farben später leichter abwaschen zu können. Vor Spaziergängen sollte man sich informieren, wie
wild in der Gegend Holi „gespielt" wird.

Bunte Zeiten: Pulver auf dem Basar vor …

Holi ist ein **Frühlingsfest**, gefeiert
wird es im Februar oder März; die
Termine wechseln, sie sie dem
Mondkalender folgen, sie fallen aber
immer in Zeiten, in denen das Klima
in den meisten Gegenden günstig für
einen Indien-Besuch ist. Eigentlicher
Beginn der Feierlichkeiten ist der
Vollmondtag des Monats Phalguna
des Hindu-Kalenders. Die Feier be-
stimmt in den meisten Gegenden
den Tag vor und den nach der Voll-
mondnacht. Während dieser, der
Holika Dahan, werden große **Freu-
denfeuer** entzündet und Strohpup-
pen verbrannt – im Gedenken an die
Dämonin Holika, die trotz ihrer
Zauberkräfte in den Flammen verbrannte, während Pralad, ein treuer
Anhänger Vishnus, durch dessen
Hilfe überlebte. Es ist also ein Tag
des Sieges des Guten über das Böse,
ein Tag des Neuanfangs. Auf diesen
weist auch der bekannteste Brauch
der Feiertage hin, das **Versprühen
von farbigem Wasser** und ge-
genseitige Besprenkeln mit buntem
Pulver. Die Gelegenheit dafür bietet
sich am nächsten Tag im Familien-
kreis, aber auch auf der Straße ist
man an diesem Tag vor Farbattacken

… und auf der Haut nach dem Holi-Spiel

nicht sicher. Hier kommen längst nicht mehr nur die bunten Pulver zum Einsatz, gerne werden auch Wasserpistolen und -bomben mit gefärbtem Wasser eingesetzt. Dies geschieht normalerweise auf fröhliche, spielerische Art: Auf Hindi heißt es nicht Holi feiern, sondern „Holi khelna", „Holi spielen". In manchen Regionen werden bis zum fünften Tag nach dem Vollmondtag, dem **Rangapancami**, weiter Farben versprüht. Der Ausruf „Holi hai!" ist in dieser Zeit überall zu hören – „Es ist Holi!"

Die Pulver machen Holi zum einem farbenfrohen Fest, es ist wohl das farbigste Indiens. Holi hat etwas von Karneval und bedeutet außerdem Ferienzeit und sakrales Ereignis – die Farben werden meist zu Beginn des „Spiels" gesegnet. Zudem endet mit dem Monat Phalgun auch das Jahr des nationalen religiösen Kalenders. Es gibt also eine Menge zu feiern, und das merkt man der Ausgelassenheit auf den Straßen an. Doch die Vergleiche von Holi mit europäischen Festen hinken, denn dieses Fest gibt es nur in Indien, kann es nur hier geben: Das Versprühen der Farben symbolisiert die scheinbare **Aufhebung aller gesellschaftlichen Unterschiede** – Kaste, Geschlecht, Alter, Sprache und soziale Stellung – und schafft so die Grundlage für einen Neubeginn. Nicht so schrill wie die Farbspiele, aber ganz im Sinne des Neubeginns ist der zweite Teil der Feierlichkeiten: Man besucht sich gegenseitig und begräbt alte Zwistigkeiten.

Wann: nächste Holi-Termine:
2012: Donnerstag, 8., bis Freitag, 9. März
2013: Mittwoch, 27. März, bis Donnerstag, 28. März

Wo: Holi wird in ganz Indien gefeiert, an vielen hinduistischen Pilgerstätten besonders intensiv. Das gilt auch für **Varanasi** (s. S. 208), wo die Feierlichkeiten zehn Tage dauern.

INFO

98 Bollywood, aber richtig

Seit im deutschen Fernsehen Hindi-Blockbuster in deutscher Synchronisation zu sehen sind und Fitnessstudios Bollywood-Tanzkurse anbieten, sind Schauspieler wie **Shah Rukh Khan** und die quietschbunten Filmhandlungen mit ausführlicher Choreographie auch hierzulande bekannt. Die Filme auf der heimischen Mattscheibe sind aber nur ein schwacher Abglanz, verglichen mit dem Erlebnis Kino in Indien. Ein Filmabend in einem indischen Kino ist immer etwas Besonderes. Bollywood, der Spitzname von Indiens erster Filmmetropole Mumbai, entstanden zu einer Zeit, als sie noch **Bombay** hieß, ist zum Synonym für indisches Kino geworden. Dabei bilden die in Mumbai produzierten Filme nur einen kleinen Ausschnitt

Indische Filmplakate sind bunt, groß und oft noch handgemalt ...

der indischen Filmproduktion: Aus Bollywood kommt gerade mal ein Viertel der indischen Filme, Filmhauptstadt des Subkontinents ist seit Jahren **Chennai**, geht man nach der Zahl der dort produzierten TV- und Filmproduktionen. 2005 überstieg die gesamtindische Produktion von Kinofilmen zum ersten Mal die Eintausendermarke, das waren mehr Filme als alle damaligen Mitgliedsstaaten der Europäischen Union zusammen im gleichen Jahr herausbrachten. Und die Inder sind fleißige Kinogänger: Während die durchschnittliche Zahl der Kinobesuche pro Person und Jahr in Deutschland unter zwei liegt, ging jeder Inder, gerechnet auf die Gesamtbevölkerung der Republik, im Jahr 2002 sieben Mal ins Kino.

Kein Wunder, denn Kino ist in Indien viel mehr als einfach nur Unterhaltung. Ein Kinobesuch bedeutet für einen großen Teil des Publikums Ablenkung von Alltagssorgen und fungiert als Schaufenster in Welten, die sonst unerreichbar bleiben. Da viele Menschen nicht lesen und schreiben können, ist der Film das ideale Medium, um Geschichten zu erzählen – und der Einsatz von **Musik** hängt auch damit zusammen, dass Indien ein Staat vieler Sprachen ist: Musik braucht keine Synchronisation, um verstanden zu werden.

Selbst für Menschen, die mit dem indischen Masala-Kino, das von der Mischung vieler Genres lebt, nichts anfangen können, ist ein Besuch in einem indischen Filmtheater zu empfehlen, am besten bei der Vorstellung eines aktuellen Kassenschlagers. Das große Kino findet nicht auf der Leinwand statt, sondern im Zuschauerraum, wo das Publikum, sobald die Filmhandlung mehr oder weniger übergangslos durch eine **Tanzszene** unterbrochen wird, mitsingt, laut klatscht oder sogar vor Begeisterung in den Gängen zwischen den Stuhlreihen tanzt.

… nur die modernen Kino-Multiplexe setzen immer häufiger auf gedruckte Poster.

Der Blick auf die Gesichter im Zuschauerraum während der Vorführung erklärt auch, warum dem Kino und seinen Stars immer wieder eine fast mythische Verehrung entgegengebracht wird, die sogar **politische Auswirkungen** haben kann. In Tamil Nadu, einem Land mit niedriger Alphabetisierungsrate, haben Schauspieler, die in der Landessprache drehten, immer wieder Regierungsämter erlangt. Besonders skurrile Folgen der drei Amtszeiten des Ministerpräsidenten „MGR" – indisches Kino liebt Abkürzungen, **M.G. Ramachandran** ist gemeint – sind bis heute in dem südindischen Bundesstaat zu sehen.

Vor allem in den ländlichen Gebieten verehren seine Fans den 1987 verstorbenen Star mit Statuen, zu erkennen an seinen Markenzeichen: Lammwollmütze und Riesensonnenbrille. Obwohl Korruption und Veruntreuung unter seiner Regierung nachweislich an der Tagesordnung waren, brachten sich 29 von MGRs Anhängern nach dessen Tod um. Seine Geliebte, Filmpartnerin und politische Ziehtochter, das Sternchen Jayalalitha, musste ihr Amt als Ministerpräsidentin 2003 zunächst aufgeben – die Vorwürfe gegen sie waren zu schwerwiegend, von Korruption und Amtsmissbrauch war die Rede. Dennoch trat sie im Mai 2011 aufs Neue das Amt der Ministerpräsidentin an. Ihr Ruf als liebenswerte Schauspielerin wiegt wohl schwerer als ihre Vergehen.

Tipp!

Nehmen Sie zum Kinobesuch eine warme Jacke oder eine Decke mit! Indische Kinosäle sind oft auf gefühlte 20 Grad unter Straßentemperatur gekühlt.

Information: Die Formblätter mit Devanagri-Schrift, die am Anfang einer Vorstellung eingeblendet werden, stellen einen kurzen Gruß der indischen Zensurbehörde dar: Alles, was in Indien auf die Leinwand kommt, ist staatlich auf Unverfänglichkeit geprüft.

INFO

99 Gesamtkunstwerk Kathakali

Weit aufgerissene, rollende Augen, die Wangen unter dicker grüner Paste, eine rotgoldene Krone auf dem Kopf: Bilder von solchen **maskenartig geschminkten Gesichtern** dürfen in keinem Kerala-Prospekt fehlen, und viele verbinden Kathakali mit Indien im Allgemeinen. Indisches Tanztheater, ob es Vorführungen des weniger bekannten Thullal, des Kudiyattam oder eben das berühmte Kathakali sind, gehört zu den besonders faszinierenden kulturellen Ereignissen, die man in Indien erleben kann.

Kathakali ist mehr als Folklore. Die Kunstform vereint **Tanz, Literatur, Musik, Malerei und Schauspiel**. Überdies ist Kathakali eine rituelle Form der Überlieferung, wörtlich übersetzt lautet sein Name „Geschichtenspiel". Themen und Figuren entstammen den großen Werken der vedischen Literatur, der Ramayana und der Mahabaratha. Die rituelle Seite des Kathakali zeigt sich im festgelegten Ablauf der Stücke: Mimik und Gestik werden kunstvoll überhöht, die Charaktere –Dämonen und Figuren aus der hinduistischen Götterwelt – sowie ihre Eigenschaften sind klar definiert. Für naturalistische Darstellung bleibt da wenig Raum, geht es doch um etwas anderes: Das Ziel jedes Kathakali-Tänzers ist, mit dem Einsatz seiner künstlerischen Talente eine Brücke zwischen Götter- und Menschenwelt zu schaffen. Viele Bestandteile einer Kathakali-Nacht gehen auf jahrtausendealte Traditionen zurück – die Wurzeln reichen von Ayurveda bis hin zu Kampftechniken. Kathakali in seiner heutigen Form existiert seit dem 17. Jahrhundert. Damals bedeutete es eine Modernisierung des rituellen Theaters: Vor dem in der Sprache Malayalam vorgetragenen Kathakali waren ähnliche Darbietungen sanskritisch.

Kathakali-Figuren sind in Kerala häufig Teil von Tempelfesten

Ein klassischer Anlass für eine traditionelle Kathakali-Aufführung ist ein **Tempel-fest**. Diese Veranstaltungen beginnen nach Sonnenuntergang und dauern die ganze Nacht. Bei den Aufführungen, die beispielsweise in **Kochi** (s. S. 180) zu sehen sind und die nur eine Stunde dauern, handelt es sich um abgespeckte Varianten für Touristen. Ein Besuch einer solchen Vorführung zahlt sich aus, gerade, wenn man vorhat, später eine komplette Nacht mit Kathakali zu erleben, denn selbsterklärend sind die Vorgänge auf der Bühne nicht. Gute **Kurz-Aufführungen** werden auf Englisch kommentiert und sind der beste Einstieg in die Welt des Kathakali.

Bevor gegen 22 Uhr die ersten Töne einer Kathakali-Aufführung erklingen, haben die Schauspieler – normalerweise ausschließlich Männer, die auch die weiblichen Figuren darstellen – schon mindestens eine Stunde Vorbereitung hinter sich: die **Schmink- und Kostümierungsprozedur**. Die Farben der geschminkten Gesichter sind nicht zufällig gewählt, sondern folgen einer Unterteilung in drei Typen, die auch aus Yoga und Ayurveda bekannt ist: So symbolisiert der grüngesichtige Paccha-Charakter („paccha" = „grün") Eigenschaften des Sattvik, ist also heldenhaft, edel und großzügig. Er verkörpert Götter wie Rama oder Krishna sowie Helden wie Arjuna. Dämonen werden durch die schwarz-rote Schminke der Tardi-Figuren („tardi" = „Bart"), gekennzeichnet, ihr Typ ist Tamasik, also vulgär, hinterlistig und grob. Der dritte Typ ist Rajasik; die rot-grün geschminkten Figuren, die Katthi („Messer"), spielen ambivalente Rollen, mal arrogant und listig, dann wieder warmherzig.

Der Auftritt der Figuren wird von **Musikern** begleitet. Wichtigste Instrumente sind die *maddalam*, eine Handtrommel, und die *chenda*, eine hohe Trommel, die mit gebogenen Stöcken geschlagen wird. Die Musiker übernehmen auch den Gesang, der die Vorgänge auf der Bühne veranschaulicht. Die Schauspieler konzentrieren sich ganz auf die Darstellung, die vollkommene Körperkontrolle erfordert. Besonders spektakulär wirken die Bewegungen der Augen, doch auch die Gestik erfordert höchste Aufmerksamkeit: Allein für die Hände sind 24 Zeichen festgelegt, die im Rhythmus der Musik gezeigt werden. Eine Ausbildung zum Kathakali-Tänzer dauert acht bis zehn Jahre, viele beginnen die schon als Jungen damit.

Am Ende einer Aufführung, im Morgengrauen, steht der **Sieg des Guten** über das Böse: Beispielsweise wird der Dämon erdolcht, und ein langes rotes Tuch symbolisiert das fließende Blut.

Information: Für die tiefere Auseinandersetzung mit Kathakali empfiehlt sich der Besuch einer der großen Schulen. Die Gründung des **Kerala Kalamandalam** (www.kalamanda lam.org) in Cheruthuruthy im Jahr 1930 ließ die Kathakali-Tradition in Kerala wieder aufleben.
Kochi ist der beste Ort, um gekürzte Kathakali-Aufführungen zu erleben; vier Bühnen bieten täglich Aufführungen, darunter das Cochin Cultural Center (www.cochincultural centre.com).
Reisezeit: Die Zeit der Tempelfeste mit traditionellen Kathakali-Aufführungen in Kerala beginnt nach Ende des Monsun (August/September). Ihre Zahl steigt stetig, bis die Regenzeit wieder beginnt (Mai/Juni).

INFO

100 Ayurveda: traditionelle Heilkunst aus Kerala

Längst genießen Ayurveda-Kuren einen guten Ruf in Europa. Diese Gesundheits-lehre – ihr Name bedeutet „das Wissen vom Leben" – hat im südindischen Ke-rala ihren Ursprung. So mancher Europäer schwört auf die entspannende und kräf-tigende Wirkung der Anwendungen. **Massagen mit Kräuteröl** oder einem hei-ßen Kräuterkissen, Dampfbäder und Stirngüsse mit warmem Öl gehören dazu, aber auch Kräutertees und -extrakte sowie eine streng vegetarische Diät, die ab-gestimmt wird auf die *doshas*, die Körper-Geist-Balance des Patienten. Von diesem wird **Disziplin** erwartet, also frühes Aufstehen, pünktliche Einnahme der Arznei-en, Teilnahme an empfohlenen Yoga-Übungen sowie der Verzicht auf Reizmittel wie Alkohol, Tabak und Kaffee.

Hinweis zu Ayurveda

Wer sich einer Ayurveda-Behandlung unterziehen möchte, sollte darauf bestehen, nicht die bisher eingenommenen **westlichen Medikamente** abrupt abzusetzen. So eine plötzliche Umstellung kann gefährliche Folgen haben. Vertrauenswürdige Ayurveda-Ärzte lassen ihre Patienten ihre gewohnten Medi-kamente weiterhin einnehmen. Außerdem sollte man Wert darauf legen, dass die Ayurveda-Ärzte von bisherigen Diagnosen und Behandlungen durch die Schulmedizin Kenntnis haben.

Viele Hotels in Kerala bieten Ayurveda-Kuren an, es gibt auch abgemilderte Ver-sionen, die einem **Wellness-Aufenthalt** gleichen. Dogmatische Anhänger des traditionellen Ayurveda halten davon jedoch nichts, sie betrachten sogar schon die Kombination der Kur mit einem Badeaufenthalt am Meer als unvereinbar mit den Therapien.

Behandlungs-Vorführung auf einer internationalen Ayurveda-Konferenz in Südindien

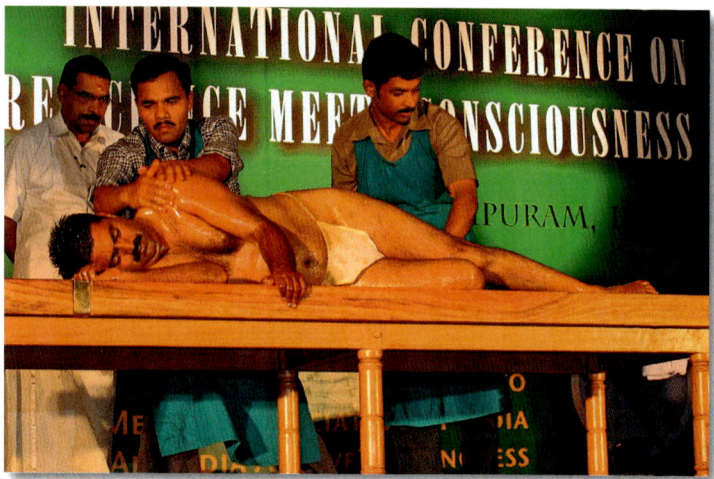

Rauch, Blüten, Stein: Ensemble vor einem Ayurveda-Behandlungsraum

In Kerala gibt es **Fachhochschulen**, in denen die Ärzte ausgebildet und staatlich geprüft werden. Man trifft durchaus auch Ärzte, die sowohl in westlicher Schulmedizin als auch in der traditionellen indischen Medizin ausgebildet sind. Bis vor wenigen Jahrzehnten wurde das Ayurveda-Wissen in einigen Familien Keralas vom Vater an den Sohn weitergegeben.

Auf jeden Fall ist für Reisende, die der Gesundheit wegen zur Ayurveda-Kur nach Indien kommen, ein nicht zu kurzer Aufenthalt zu empfehlen. **Drei Wochen** sind oft besser als zwei, viele brauchen schon zum Akklimatisieren fast eine Woche. Meist ist das Personal in den Ayurveda-Abteilungen sehr verständnisvoll und hilfsbereit, auch die Ärzte kümmern sich oft täglich um das Befinden der Patienten. Man sollte diese umfassende und freundliche Versorgung, die meist intensiver ist als die in unseren Kurheimen, wahrnehmen und über das eigene Befinden Auskunft geben, um die Therapie noch wirkungsvoller zu gestalten.

Ayurveda-Behandlungen gibt es mittlerweile auch in Europa, indische Ärzte halten allerdings die in Indien hergestellten Arzneien für wirksamer, ebenso wie das authentische südindische Klima. Also: Auf zur Ayurveda-Kur nach Kerala!

Information: Es gibt ein Gütezeichen für Ayurveda-Kuren in Indien: das Grüne Blatt. Es soll gewährleisten, dass bei den Therapien gute hygienische Verhältnisse herrschen und dass wirklich Fachleute, ausgebildete Ayurveda-Ärzte am Werk sind. Adressen **klassifizierter Ayurvedazentren** erfährt man hier: www.keralatourism.org

INFO

101 Gandhi im heutigen Indien

„Die Suche nach Wahrheit und das Leben in Gewaltlosigkeit" schrieb Mohandas Karamchand Gandhi 1944, „sind unmöglich, wenn man nicht keusch, ohne jemanden zu berauben, ohne Besitz und ohne Furcht in der Achtung aller Religionen lebt und die Irrlehren von der Unberührbarkeit ausschließt." Kompromisslos, revolutionär und scheinbar nicht mit dem indischen Alltag vereinbar waren Sätze wie dieser schon zu Lebzeiten Gandhis. Umso weniger scheint die Lehre von *Satyagraha* und *Ahimsa*, **Ergreifen der Wahrheit und Verzicht auf Gewalt**, zu den heutigen Gegebenheiten zu passen: Indien tritt auf der Bühne der Weltpolitik selbstbewusst als Atom- und wirtschaftliche Großmacht auf, im Innern ist das Land von Korruption gepeinigt und von religiösen wie sozialen Spannungen gezeichnet. Dessen ungeachtet zählt Gandhi nach wie vor zur politischen Ikonographie des Landes, eine

Großer Bruder Hazare

Gandhis Ideen haben nichts an ihrer Kraft eingebüßt. Das zeigt der seit Jahren steigende Einfluss Kisan Bapat Baburao Hazares auf die indische Politik, der gewaltfrei gegen Korruption kämpft und von seinen Anhängern „Anna" („großer Bruder") genannt wird. Der Mitt-Siebziger gehört keiner Partei an und kämpft mit den gleichen Mitteln wie sein Vorbild Gandhi: kompromisslose Prinzipientreue, öffentliche Auftritte und Hungerstreiks.

Entwicklung, die er selbst so sehr fürchtete wie er sie nicht verhindern konnte und die schon mit dem Ehrennamen „Mahatma" begann, der „Große Seele" bedeutet. Der Ideen- und Impulsgeber der indischen Unabhängigkeitsbewegung verwendete ihn nie selbst, in der Annahme, der **Kult** um seine Person könne die Kraft seiner Lehren überdecken.

Gandhi-Statue in Delhi

Im Museum des Unabhängigkeitskampfes in Delhi: Gandhi als hinter Glas konservierter Mythos

Genau dies ist längst geschehen: Gandhis Bild prangt bis heute auf indischen **Geld-scheinen** und verstaubt an den Wänden von – meist älteren – Geschäften. Sein Name und Ausschnitte seiner Biographie werden von Sonntagsrednern bemüht, und vielerorts steht bis heute eine Gandhi-Skulptur, wo vor 1947 ein Standbild Königin Viktorias wachte, quasi als Lückenbüßer. Diese Form der Gandhi-Verehrung wird zumindest von der Mehrheit der Inder der jüngeren Generation – sofern sie überhaupt noch Kenntnis von seinem Wirken haben – als politisch korrekter Mummenschanz abgetan, wohl zu Recht.

Versucht man, Gandhis Leben und Werk wirklich zu verstehen, findet man im **Sabarmati Ashram** in Ahmedabad vielleicht den besten Ort dafür. In dieser Stadt gründete Gandhi 1915, bald nach seiner Rückkehr aus Südafrika, seinen ersten Ashram. 1917 verlegte er ihn an das Ufer der Sabarmati, und nahm dort, die Proteste vieler seiner Unterstützer nicht achtend, auch Harijans, Unberührbare, auf.

Bis 1930 lebte Gandhi im Sabarmati Ashram. In diesem Jahr brach er zum Dandi march auf, dem Protestmarsch gegen das britische Salzmonopol – seine Popularität erlebte in dieser Zeit ihren Höhepunkt. Nach seiner Ermordung 1948 richtete die Millowners Association Ahmedabads eine Stiftung ein, die den Ashram als **Gandhi Memorial Center** erhält. Eine Bibliothek mit einem Archiv, das 33.000 handschriftliche Briefe bewahrt, eine Fotoausstellung und der schlichte Bungalow mit Bettrolle, Spinnrad und einem Schreibpult, in dem er lebte, führen die Thesen Gandhis und seine konsequente Lebensführung vor Augen. Die Stiftung unterstützt auch Forschungen zu Gandhis Werk, Buchveröffentlichungen und Ausstellungen.

Information: Sabarmati Ashram (www.gandhiashram.org.in), in Ahmedabad, Ashram Road, 7 km nördlich von Stadtzentrum. Geöffnet von Sonnenauf- bis -untergang, tgl. jeweils um 19 Uhr „Sound- and Lightshow"; So, Mi & Fr in englischer Sprache.

INFO

Anhang

Die Bundesstaaten auf einen Blick

Bundesstaat (*=Unionsterritorium)	Hauptstadt	Einwohner	% der Gesamtbev.	Fläche	Größte Religionsminderheit	La
Andamanen und Nikobaren*	Port Blair	379.944	0,03	8.293 km²	Christen 21,7%	Osten (Inselr
Andhra Pradesh	Hyderabad	84.665.533	7,00	276.814 km²	Muslime (9,2%)	Südost
Arunachal Pradesh	Itanagar	1.382.611	0,11	83.578 km²	Christen 18,7% (Animisten u.a. 31,6%)	Nordo
Assam	Dispur	31.169.272	2,58	78.523 km²	Muslime 30,9%	Nordo
Bihar	Patna	103.804.637	8,58	99.199 km²	Muslime 16,5%	Nordo
Chandigarh*	Chandigarh	1.054.686	0,09	114 km²	Sikhs 16,1%	Weste
Chhattisgarh	Raipur	25.540.196	2,11	146.361 km²	Muslime 2,0%	Osten
Dadra und Nagar Haveli*	Silvasa	342.853	0,03	491 km²	Muslime 3,0%	Weste
Daman und Diu*	Daman	242.911	0,02	110 km²	Muslime 7,8%	Weste
Delhi*	Delhi	16.753.235	1,38	1.485 km²	Muslime 11,7%	Norde
Goa	Panaji (Panjim)	1.457.723	0,12	3.702 km²	Christen 26,7%	Weste
Gujarat	Gandhinagar	60.383.628	4,99	195.984 km²	Muslime 9,1%	Weste
Haryana	Chandigarh	25.353.081	2,09	44.222 km²	Muslime 5,8%	Norde
Himachal Pradesh	Shimla	6.856.509	0,57	55.673 km²	Muslime 2,0%	Norde
Jammu und Kashmir [2]	Srinagar und Jammu	12.548.926	1,04	101.387 km²	Hindus 29,6%	Norde
Jharkhand	Ranchi	31.169.272	2,72	74.677 km²	Muslime 13,8%	Osten
Karnataka	Bangalore	61.130.704	5,05	191.773 km²	Muslime 12,2	Südwe
Kerala	Thiruvananthapuram (Trivandrum)	33.387.677	2,76	38.864 km²	Muslime 24,7%	Südwe
Lakshadweep*	Kavaratti	64.429	0,01	32 km²	Hindus 3,7%	Weste (Inseln

Vorherrschende Sprache(n)	Besonderheit
Hindi, Stammes-sprachen	Die frühere Sträflingskolonie ist heute als Reiseziel gefragt.
Telugu	Bergketten und Küstenregion, religiöse Zentren für Hindus, Buddhisten und Muslime: Andhra ist ein Land der Vielfalt.
div. tibeto-birmanische Sprachen	Nur 17 Einwohner pro qkm: niedrigste Bevölkerungsdichte Indiens.
Asamiya, Bengali	In den Plantagen – Assam ist Heimat der größten zusammenhängenden Anbaugebiete der Welt – wächst der berühmte Tee.
Hindi	Der Staat mit den meisten Analphabeten und der höchsten Bevölkerungsdichte: Weniger als 2 von 3 Biharis über 7 Jahren können Lesen und Schreiben, auf einen qkm kommen durchschnittlich 1.102 Einwohner.
Panjabi, Hindi	Von Le Corbusier vollendete Hauptstadt der Bundesstaaten Punjab und Haryana.
Hindi	Einer der „neuesten" Bundesstaaten Indiens: Erst 2000 wurde der östliche Teil Madhya Pradeshs zu einem eigenen Bundesstaat.
Gujarati	Einst Teil des portugiesischen Kolonialreichs.
Gujarati	Der Status als Unionsterritorium geht auf die Vergangenheit als portugiesische Kolonie zurück.
Hindi, Urdu	Die Hauptstadt Indiens.
Konkani	Der kleinste Bundesstaat Indiens – und bedeutend als Reiseziel.
Gujarati	Die Heimat Gandhis und der westlichste Bundesstaat.
Hindi	Haryana umschließt die Hauptstadt Delhi.
Hindi	Die Stadt Dharamshala ist der Exilwohnsitz des 14. Dalai Lama.
Kashmiri	Politischer Hotspot: Pakistan, China und Indien streiten seit Jahrzehnten um Kashmir. Das zu Jammu gehörende Ladakh wird auch Klein-Tibet genannt.
Hindi	Bergbaugebiet, im Jahr 2000 dem Bundesstaat Bihar ausgegliedert.
Kannada	Auf den Hochplateaus des Bundesstaates ist das Klima mild – für die High-Tech-City Bangalore ein Standortvorteil.
Malayalam	Der Bundesstaat mit der höchsten Alphabetisierungsrate. Bei Wahlen zum Landesparlament erringen immer wieder die Kommunisten die Mehrheit.
Malayalam	Nur eine der 36 Inseln, Bangaram, ist für Touristen geöffnet.

Bundesstaat (*=Unionsterritorium)	Hauptstadt	Einwohner	% der Gesamtbev.	Fläche	Größte Religionsminderheit	La
Madhya Pradesh	Bhopal	72.597.565	6,00	296.480 km²	Muslime 6,4%	Mitte
Maharashtra	Mumbai (Bombay)	112.372.972	9,29	307.762 km²	Muslime 10,6%	Weste
Manipur	Imphal	2.721.756	0,22	22.356 km²	Christen 34,0%	Nordos
Meghalaya	Shillong	2.964.007	0,24	22.489 km²	Hindus 13,3%	Nordos
Mizoram	Aizawl	1.091.014	0,09	21.087 km²	Buddhisten 7,9%	Nordos
Nagaland	Kohima	1.980.602	0,16	16.527 km²	Hindus 7,7%	Nordos
Orissa	Bhubaneswar	41.947.358	3,47	155.782 km²	Christen 2,4%	Osten
Puducherry*	Puducherry (Pondicherry)	1.244.464	0,10	492 km²	Christen 6,9%	Wester Osten
Punjab	Chandigarh	27.704.236	2,29	50.362 km²	Hindus 36,9%	Norder
Rajasthan	Jaipur	68.621.012	5,67	342.214 km²	Muslime 8,5%	Nordw
Sikkim	Gangtok	607.688	0,05	7.299 km²	Buddhisten 28,1%	Nordos
Tamil Nadu	Chennai (Madras)	72.138.958	5,96	130.069 km²	Christen 6,1%	Südost
Tripura	Agartala	3.671.032	0,30	10.477 km²	Muslime 8,0%	Nordos
Uttar Pradesh	Lucknow	199.581.477	16,49	243.288 km²	Muslime 18,5%	Norder
Uttarakhand	Dehradun	10.116.752	0,84	51.125 km²	Muslime 11,9%	Norder
Westbengalen	Kolkata (Kalkutta)	91.347.736	7,55	87.853 km²	Muslime 25,2%	Nordos
Indien (Gesamt)	Delhi	1.210.193.422	100 (17,5% der Weltbevölkerung)	3,287,240 km²**	-	-

*=Unionsterritorium

Alle Zahlen außer (**) Census of India 2011
** Census of India 2001, inkl. von Wasser bedeckter Fläche

Vorherrschende Sprache(n)	Besonderheit
Hindi	Die Hauptstadt erlangte 1984 durch die nach ihr benannte Chemiekatastrophe traurige Berühmtheit.
Marathi	Wegen der hohen Zahl der hier produzierten Hindi-Blockbuster auch Bollywood genannt.
Meitei, Bishnu-priya, Manipuri	Manipur, das wegen seiner landschaftlichen Schönheit „Juwel Indiens" genannt wird, wurde im 19. Jh. vom früheren Burma abgespalten.
Khasi, Garo	Meghalaya wird seiner Hochebenen wegen als Schottland Indiens bezeichnet, Shillong als sein Shangri-La.
Mizo	87% der Bewohner sind Christen. Nur in Kerala ist die Alphabetisierungsrate höher.
Naga-Sprachen	Die Angehörigen der 16 Naga-Stämme zählen zur indo-mongolischen ethnischen Gruppe.
Oriya	Das bergige Hinterland birgt große Teile der indischen Rohstoffvorkommen, touristisch erschlossen sind vor allem die Küstenregionen.
Tamil	Die früher zum französischen Kolonialgebiet gehörenden Teile Indiens an der West- und Ostküste wurden in einem Unionsterritorium zusammengefasst.
Panjabi, Hindi, Urdu	„Panch" bedeutet „fünf", „Jab" „Wasser" – der Name erinnert an die zahlreichen Ströme der seit der Gründung Indiens mehrfach verkleinerten Region.
Hindi, Rajasthani	Der Wüstenstaat Indiens ist einer der wichtigsten für den indischen Tourismus.
Lepcha, Limbu, Tibetisch, Hindi	Erst 2003 erkannte China die Zugehörigkeit des aus einem Königreich hervorgegangenen Bundesstaats zu Indien an. Der Nathula-Pass ist die einzige chinesisch-indische offene Grenze.
Tamil	Tamil gehört, anders als die indoeuropäischen Sprachen Nordindiens, der dravidischen Sprachfamilie an.
Bengali, Kokborok	Eines der weniger bekannten Teeanbaugebiete.
Hindi	Der bevölkerungsreichste indische Bundesstaat: 199,6 Millionen Menschen leben hier – 16,5% der Gesamtbevölkerung.
Hindi, Urdu	Bis 2006 hieß der 2000 neu gegründete Bundesstaat Uttaranchal.
Bengali	Im britischen Raj war Bengalen mit Calcutta das Verwaltungszentrum des Kolonialreichs – bis zur Gründung Neu-Delhis.
Neben Englisch gelten 22 Sprachen als offizielle regionale Sprachen, verwendet werden mehrere Hundert	

Kleiner Knigge: Dinnerparty bei Mr. Singh

Sie sind zusammen mit anderen Gästen zu einer Dinnerparty eingeladen. Was müssen Sie beachten, um sich nicht als schlecht erzogener Europäer zu outen?

Was ziehe ich an? Der Herr kann beruhigt sein: Ein schwarzer Anzug wird bei einer privaten Abendeinladung nicht erwartet, aber eine (dunkle) lange Hose, ein langärmeliges Oberhemd und eine Krawatte sind obligatorisch. Manche Herren nehmen an sehr heißen Tagen ein frisches Hemd zum Wechseln mit, um nicht in den oft unterklimatisierten Innenräumen im feuchten Hemd zu frieren. Eine Jacke ist oft ebenfalls durchaus angenehm. Unbedingt zu vermeiden sind kurze oder dreiviertellange Hosen (Bermudas), T-Shirts oder gemusterte Hawaiihemden.

Und die Damen? Manche orientieren sich am hübschen *Salwar Kameez* (einem indischen Hosenanzug). **Westliche Kleider** sind ebenfalls angemessen, wobei die Knie und Schultern bedeckt sein sollten. Achtung beim Tragen eines Saris! Das will gekonnt sein und schon das Anlegen ist nicht leicht für wenig Geübte. Unbedingt vermieden werden sollte Kleidung, die zu viel Busen und/oder Po-Ansatz zeigt (es sei denn, Sie wollen zu Gesprächsstoff hinter Ihrem Rücken Anlass geben).

Die Begrüßung: Geben Sie einer Dame nur die Hand, wenn sie ihre Ihnen zuerst entgegenhält. Ansonsten wird gegrüßt, indem man beide Handflächen aneinander legt.

Wird ein **Geschenk** erwartet? Nein, das ist nicht allgemein üblich, aber Blumen (meist in durchsichtige Folie gebunden) oder Konfekt sind in Ordnung. Ein verpacktes Geschenk wird erst nach der Party geöffnet.

Wie weit geht die Gastfreundschaft? Wenn Sie selbst einen Freund zu Besuch haben, können Sie ihn einfach mitnehmen. Gäste bringen oft, ohne vorher anzufragen, Verwandte und Freunde mit. Sich darüber irritiert zu zeigen, wäre eine Schande für die Gastgeber.

Wann geht die Party richtig los? Auf der Einladung steht 7.30 Uhr. Dann schon pünktlich vor der Tür zu stehen, wäre unhöflich. Die Gäste finden sich erst so gegen 8 Uhr allmählich ein.

Sie möchten ein Taschentuch benutzen? Nase putzen, besonders mit Geräusch verbunden, gilt als unmögliches Benehmen. Suchen Sie die Toilette auf, wenn Sie sich schnäuzen müssen.

Was wird getrunken? Viele Inder, die strikte Vegetarier sind, trinken auch keinen Alkohol. Wenn Sie nicht wissen, wie Ihr Gastgeber es hält, richten Sie sich nach dem, was andere Gäste trinken oder nach den angebotenen Getränken. Wenn kein Alkohol gereicht wird, sollten Sie nicht darauf bestehen. Was trinkt die Dame? Wenn Sie Ihre Gastgeber bisher nicht sehr gut kennen, verzichten Sie am besten, um des guten Eindrucks willen, weitgehend auf alkoholische Getränke.

Themen der Unterhaltung: Es ist für Sie als Ausländer interessant, Gespräche mit Indern zu führen, ebenso sind Inder meist sehr interessiert daran, Besucher aus anderen Ländern über ihre Eindrücke im Land reden zu hören. Allerdings ist es nicht empfehlenswert, mit radikalen Meinungen etwa über Kasten, religiöse Bräuche, soziale Unterschiede herauszuplatzen. Zeigen Sie stattdessen Ihr Inte-

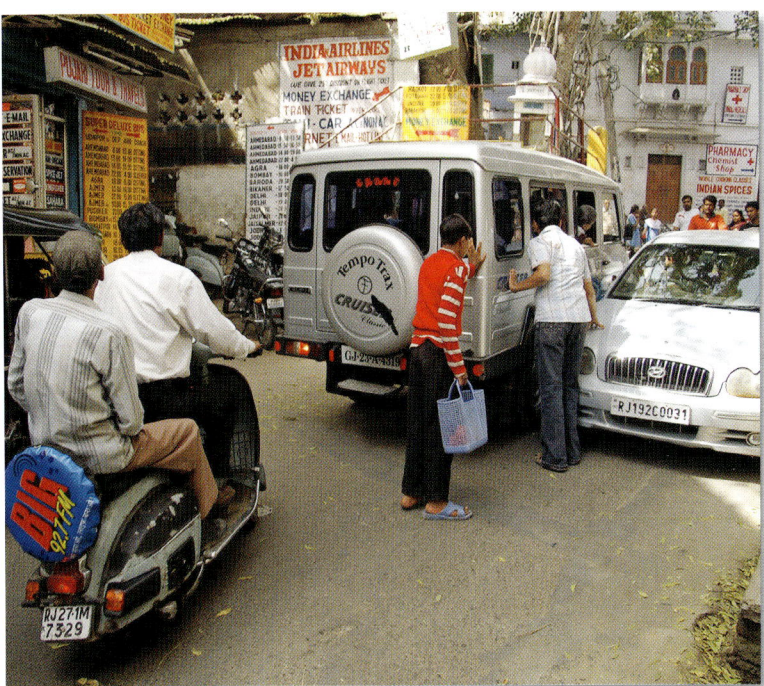

Gilt nicht nur bei dichtem Verkehr: nicht allzu pünktlich sein!

resse durch Fragen! Sprechen Sie über Ihre Gefühle, die Sie angesichts befremdlicher Beobachtungen hatten, aber vermeiden Sie Ratschläge von oben herab. So gerne Inder diskutieren, solche forschen Kritiken schätzen sie gar nicht.

Small Talk? Wie üblich. Besonders beliebt und entsprechend ausführlich behandelt werden **Familienthemen**. Desinteresse sollte man hier nicht zu offen zeigen. Schwierig sind Wetterthemen. Regen bedeutet für Inder nicht „schlechtes“ Wetter, auch kühle Temperaturen werden nicht negativ bewertet.

Und wie geht die Party weiter? Gehen Sie nicht mit leerem Magen zu einer Einladung, denn: In Indien kommt das **Dinner am Schluss**, nach einem langen Abend, als kulinarischer Höhepunkt mit verschiedenen, natürlich meist vegetarischen Speisen.

Der **Abschied** danach ist kurz und herzlich: Vielen Dank für die schöne Party!

Allgemeine Reiseinformationen

Information

Indisches Fremdenverkehrsamt in Deutschland: Baseler Straße 4, 60329 Frankfurt/Main, Tel. 069-242949-0. Vis-à-vis vom Hauptbahnhof. Gute Beratung, auf Anfrage auch viele Prospekte.

Tourismusämter in Indien: *Tourist Development Corporations* und ähnliche Organisationen werden von den indischen Bundesstaaten unterhalten. Die Qualität der Filialen und die Kompetenz der Mitarbeiter sind von Bundesstaat zu Bundesstaat, oft auch von Stadt zu Stadt sehr unterschiedlich. Im günstigen Fall bieten die Ämter ein Rundum-Sorglos-Paket von der kostenlosen, englischsprachigen Beratung über die Busrundfahrt bis hin zur Übernachtung im konkurrenzlos preisgünstigen *Government Guest House* mit gutem Restaurant an.

Im ungünstigen Fall trifft man auf desinteressierte Beamte, auf Führungen, die der Urlaubs-Vorstellung einer indischen Großfamilie der 1960er-Jahre gerecht werden, sowie auf staatlich geführte Hotels, die überteuert und vernachlässigt sind.

Private Tourismus-Unternehmen konkurrieren und versuchen oft, den Anschein staatlicher Legitimation zu erwecken. Die einen wie die anderen haben in den letzten Jahren stark an Effizienz zugelegt.

Reisezeit

Die günstigste Reisezeit liegt im Allgemeinen **zwischen Oktober und März**. Aber der Subkontinent ist riesig und regional gibt es große Unterschiede: Nordindien gehört zum subtropischen Bereich, in Südindien ist das Klima tropisch, in einigen Hill Stations und im Himalaya herrscht alpines Klima – allerdings im Vergleich zu europäischen Gebirgsregionen heißer im Sommer und besonders schneereich im Winter. Im Westen, vor allem in Rajasthan, ist es ab April mittags glühend heiß, die Nächte werden aber sehr kalt. Besondere Berücksichtigung verdient der **Monsun** mit seinen heftigen Regenfällen: Er setzt im Juni in Südindien ein und zieht langsam nach Norden. Während des Monsuns erlahmt das öffentliche Leben, viele Hotels sind geschlossen. Ab September wird es kühler und trocken, im Himalaya beginnt der Winter.

Einreise und Visaangelegenheiten

Für die Einreise nach Indien benötigt man ein Visum. Die Botschaften und die Konsulate übertragen die Durchführung von Visadienstleistungen an entsprechende Büros. Da sich die Antragsbedingungen regelmäßig ändern, lohnt es, sich frühzeitig auf den Webseiten der Botschaften bzw. der beauftragten Büros über den neuesten Stand zu informieren.

Indische Botschaft in Berlin: Tiergartenstraße 17, 10785 Berlin, Tel. 030-257950. Visa-Büros gibt es in Berlin, München, Hamburg und Frankfurt/Main. Ihre Adressen und die Zuständigkeitsbereiche der einzelnen Büros findet man unter www.indischebotschaft.de. Bei Redaktionsschluss galten folgende Regelungen: **Touristenvisa** werden für die Dauer von maximal zwölf Monaten ausgestellt und sind seit Mitte 2011 nur mittels eines Webformulars zu beantragen. Nach Empfang aller Unterlagen beanspruchen die Büros mindestens 72 Stunden Bearbeitungszeit, bei Postzustellung zwei bis drei Wochen – Feiertage nicht eingerechnet. Dem Antrag müssen unter anderem der mindestens noch ein Jahr gültige Reisepass sowie ein biometrisches Passfoto im Format 5x5 cm beigefügt sein.

Indische Botschaft in Wien: Kärntner Ring 2, 1015 Wien, Tel. +43-(0)1-5058666, www.indianembassy.at. Visa: BLS International Visa Services/Indian Visa Application Center, Hegelgasse 17, Top 9, 1010 Wien (nahe dem Schwarzenbergplatz), www.blsindiavisa-austria.com.

Indische Botschaft in Bern: Kirchenfeldstraße 28, 3005 Bern, Tel. +41-(0)31-3501130, www.indembassybern.ch. Visa: India Visa Application Centre (IVAC), Seilerstrasse 25, 3011 Bern, http://in.vfsglobal.ch.

Deutsche Botschaft in Indien: No. 6, Shanti Path, Chanakyapuri, New Delhi 110 021, P.O. Box 613, New Delhi 110 001, India, Tel. +91-(0)11-44199199, Notruf 98100-04950, www.new-delhi.diplo.de, Öffnungszeiten Mo–Do 8–17, Fr 8–14 Uhr (indische Zeit).

Österreichische Botschaft in Indien: EP-13, Chandragupta Marg, Chanakyapuri, New Delhi 110 021, Tel. +91-(0)11-24192700, www.bmeia.gv.at/botschaft/new-delhi.html.

Schweizer Botschaft in Indien: Nyaya Marg, Chanakyapuri, New Delhi 110 021, P.O. Box 392, Tel. +91-(0)11-49959500, www.eda.admin.ch/newdelhi.

Sicherheit und Verhaltenshinweise

Die Webseiten der diplomatischen Vertretungen geben Hinweise zur Sicherheit und zur medizinischen Situation in Indien. Regelmäßig aktualisierte Informationen gibt das **Auswärtige Amt** der Bundesrepublik Deutschland heraus. Bei Redaktionsschluss schätzte das Amt die Sicherheitslage in Indien als angespannt, aber stabil ein, eine Reisewarnung bestand nicht. Allerdings wird angeraten, sich wegen der Gefahr möglicher Terroranschläge aufmerksam zu verhalten. Von Reisen in besonders entlegene Grenzprovinzen wie in bestimmte Distrikte der Bundesstaaten Jammu, Kaschmir und Manipur wird abgeraten (www.auswaertiges-amt.de).

Dem religiösen Ideal des sich Fügens in ein noch so hartes Schicksal ist es wahrscheinlich zu verdanken, dass es trotz aller sozialen Ungleichheiten in Indien keine offenen Widerstände gegen Armut und die nach westlicher Ansicht ungerechten Verhältnisse gibt. So ist die Zahl der Überfälle relativ begrenzt. Natürlich ist trotzdem Vorsicht geboten. **Wertsachen** und alles, was man nicht entbehren möchte, sollte man nicht unverschlossen im Hotelzimmer herumliegen lassen. Gelegenheitsdiebstahl wird schon durch abgeschlossene, feste Koffer erschwert. Sicherer ist ein Safe, wenn er fest eingebaut ist.

Diebstahl oder Verlust sollte man, besonders wenn es sich um Pass und Wertsachen handelt, so schnell wie möglich bei der Polizei melden. Nicht weil die nun eilends sich bemühte, das Diebesgut wieder zurückzubringen, sondern weil sie ein amtliches Formular (*complaint form*) über die Verlustmeldung ausstellen kann.

Dieses Formular ist zur Vorlage im Versicherungsfall nötig! Im Falle eines verlorenen – oder gestohlenen – Passes braucht man das gestempelte Formular zur

Fortsetzung der Reise, also zum Einchecken in Hotels etc., aber auch zur Meldung bei der Botschaft in New Delhi, um einen neuen Pass ausgestellt zu bekommen. Dort sollte man sich auch so schnell wie möglich erkundigen, welche Maßnahmen – wie viele Fotos etwa – dafür nötig sind. Wichtig ist auf jeden Fall, irgendwo im Gepäck eine **Fotokopie des Passes** und des Visums mitzuführen. Bewährt hat sich auch eine gewisse Geldsumme als „Notfallgeld", die man irgendwo gut im Gepäck verborgen hat.

Besonders an von Touristen viel besuchten Stätten sollte man Gepäck und Wertsachen im Auge behalten

Im Hotel lässt man Fenster nicht offen, wenn man aus dem Zimmer geht und im Straßen- und Marktgedränge trägt man Geld und Ausweise nicht in Außenkleidertaschen. Bauchgurt oder Brustbeutel sind viel sicherer. Nach Einbruch der Dunkelheit sind einsame Spaziergänge in abgelegenen Straßen nicht zu empfehlen. Eigentlich gehen diese Vorsichtsmaßnahmen aber nicht über das hinaus, was auch in Europa zu beachten ist.

Mit Gepäck unterwegs: Bei Bahnreisen besteht wegen des Menschengedränges auf Bahnhöfen erhöhte Diebstahlgefahr. Das Gepäck nicht aus den Augen lassen! Wenn man mehrere Gepäckstücke hat, ist man als Zweier- oder Dreier-Reisegruppe besser dran als ein Einzelner.

Im Zug sollten die Koffer unter den Sitzen verstaut werden, dort kann man sie auch gut mit Kette und Vorhängeschloss anschließen; diese Dinge werden auf den Bahnhöfen von fliegenden Händlern angeboten. Geld, Ausweise, Kamera, Schmuck und Mobiltelefon nimmt man im Liegewagen mit ins Bett, nahe am Leib. Nie die Kamera unangeschlossen unter einen Sitz legen, auch bei Busfahrten am Tage nicht.

Auf Busreisen wird das Gepäck häufig auf dem Dach transportiert. Das ist ein großes Risiko bei den Haltepausen. Da bleibt einem nichts anderes übrig, als während des Halts zur Kontrolle auszusteigen. Am besten versucht man, das Gepäck mit ins Wageninnere zu nehmen.

Gewaltkriminalität ist in Indien nicht häufig, kann aber vorkommen, wenn zum Beispiel ein fremder Mann unvorsichtig im Umgang mit jungen Frauen ist. Tritt er ihnen nach Meinung der Männerwelt zu nahe, kann es zu erheblichen Ausschreitungen kommen. Also besser ist Distanz.

Fälle von schwerer Kriminalität unter Anwendung von K.O.-Tropfen sind bekannt geworden, daher wird davor per Aushang auf Bahnhöfen gewarnt: Man sollte von Unbekannten nie etwas zu essen oder zu trinken annehmen, es könnte mit **Betäubungsmitteln** versetzt sein. Während man schläft, wird man ausgeraubt. Dabei nehmen die Kriminellen schwere Gesundheitsschäden bei den Opfern in Kauf. So bedrohlich das klingt, so klar ist jedem, der die oft tagelangen indischen Bahnreisen kennt: Nicht jedes Angebot eines Mitreisenden, ein Stück Obst oder Gebäck zu kosten, steht unter Kriminalverdacht.

Politische Unruhen mit Brandstiftung und Zerstörung von Läden und öffentlichen Einrichtungen kommen in Indien kaum vor. Doch an Massenversammlungen und Demonstrationen nimmt man als Tourist möglichst nicht teil. Die Stimmung kann schnell in Gewalttätigkeit umschlagen, die von einer ebenso gewaltbereiten Polizei bekämpft wird. In New Delhi muss man in solchen Fällen unter Umständen ganze Stadtviertel meiden oder man verlässt sein Hotel besser gar nicht.

Leider sind in Jaipur im Frühsommer 2008 terroristische Bombenattentate vorgekommen, allerdings außerhalb der Tourismus-Saison. Offenbar wollten Terroristen die Regierung in Delhi von ihrer Macht überzeugen. In Rajasthan ist normalerweise die Gefahr von Terrorismus eher geringer als in europäischen Ländern, sie wird auch im übrigen Indien wie in Europa eingegrenzt durch verstärkte sicherheitspolitische und geheimdienstliche Wachsamkeit.

Rauschgiftbesitz: Der Besitz von Drogen in jeder Form (Haschisch, Marihuana und erst recht der von härteren Drogen jeder Art) ist streng verboten. Schon Mengen unter fünf Gramm reichen für eine Verurteilung zu einem halben Jahr Gefängnis – doch die Untersuchungshaft vorher kann durchaus viel länger dauern. Die Hilfe der diplomatischen Vertretungen in solchen Fällen hält sich in engen Grenzen. Polizeirazzien gibt es zum Beispiel in Low Budget-Hotels in New Delhi und in Pushkar. Wenn man in eine Razzia hineingerät, muss man, selbst wenn man keine Drogen besitzt, sehr auf der Hut sein, dass einem nicht ein Dealer seinen Stoff heimlich zusteckt – mit unabsehbaren Folgen.

Außerdem sollte man sich nie, auch von vermeintlichen Reisefreunden nicht, überreden lassen, ein Gepäckstück oder einen kleineren Gegenstand für sie zu transportieren. Rauschgiftdealer haben sich schon häufig dieser Methode bedient, und die leichtgläubigen, hilfsbereiten Opfer mussten dann mit Gerichtsverfahren und längeren Haftstrafen wegen Rauschgiftschmuggels büßen, da keiner ihnen ihre Ahnungslosigkeit glaubte. Besonders junge Frauen sind schon öfter auf diese Weise böse hereingelegt worden.

Verkehrsunfälle auf dem Land können rasch zur kritischen Situation eskalieren. Man hält sich am besten an das, was der Fahrer tun will. Uns ist von Ereignissen berichtet worden, bei denen die Landleute zusammenliefen, als der Verursacher eines Unfallschadens zur Rede gestellt wurde, und eine überaus drohende Haltung einnahmen, sodass nur sofortiges Abfahren (ohne Unfallaufnahme) größere Misshelligkeiten vermeiden konnte.

Gesundheit und Impfungen

Vor Antritt der Reise sollte eine **Reisekrankenversicherung** abgeschlossen werden. Unter der Notruf-Telefonnummer, die die Versicherung angibt, kann im akuten Krankheitsfall Rat eingeholt und Hilfe organisiert werden.

Der medizinische Standard der **Ärzte** ist im Allgemeinen sehr gut, einschließlich englischer Sprachkenntnisse und moderner Ausstattung. Die Rezeptionen guter Hotels nennen Adressen von empfehlenswerten Ärzten und Hospitälern (auch Hilfesuchenden, die nicht dort wohnen). In New Delhi geben die Botschaften deutschsprachiger Länder Auskunft über empfehlenswerte Ärzte – auch solche, die Deutsch sprechen.

Apotheken befinden sich meist in der Nähe von Krankenhäusern oder Arztpraxen. Es sind meist zur Straße hin offene Läden, erkennbar an Regalen mit vielen Arzneipackungen. Nicht immer wird Englisch gesprochen, im Allgemeinen sind der Standard der Beratung und die Qualität der Medikamente aber gut. Für den Erwerb von Medikamenten ist generell kein Rezept notwendig, viele Medikamente sind deutlich günstiger als in Europa. Allerdings sollte man genau abwägen, ob es lohnt, die **Reiseapotheke** erst in Indien aufzufüllen: Der Subkontinent ist eine der wichtigsten Quellen für Arzneimittelfälschungen. Da viele Medikamente als Generika oder unter anderem Markennamen auf den Markt kommen, außerdem häufig nicht die in Mitteleuropa üblichen Packungen, sondern nur abgezählte Dosen ohne Beipackzettel verkauft werden, ist es für den Laien schwer, eine Arznei als Original zu identifizieren.

Wer braucht schon einen Dachgepäckträger?

Etwa sechs, spätestens vier Wochen vor der Reise sollte man den lange aufgeschobenen **Zahnarztbesuch** erledigen und in den Impfpass blicken, ob Impfungen gegen Diphterie, Polio und Tetanus aufgefrischt werden müssen.

Impfungen gegen Hepatitis A und B, Typhus, Tollwut und gegen die asiatische Hirnhautentzündung (*Japanencephalitis*) sind nicht zwingend nötig, aber zu erwägen. Ist ein Aufenthalt in ländlichen Gebieten geplant, ist der Besuch einer Reise-Impfsprechstunde zu empfehlen. Eine Aufstellung der tropenmedizinischen Institutionen in Deutschland findet sich unter www.dtg.org/institut.html.

Gegen **Malaria** ist keine Impfung möglich, allerdings werden Prophylaxen angeboten. Ob eine solche sinnvoll ist, richtet sich nach Art und Dauer der Reise sowie nach der individuellen Anfälligkeit für die Nebenwirkungen der Mittel. Sehr empfehlenswert ist das Tragen langer Kleidung, auch nachts, sowie die Verwendung von Insekten-Repellents (Markenname eines in Indien weit verbreiteten Mittels: „Odomos"). Unterkünfte, besonders solche ohne Klimaanlage, sollten mit funktionierendem Mückenschutz in Form von Fliegengittern an den Fenstern und Moskitonetzen über den Betten ausgestattet sein. Bei Aufenthalten im Freien, wie Restaurantbesuchen, werden oft Moskito-Coils verwendet, das sind Spiralen, deren langsames Abbrennen Rauch erzeugt.

Unterwegs in Indien ...

... mit dem Auto

Wer mit dem Leihwagen ein größeres Stück Indien erkunden möchte, besorgt sich am besten den „Road Atlas India", Verlag Eicher Goodearth Limited, New Delhi, ISBN 81-87780-31-2. Dieser ist handlicher und leichter als der wuchtige Shell-Atlas daheim, aber mit seinen 200 Seiten Karten samt ausgiebigem Ortsregister fast so gut wie ein Navi.

Verlässliche Wagenvermietung und Beratung:

Für den Norden: Metropole Tourist Service, 244, Defence Colony, Flyover Market, New Delhi, Tel. +91-011-24310313, www.metrovista.co.in

Für den Süden: COMINDIA, TC 9/432, M 11, Jawahar Nagar, Thiruvananthapuram/Kerala, Tel. +91 471-2310465, www.comindia.org (in Kooperation mit COMTOUR, Corneliusstraße 2, 45219 Essen, Tel. 02054-95470, www.comtour.de, seit 20 Jahren bewährt).

... mit der Bahn

14.000 Züge fahren täglich durch Indien – und die Langstreckenverbindungen sind oft Wochen vor dem Reisetermin ausgebucht. Da ist der Band „Trains on a glance" mit seinen Fahrplänen nahezu unentbehrlich. In Bahnhöfen und Buchläden zu haben – falls nicht gerade wieder ausverkauft. Auch hilfreich bei der Reiseplanung: Die Webseite der indischen Bahn www.indianrail.gov.in. Die Online-Buchung wird Nicht-Indern leider erschwert, wer sich den Gang zum Bahnhof ersparen möchte, kann es mit Drittanbietern versuchen, online beispielsweise www.cleartrip.com, oder einem Reisebüro vor Ort. Mehr über das Prozedere vom Fahrkartenkauf bis zur Nachtreise im Iwanowski-Band „Reisegast in Indien", 2. Auflage 2010.

... mit dem Flugzeug

Air India ist die staatliche Fluglinie, zusammen mit der Inland-Linie Indian Airways. Mehrere private Fluglinien konkurrieren, die Preise sind oft sehr günstig – im Vergleich zu den in Europa üblichen. Einen guten Ruf haben Jet Airways und Kingfisher (Unternehmenszweig der gleichnamigen Bierproduktion, das Kingfisher-Bier ist die in Indien am weitesten verbreitete nationale Marke). Das Verspätungs-Problem auf wichtigen indischen Flugplätzen ist nur noch ein kleines – die meisten Starts und Landungen sind pünktlich oder fast pünktlich, der Service ist weit besser als noch vor einigen Jahren.

Hotels und andere Unterkünfte

In Indien gibt es eine weit gefächerte Palette verschiedener Hotelkategorien und alternativer Unterkünfte. Hier eine kleine Orientierungshilfe:

Staatlich geführte Hotels

Die Bandbreite des Unterkunft-Angebots der Fremdenverkehrsämter ist groß. Es empfiehlt sich, die Zimmer genau anzusehen, bevor man sich für einen langen Aufenthalt entscheidet. Möchte man in einem Nationalpark übernachten, kommt man an einem Hotel in Regierungshand oft nicht vorbei – privat geführte Hotels sind in den Naturschutzgebieten in der Regel nicht zugelassen.

Oft verwalten die Tourismusbüros auch Gästehäuser öffentlicher Institutionen, die für Regierungsbeamte unterhalten werden. Auf Nachfrage und wenn ein Bett frei ist, werden aber auch Touristen aufgenommen. Auch bei ihnen schwankt die Qualität. Ein Vorteil vieler dieser Einrichtungen ist ihre Lage: Oft stehen die Gästehäuser auf Grundstücken, die seit Kolonialzeiten in Regierungsbesitz sind und heute exklusiv liegen. Fragen Sie nach *Government-* oder *Public Works Department (PWD) Rest Houses.*

Private Guest Houses

Private Wohnungen oder bescheidene Quartiere werden meist nur mit Frühstück, gelegentlich aber auch mit weiteren Mahlzeiten angeboten und eröffnen Einblicke in indisches Alltagsleben. Sie sind oft besser ausgestattet und unterhalten als die Billigsthotels um Bahnhöfe. So machen sie auch bei schmaler Reisekasse eine lange Indientour möglich. In vielen Tourist Offices großer Städte werden Listen der Privatquartiere angeboten. Übrigens: In nicht-touristischen Gebieten der Provinz steht „Hotel" oft nicht für eine Unterkunft, sondern für ein Restaurant.

Hotels der Luxusklasse

In Indiens Fünf-Sterne-Hotelpalästen sind seit dem Wirtschaftsboom des Subkontinents die Gäste aus aller Welt oft in der Minderheit – die Inder genießen selbst, ob in Geschäften unterwegs oder im Urlaub, den Maximalkomfort zu international üblichen Hochpreisen. Das war noch gegen Ende des 20. Jahrhunderts anders und die Übernachtungen waren viel preisgünstiger. Neben mehreren US-Hotelketten behaupten sich die bekanntesten indischen Luxusadressen sehr gut: Leela, Oberoi und Taj. Traditioneller Maharaja-Zauber wird gepflegt, beispielhaft in den Palasthotels der Mewar-Dynastie in Udaipur. Doch die Zeit schreitet voran und der Zauber variiert, wird immer wieder neu geschaffen, voran von den Familien

Das Judge's Court Hotel in Pragpur gehört zur WelcomHeritage Group

Leela und Oberoi. Mohan Singh Oberoi, der Patriarch, initiierte in den 1930er-Jahren die neue Hotel-Ära und wirkte noch bis in seine späten Jahre an ihr mit, er verstarb erst 2002, im Alter von 103 Jahren (Webseiten der Luxuspaläste: www.theleela.com, www.oberoihotels.com, www.tajhotels.com).

Heritage Hotels

Indien bestand einst aus 565 Königreichen und Fürstentümern. Die Paläste dieser Adelsfamilien, ihre Jagdschlösser, ihre Sommerresidenzen in den Bergen überdauern noch in großer Zahl – viele als sogenannte Heritage-Hotels.

Die **WelcomHeritage Group** (www.welcomheritagehotels.com) repräsentiert hervorragende Beispiele der historischen Architektur Indiens – voran Paläste und Forts, aber auch Bauten in frühen Teeplantagen, in Nationalparks und hill stations, wo britische Offiziere, Politiker, Kaufleute und Beamte mit ihren Familien Zuflucht vor der sommerlichen Hitze der Ganges-Ebene suchten. Diese europäisch-indische Architektur überdauert bis heute. Viele Bauten sind zu Hotels umgenutzt, insgesamt mehr als 60 indische Heritage-Hotels arbeiten mit WelcomHeritage zusammen.

IHHA– die **Indian Heritage Hotels Association** ist eine Gründung der frühen 1990er-Jahre. „Aus regionalen Ansätzen wuchs eine nationale Organisation mit heute über 140 Mitgliedern. Die Besitzer der Forts, der Burgen und Paläste wollten die charakteristischen Architekturen erhalten, Künstler und Kunsthandwerker halfen dabei, das kulturelle Erbe aus vielen Jahrhunderten zu pflegen oder auch wiederherzustellen. Etliche Heritage Hotels werden von den Besitzer-Familien betrieben, sie pflegen die traditionelle indische Gastfreundschaft." (Aus einem Grußwort des Präsidenten der Indian Heritage Hotels Association, Seiner Hoheit Gaj Singh II. von Jodhpur).

Hotelgruppen gepflegter Mittel- und Oberklasse

CghEARTH (www.cghearth.com)

Die fünf Brüder Dominic stammen aus einer Familie von Bauern und Landwirten, aus der Welt von Pfeffer und Kokosnüssen, Kaffee und Reis. Seit einem halben Jahrhundert führt die Familie Hotels, mehrere davon sind direkt am Meer gelegen, auch bei den Backwaters („Coconut Lagoon"). Alle Häuser stehen im Zeichen des Ecotourism. CghEARTH steht für ein großes Ja zum Komfort, zugleich zu gesunder Küche und Ayurveda sowie zur Minimierung von Chemie.

Indeco (www.indecohotels.com)

Steve Borgia, Sammler, Hotelier und Autor, ist in Chennai zu Hause. Abseits der Megastadt schuf er sein erstes Hotel im Dorf Swamimalai (s. S. 106), das zweite mitsamt „Steve Borgia`s Indian Heritage Museum" am Strand von Mahabalipuram, ein drittes in den Shevary Hills am Yercaud Lake. Zu sehen und zu erleben ist in allen Häusern „Heritage" in Gestalt von Originalobjekten früherer Zeiten, präsentiert nah der Natur.

Frische und gesunde Kost ist in allen Hotels auf dieser Doppelseite selbstverständlich

Karni Group (www.karnihotels.com)

Thakur Sunder Singh ist eng mit dem Maharaja von Jodhpur verbunden und wie dieser im Hotelgeschäft – samt seinem Sohn, seinen Töchtern und Schwiegersöhnen. Gemeinsam mit seiner Frau, der Thakurani, erweckte er den einstigen Familiensitz „Karni Fort Bambora" zu neuem Leben (s. S. 146). Weitere Häuser sind „Karni Bhawan" sowie „Karni Kot" in Jodhpur – überall finden sich gepflegter Stil und herzliche Gastlichkeit.

Malabar Escapes (www.malabarhouse.com)

Ein Deutscher gestaltet in Kerala Hotel um Hotel, jedes anders als das vorige, und alle mit Heritage-Qualitäten. Mit dem „Malabar House" (s. S. 133 und S. 141), einst ein holländisches herrschaftliches Anwesen, begann Jörg Drechsels indische Karriere in Kochi. Heute bestehen die Malabar Escapes aus fünf Hotels an schönsten Plätzen des indischen Südens – sowie einem Schiff für die Backwaters. Große internationale Anerkennung!

Mandawa Hotels (www.mandawahotels.com)

Wie aus einem Wüstenmärchen: Eine fantastische Bilderwelt hinter hohen Mauern, das ist „Castle Mandawa", rund 250 Jahre alt und heute wieder im Wachstum begriffen. Bei Mandawa, einem Hauptort der Shekawati-Landschaft, liegen auch das „Desert Resort Mandawa" und das ehemalige Klubhaus, der „Jai Niwas Resort". Hausherr hier und im „Mandawa Haveli" in Jaipur ist Thakur Randir Vikram Singh, Generalsekretär des IHHA (s. S. 245).

Mewar/HRH Group (www.hrhindia.com)

Mewar ist die traditionsälteste und opulenteste Maharana-Dynastie Rajasthans: Mit dem „Shiv Niwas Palace" (s. S. 19) und dem „Fateh Prakash Hotel" an der Spitze und noch etlichen anderen *Grand Heritage Palaces* und *Royal Retreats* ihrer HRH-Gruppe lädt die Familie zu exklusiven Urlaubstagen und zu großen Festen in und um Udaipur ein.

Neemrana (www.neemranahotels.com)

Wer Aman Nath und Francis Wacziarg, einem Inder und einem Europäer, zu ihren Heritage-Hotels kreuz und quer durch Indien folgt, gönnt sich auch eine Zeitreise vom 14. bis zum 20. Jahrhundert, von der mittelalterlichen Burg Neemrana bis zum Luxus des Pataudi Palace südlich von Delhi. Die beiden Freunde wurden seit den 1990er-Jahren zu Meistern im Aufspüren von Architekturen, die auf ihre Renovierung und die Verwandlung in Hotels warten (s. S. 144).

Wo geht's lang?
Orientierung in Indien

„Shiva Jewelry & Sons, gegenüber des Banyan-Baums. Lakshmi Hotel, opposite District Board." Gleich in welcher Stadt – Adressen wie diese gehören in Indien zum Alltag. Auch in Zeiten fortschreitender Modernisierung, GPS und elektronischer Kartennavigation sieht es nicht so aus, als würde sich das so bald ändern. Das uns geläufige System – Straßennamen und Hausnummern – ist für Indien einfach zu unpraktisch: Straßenschilder muss man lesen können, doch **Analphabetismus** ist bis heute ein verbreitetes Problem. Landmarken wie einen markanten Baum, ein hohes Bürogebäude, die nächste Post oder das Kino an der Ecke kennt dagegen jeder – und wenn man selbst nicht zu den Eingeweihten gehört, kann man ja fragen.

Das Konzept funktioniert: „Wenn du tatsächlich den Straßennamen brauchst, kein Problem", rät mir ein Hotelbesitzer in Goa, den ich nach der korrekten Anschrift seines Hauses frage, „aber keiner kennt ihn – nicht der Postbote, nicht einmal das Finanzamt. Für die sind wir eben einfach das Hotel am Strand."

Natürlich gibt es auch in Indien **Adressen nach unserem Muster**. Je größer die Stadt, je moderner das Viertel und je aufwendiger das Haus, in dem man jemanden besuchen will, klimatisiert ist, um so höher ist die Wahrscheinlichkeit, dass es in einer Straße mit einem Namen liegt und eine Hausnummer besitzt. Doch wenn schon Adresse, dann auch richtig: In einer Megalopolis wie New Delhi – von Delhiwallas übrigens „Nai Dilli" gennant – oder Kalkutta gehört es dazu, auf der Visitenkarte das Stadtviertel zu nennen. Große Gebäude haben oft ihren eigenen Namen, etwa „Siddarth Building" oder „Bazaar Complex". Büros und Geschäfte in solchen Häuserblöcken geben oft ihr Stockwerk an – bei der labyrinthischen Architektur mancher Bürogebäude eine gute Idee.

Verwirrung, nicht nur für den Besucher, entsteht durch die **Entkolonialisierung** der indischen Ortsnamen. Tatsächlich sind viele Ortsnamen Indiens das Ergebnis der Verballhornung alter Bezeichnungen durch die an den indischen Sprachen und Traditionen für gewöhnlich wenig interessierten Kolonialherren. Anfang der 1990er-Jahre ging man daran, sich auf die Suche nach den angeblich ursprünglichen, inzwischen weitgehend vergessenen Namen zu machen, zunächst bei besonders symbolträchtigen Orten. So wurde aus „Bombay" „Mumbai" aus „Kalkutta" „Kolkata", aus „Madras" „Chennai". Es stellte sich aber bald heraus, dass die Einwohner auch nach dem offiziellen Termin der Rücktaufe ihrer Städte diese so nannten, wie sie es seit den Briten getan hatten, aber auch, dass es niemandem wehtat, der neuen Namensgebung ein paar Jahrzehnte Zeit zu lassen.

Praktische Probleme brachte die Umbenennung kleinerer Orte mit sich. Als der Hauptbahnhof des alten Bombay, der als „Victoria Terminus" eröffnet, später als „Vee-Tee" lautmalerisch verkürzt entroyalisiert worden war und nun „Chhatrapati Shivaji Terminus" gerufen werden sollte, sprach sich das nur langsam bei Rikschawallas und Kofferträgern herum.

Einem Platzproblem sah sich Krishnan gegenüber, Redakteur einer Lokalzeitung im früheren Trivandrum: Nach der Umbenennung seiner Stadt in „Thiruvananthapuram" 1991 verlängerte jede Erwähnung des Ortes seine Meldungen deutlich.

Auch Einheimische haben manchmal Orientierungsprobleme

Die Lösung brachte die Abkürzung „TVM" – so konnte sich außerdem jeder Leser aussuchen, diese mit dem alten oder dem neuen Namen aufzulösen.

Unumstritten sind die Namensänderungen auch in der Bevölkerung nicht. In Chennai, dem früheren Madras, haben nationalistische Tamil-Politiker viele Straßen, einschließlich der Hauptverkehrsstraße, dekolonialisiert – doch noch immer werden die früheren Bezeichnungen verwendet. Und in Bangalore, der Stadt der Biotechnologie und der Softwareschmieden, versteht nicht jeder, dass er demnächst in Bengaluru leben und arbeiten soll, nur weil auf einem 1.000 Jahre alten Stein dieser Name eingeritzt ist.

Das Gute daran ist: Es gibt einen Grund mehr, nach dem Weg zu fragen – und vielleicht auch gleich nach dem aktuellen Namen des Ziels. **Kontakt mit den Einheimischen** ist damit garantiert.

Stichwortverzeichnis

Literaturhinweise

Syed Abdullah, Indische Küche.Heyne 2000. Für Anfänger im Indisch-Kochen. Einfache, schnelle Gerichte, gute Anleitungen, 200 sowohl Fleisch- als auch vegetarische Gerichte. Seit Jahren bewährt, immer wieder aufgelegt.

Alexander Frater, Regen – Raga. Eine Reise mit dem Monsun. Stuttgart 1997. Die Reise geht quer durch das Land, unter Regenvorhängen. Eine Klimaerscheinung, die uns in Europa ganz fremd ist, wird uns nahegebracht, mit der Beobachtung, wie die Menschen mit diesem Wetterextrem fertig werden.

Bikram Grewal, Bill Harvey, Otto Pfister, A Photographic Guide to the Birds of India. A periplus edition 2002. Zahlreiche Fotos von den Vögeln, die man in den Vogelschutzgebieten beobachten kann, und genaue Beschreibung von deren Lebensweise, Stimmen, Aussehen und Besonderheiten.

India Road Atlas, Eicher 2007. Der erste gute Autoatlas für Indien – unentbehrlich für die Reise! Handlich, klar im Kartenbild, übersichtlich gegliedert, mit Fernstraßen, Eisenbahnlinien, Nebenstraßen und vielen Innenstadtplänen.

Anneliese und Peter Keilhauer, Die Bildsprache des Hinduismus. DuMont 1995. Was der Reisende beim Anblick von Kunstwerken wissen will, hier bekommt er schnell Antwort: Götter und Göttinnen, Dämonen und Tier-„Fahrzeuge".

Antonio Martinelli, George Michell, Palaces of Rajasthan. Mumbai 2004. Meisterhafte Detailfotos von der beinahe unwirklichen Pracht dieser Paläste.

Edda und Michael Neumann-Adrian, Fotos von Olaf Krueger: Zeit für Indien – 31 Traumziele zum Wohlfühlen. C.J.Bucher Verlag, 3. aktualisierte Auflage angekündigt für 2012.

Edda und Michael Neumann-Adrian, Reisegast in Indien, Iwanowski's Reisebuchverlag, 2. Auflage 2011.

Gabriel A.Neumann, Masala Highway – Abenteuer Alltag in Indien. Dryas Verlag, 2010.

Edda und Michael Neumann-Adrian, Gabriel Neumann, Rajasthan mit Agra und Delhi. Iwanowski's Reisebuchverlag, 2010.

Edda und Michael Neumann-Adrian, Fotos von Olaf Krueger: Indien – Zu Gast in den schönsten Heritage-Hotels. Umschau Verlag, 2009.

Dietmar Rothermund (Hg.), Indien. Ein Handbuch. Beck 1995. Kultur, Geschichte, Wirtschaft und Umwelt sind die Hauptthemen, unentbehrlich für den Indienliebhaber.

Friedrich Stang, Indien. WBG 2002. Eine gründliche Landeskunde, die viele Fragen über Bevölkerung, Wirtschaft, Ressourcen und Strukturen beantwortet.

Shashi Tharoor, Der große Roman Indiens. Suhrkamp 1998. Des keralesischen hochrangigen UN-Vertreters großartige Darstellung der neuen Geschichte Indiens im Gewand der alt-ehrwürdigen Mahabharata-Mythologie.

Die Autoren

Edda Neumann war Ende des Zweiten Weltkriegs 13 Jahre alt, erlebte also von früher Jugend an Weltgeschichte hautnah. Das war der Grund, weshalb sie das Studienfach Geschichte (FU Berlin) wählte. Beruflich war sie als Lehrerin in der Schule und in der Erwachsenenbildung tätig, seit den 1980er-Jahren arbeitet sie zusammen mit ihrem Ehemann Michael Neumann-Adrian freiberuflich als Autorin, mit dem Themenschwerpunkt Reisen und Kulturgeschichte. Sie legt Wert auf intensiven geistigen Austausch mit ihren Söhnen, die sich beruflich beide mit Themen des Nahen und Mittleren Ostens beschäftigen. Seit ca. zwei Jahrzehnten steht Indien im Zentrum ihrer Autorentätigkeit. Wenn Edda und Michael Neumann nicht auf Reisen sind, wohnen sie in Tutzing am wunderschönen Starnberger See.

An seine erste Indienreise erinnert sich **Gabriel Andreas Neumann** besonders gerne: Die Begegnungen mit Indiens Menschen und die Lebendigkeit des Landes begeisterten ihn noch mehr als die Geschichte des Subkontinents. Diese studierte er an der Universität Heidelberg, wo er auch Hindi lernte. So folgten dem ersten Besuch in Indien viele weitere. Inzwischen hat Neumann mehrere Bücher zu dem Land veröffentlicht, auch gemeinsam mit seinen Eltern. Gabriel A. Neumann lebt mit seiner Familie in Heidelberg, wo er als freier Journalist und Lektor arbeitet.

Michael Neumann – als Autor Michael Neumann-Adrian – begann sein Leben in Berlin, überlebte den Krieg in Hamburg, studierte deutsche Literatur, Geschichte, Kunstgeschichte und Philosophie in Göttingen, München und in Berlin, wo er seine zukünftige Frau kennenlernte. Langjährige Arbeit als Redakteur, dann Chefredakteur der Zeitschrift „Westermanns Monatshefte". Herausgeber der Buchreihe „Der Friedens-Nobelpreis". Autor von Reisebüchern, Reiseführern und Werken zur Kulturgeschichte. Hauptthemen dabei sind Deutschland und Europa, vor allem das mediterrane, und natürlich Indien, das er seit den 1960er-Jahren immer wieder besucht.

Abbildungsverzeichnis

Alle Bilder Gabriel Neumann, außer:
www.flickr.com: albert besselse: S. 177, AndEggs: S. 35, Andy Hay: S. 136, Appaji: S. 182, archer10: S. 26, ArunaR: S. 62, babasteve: S. 117, bcawston: S. 53, Carlton Browne: S. 166, 167, Christian Haugen: S. 92, Frapestaartje: S. 169, judepics: S. 46, 47, Kristian F: S. 226 , Mano Ranjan: S. 98, mckaysavage: S. 82, 188, 189, Pablo Nicolás Taibi Cicare: S. 68, 69, ptwo: S. 168, RussBowling: S. 12, ryPix: S. 99, sankarshan: S. 164, 165, strudelt: S. 106, suffering_socrates: S. 217, VinothChandar: S. 55 Hub, Walter: S. 38, 142, 143, 158, 159, 192 www.istockphoto.com: Arvind Balaraman: S. 54, Paul Cowan: S. 56, Stefan Ekernas: S. 57, Bartosz Hadyniak: S. 130, Peter Hazlett: S. 228, Tobias Helbig: S. 197, Tathagata Mandal: S. 60, Natalia Maximova: S. 32/33, Steven Miric: S. 95, Venkatesh Murthy: S. 97, Jeremy Richards: S. 90,

Sandeep Subba: S. 49, traveler1116: S. 77, 122, 123
Judge's Court Hotel: S. 206, 207, 245
Krüger, Olaf: S. 198/199, 230/231
Neemrana Hotels Pvt. Ltd.: S. 190, 191
Neumann, Anna: S. 63
Neumann, Edda: S. 112/113, 184, 185, 205
Neumann, Michael: S. 13, 15, 17, 29, 30, 34, 42, 43, 48, 50, 51, 72–75, 78, 80, 81, 84–88, 91, 104, 105, 107, 132, 134, 135, 137, 144, 145, 170–173, 176, 180, 181, 183, 194, 195, 208, 212, 214, 223, 229, 242
Neumann, Stefanie: S. 28, 58, 59, 61, 96, 178, 179, 186, 187, 216, 222, 224
Patan Mahal (Somendra Singh): S. 44, 45
Ramaswamy, Sundaram: S. 31
Surya Samudra Private Retreats: S. 133
Taj Hotels, Resort & Palaces: S. 152, 153

Reisegast in Indien

"Die Inder sagen: Der Gast ist ein Gott. Edda und Michael Neumann-Adrian, die dies zitieren und so erlebt haben, waren 1966 zum ersten Mal in Indien. Und seither immer wieder. Nach und nach lernten sie, dass dort alles 'in Denken und Verhalten von der Religion her begriffen und motiviert wird'. Dass Gäste auch 'zu leiden haben, sich ekeln und gruselnd abwenden', verhehlen die Autoren nicht. Denn diese 'große Bühne für menschliche Dramen aller Art' spare nicht mit Gegensätzen und krassen Effekten. Ihr Buch 'Reisegast in Indien' führt in die Höhen des Himalaya und an die Strände Goas, reicht von den vorarischen Hochkulturen bis zum ungelösten Kaschmirkonflikt, informiert über Kastenden-ken, Witwenverbrennung und Mitgiftmorde, schwärmt vom Wallfahrtsort für Vege-tarier und Hausbootfreuden, von Farben, Tönen und Gerüchen und gibt 'Überle-benstipps für Fernbusfahrten'. Ein kleines Hindi-Wörterbuch und ein Gewusst-wie-Spiel fürs Verhalten in vertrackten Situationen vollenden diesen übersichtlich gestalteten, sehr gut lesbaren und zum Besuch ermunternden Ratgeber." **Die Zeit**

Das komplette Verlagsprogramm unter
www.iwanowski.de

Individuell reisen

"In bisher zwölf Büchern haben Edda und Michael Neumann ihr profundes Wissen über Land und Leute in Indien publiziert. … Jetzt hat das fleißige Autorenpaar im Iwanowski-Verlag einen 512 Seiten starken Reiseführer über den indischen Bundesstaat Rajasthan vorgelegt, der (typisch für Iwanowski) umfassend über das Reiseziel informiert. Das durchgehend vierfarbig aufgemachte und opulent illustrierte Werk besticht mit detaillierten Beschreibungen aller wichtigen Sehenswürdigkeiten, 50 Detailkarten sowie einer herausnehmbaren Reisekarte. Ausführliche Hintergrundinformationen, Übernachtungstipps für alle Preiskategorien und aussagekräftige Restaurantempfehlungen machen das Buch zu einer wahren Bibel für Rajasthan-Reisende." **Comtour**

"Fakten, Fakten, Fakten – große Informationsfülle zu den beschriebenen Zielgebieten. Die Bücher sind einfach und verständlich strukturiert. Eine Reisekarte zum Herausnehmen hilft insbesondere zur Übersicht und bei der Planung. Individualreisende schätzen die ausführlichen praktischen Reisetipps." **focus.de**

Das komplette Verlagsprogramm unter
www.iwanowski.de